not only passion

not only passion

小孩不怕問？

Everything You
Never Wanted
Your Kids to Know
About

Sex

But Were Afraid They'd Ask

寫給父母的親子性教育指南

賈斯汀·里查森醫師
Justin Richardson, M.D

馬克·查斯特醫師
Mark A. Schuster, M.D., Ph.D.
著

柯清心
譯

dala sex 021

不怕小孩問：寫給父母的親子性教育指南

Everything You Never Wanted Your Kids to Know About Sex (But Were Afraid They'd Ask)

大辣

not only passion

作者：賈斯汀·里查森（Justin Richardson）、馬克·查斯特（Mark A. Schuster）

譯者：柯清心

主編：洪雅雯

美術設計：楊啟巽工作室

插畫：小莊

行銷企劃：李蕭弘

企劃編輯：張凱其

總編輯：黃健和

出版：大辣出版股份有限公司

　　　台北市105南京東路四段25號12F

　　　www.dalapub.com

　　　Tel：（02）2718-2698　Fax：（02）2514-8670

　　　service@dalapub.com

發行：大塊文化出版股份有限公司

　　　台北市105南京東路四段25號11F

　　　www.locuspublishing.com

　　　Tel：（02）8712-3898　Fax：（02）8712-3897

　　　讀者服務專線：0800-006689

　　　郵撥帳號：18955675

　　　戶名：大塊文化出版股份有限公司

　　　locus@locuspublishing.com

法律顧問：董安丹律師、顧慕堯律師

版權所有，翻印必究。

台灣地區總經銷：大和書報圖書股份有限公司

地址：242新北市新莊區五工五路2號

　　　Tel：（02）8990-2588　Fax：（02）2990-1658

　　　製版：瑞豐實業股份有限公司

　　　初版一刷：2008年6月

　　　二版一刷：2020年4月

　　　定價：新台幣 400元

**Everything You
Never Wanted
Your Kids to Know
About**

Sex

But Were Afraid They d Ask

各 方 推 薦

· 本書的豐富和實用性，令人耳目一新。可提供教學者及父母不同的面向，拓展更寬
  廣的視野。華人的父母與子女談性，一向都避諱的。因為父母在成長的過程中，沒
  有被教導，也不知該如何回應，只有在自身的生活經驗中去摸索學習，面對資訊開
  放時代的子女時，父母更是焦慮不安。這是一本值得父母和教師細讀的書，了解到
  孩子在年齡階段的不同，當孩子提問的時候，才能有更多面對及回應的能力，並提
  升自我覺察和反省，陪伴孩子健康快樂的成長。──王如雁（曾任北一女中護理老
  師）

· 人從一出生就和「性」脫離不了關係，所以性教育應由出生開始，終其一生。但大
  多數父母的性知識不足，在面對孩子的性問題時，不知道該如何回答。親子性教育
  的重要性，不僅為奠基子女正確的性觀念與性態度，也在於父母可以與孩子一起學
  習。──晏涵文（師大健康促進與衛生教育學系名譽教授）

· 性教育不只是在教「性知識」，而是要教與「性」有關的「價值觀念」，這是一本
  告訴父母如何教導孩子正確「性知識」與「價值觀」的好書。──高松景（師大健
  康促進與衛生教育學系助理教授）

· 原來，回答兒童跟少年的性問題，也是要分等級的喇！從童話、傳奇、比較法、模
  糊到接近事實的回答方式，這本書提供家長跟老師們，針對不同年齡發問者最好的
  性解答。──顏艾琳（作家、詩人）

· 曾經，我無法回答孩子們跟性有關的話題，不是我個性閉塞，而是根本不知道該怎
  麼做出適當回答，現在有了這本書，我再也不用擔心孩子們射來有如血滴子般的尷
  尬問題了！──BO2（圖文創作者）

- 不知該如何與孩子討論性話題而支吾其詞、手足無措的家長，大家有救啦！──《今日報》（Today）
- 從孩子襁褓至成年，一步步導引家長。你會發現，其實自己沒有想像中的開明……本書教你處理孩子五花八門的發育問題……既坦誠又貼心！──《華盛頓郵報》（Washington Post）
- 又實用又好笑的家長經驗談！當然啦，如果是別人家孩子的事，就是屬於好笑的那種。──《洛杉磯日報》（Daily News of Los Angeles）
- 本書幫家長解決了一項不可能的任務：為好奇寶寶解開性愛之謎。作者以充滿智見的生花妙筆處理各種議題，包括「少年情慾知多少」及「當她不再需要你和她的毯子時」……──《紐約時報》（New York Times）
- 救苦救難的兩位作者，為現代家長提供簡單易懂的方法，讓大家用正面而安全的方式，輔導子女度過所有發育階段。這部溫暖明快的作品，必能賜與我們的下一代一個健康的開始。──性治療師蘿拉・伯曼（Laura Berman）博士
- 一本處理孩子與性議題的完全指南！睿見與幽默兼備，能協助家長度過充滿焦慮與困惑的子女發育期。絕對是家長的必讀書。──《教養新好男孩》（Real Boys）作者威廉・波拉克（William Pollack）
- 作者將他們的專長與智見融入此書……研究扎實、文筆暢妙、以真實案例佐證說明，任何相信應該坦然討論性議題的家長，都要讀這本家長「生存手冊」！──《出版家週刊》（Publishers Weekly）
- 身為中學老師及學步兒的家長，我非常讚賞本書扎實、中肯又實用的資訊，書中反映出家長會有的各種想法與疑問……我會在家中及課堂上使用這本優良書籍。──《女王蜂與跟屁蟲》（Queen Bees and Wannabes）作者蘿瑟琳・魏斯曼（Rosalind Wiseman）
- 作者將兒童性發育的最新研究資料，含納在本書裡……認為培養孩子健康性觀念的最佳辦法，就是從小經常與他們討論性。──美國《兒童雜誌》（Child Magazine）
- 以輕鬆易懂、研究扎實的方式探討敏感話題，文筆輕鬆細膩，我一定會向家長力薦此書！──美國兒科學會副主席Joe M. Sanders醫師
- 字字珠璣！對性的探討細膩而充滿智慧，將開啟各種重要議題的探討之門。──《黑迪編年史》（The Heidi Chronicles）作者溫蒂・華特斯坦（Wendy Wasserstein），普立茲獎得主

推薦序｜陳美儒（現代親子心理教育家、作家、曾任建中老師）

好一本現代親子性教育聖經！

性，是人類的本能；對性的好奇，更是男女成長過程中的必然。

在媒體多元化充斥跟性有關的資訊，是如此蓬勃發展的今天，希望男孩女孩有美好的兩性未來，一定要從性教育著手。

然而性知識並不等於性教育。

正確的性教育是從認識自己的身體開始，並具備保護的義務和能力，以達到兩性互重、負責的境地。

正確性教育從家庭開始

「請問美儒老師，我女兒現在就讀幼稚園大班，前天她問我，為什麼不能跟哥哥一樣站著尿尿？妳覺得我是不是可以開始教她一些性知識了？」

「兒子現在念八年級，最近他常特別交代我，說沒事不要進他房間，甚至表示不需要我幫他打掃房間了。後來我才發現，他在房間的垃圾桶裡塞了好多用過的衛生紙，我想，他大概開始有自慰的情況了。可是我本身是個單親媽媽，想了好幾天，不曉得怎麼跟他開口談這些男人成長的問題？」

針對兩性教育的演講或在電台call in節目裡，總有不少媽媽，會跟我提出十分寫實卻也絕對勁爆的問題。

性，是人類最古老的問題，卻也是人生最重要的課題之一；所謂的性知識並不等於性教育，所謂的追求兩性平等更不是性氾濫、性解放。

不久前，「杏陵基金會」針對台灣北、中、南、東四區國小高年級生1867人和1698位家長的問卷調查顯示：國小男女生的發育已有提早來臨的趨勢，五、六年級的男生超過五成有勃起的經驗，女孩到了高年級，則有87％胸部已經開始隆起發育。

月經跟夢遺是孩童轉進青春期的重要象徵，而令人憂心的是，卻有近七成的十四、五歲少年郎，不知道自己為什麼會夢遺？有超過五成的女孩不明白月經初潮來臨之後所帶來的生命意義，甚至有將近三成的學童，認為跟異性同床睡覺很可能就會懷孕生子。

從這項調查中，其實最需要父母注意的是，國小高年級生遭遇性侵害的，男生竟然是女生的七倍；許多男童有被迫脫褲子、撫摸下體的經驗；甚至有千分之四曾被暴力脅迫而與人性交。這年頭，要小心的不只是女孩家了；家有男孩、小帥哥，也同樣不能掉以輕心。

然而，就整體的問卷資訊來看，家長和子女在溝通性的問題上，卻是完全不及格的！其中超過80％的孩子，根本不敢跟父母談「性」，而大部分受訪的家長也坦承面對「性」的情欲問題，實在跟兒女「難以啟齒」，也「擔心自己知識不足」，或「怕自己說得越多，孩子的興（性）致就越高」。

在家庭性教育裡，母親跟女兒、父親跟兒子是最佳的溝通管道。性教育要從認識自己的身體開始，教孩子從器官的認識到知道如何保護它，尤其要讓孩子學得如何拒絕別人的騷擾，如何辨識別人的偽善企圖，才是保護自己的基本要能。

身為父母的，不可能當孩子終身的守護神。教導孩子如何不受性的傷害，期待孩子有美好的兩性未來：親愛的爸爸媽媽，面對兒女性的疑問時，不能再迴避了！甚至要主動提出，或藉用書籍一起來研討。

依我長久以來的觀察，以及三十多年來在校園與青少年的相處，以青少年心靈成長、親子溝通為寫作主題，著作了三十多本書，我認為許多父母對兩性教育的知識實在亟待充實，偏偏兩性教育方面的書籍在台灣的書市卻十分貧乏。

　　令人十分欣喜的是，經由大辣出版社出版《不怕小孩問》一書，由美國哥倫比亞大學精神病學系助理教授賈斯汀・里查森醫師，同時也是全美知名的兒童性學權威，和曾任哈佛醫學院小兒科教授馬克・查斯特博士，共同合作撰寫的此書，將是獻給天下父母最佳的現代性教育「聖經」！

　　輕鬆的文筆，親切的語氣，是本書作者的寫作特色；探討的話題雖然極為敏感，卻又充滿細膩的睿智與風趣，更是本書的可貴之處。從「性發育之始」到「孩子的性傾向」，還有那約會、調情，以及「蓄勢待發」，甚至HIV、性病，到意外懷孕，這本書都鉅細靡遺，且又趣味橫生的呈現了。

　　我願以二十多年的資深媽咪身分，也是一雙可愛兒女的母親背景，來全力推薦《不怕小孩問》此書，獻給天下父母陪孩子一起度過青澀的青春蛻變，一起健康快樂成長。

當 年 父 母 不 敢 教 的 事

　　三十多年前，結婚前夕的二姊被父親叫進房裡，五分鐘後出來，手裡多了一盒保險套。在那個避諱談性如忌談死亡的年代，這已是我那大正十五（1926）年出生的父親，最大尺度的性教育了。

　　二姊出嫁後不到一個月便懷孕了，十個月後成功產下男寶寶一名。

　　事隔多年，眾姊妹談起這檔事，均感不解。明明保險套都有了，怎麼還會發生「入門喜」這種「慘事」？

　　二姊沒好氣的說：「爸從頭到尾只講了一句『妳拿去用』，我哪知道那是什麼玩意兒，更甭提怎麼用了！」

　　由於前面有很多隻白老鼠，我們幾個排行殿後的弟弟妹妹就比較幸運了。雖然我從來搞不懂健教課本裡的子宮卵巢，和自己的身體有什麼關連，但至少知道胸部長了硬塊叫「開始發育」，而男生和女生接吻也不會懷孕。

　　少年時期的性知識，就在姊姊們隱晦的暗示、偶爾讀到的小說片段，以及似懂非懂的黃色笑話中，偷偷摸摸地零星拼湊著。

　　這一切的一切，一直等到有一天，飽讀武俠小說的三姊，正色凝神地將我拉到一旁，用宣布重大祕密的語氣悄聲說「女人要生小孩，得先讓男生把『那話兒』放入她『身體裡』才能繁衍子嗣」時，我的性知識，才有了翻天覆地，全面性的認知。

　　佛陀在菩提樹下修悟證道，莫過於此。

「頓悟」的震撼，令我忍不住要與一干女友分享。雞婆的結果，害班上幾位女同學回家後，面對她們親愛的爸媽時，彆扭了好多天後才釋然。

「關鍵」知道了，保險套的用法仍成謎，但在那個年代，終究無從細究。總之，青春歲月就在考試、發呆及各種五味雜陳的情愫中唏哩呼嚕地混過去了。不知不覺，我們這群四五年級生，一個個便不小心地談起了戀愛，也有人陸陸續續結了婚，或生出一兩三隻兒女了。

如今朋友聚在一起講黃色笑話，總算可以笑得痛快，不再有人打岔問「為什麼？」然後無助地等待旁人幫忙解釋。

性愛這堂課，應該算修成正果，可以置之腦後了吧。

我真是天真得過分了。

對我們這些有子女環膝的新一代父母，真正的挑戰，才要開始。

大辣出版社編輯找我翻譯《不怕小孩問》的前一天，讀七年級的女兒在飯桌上語出驚人地說：「媽，我們班宋XX說，他勃起時有十一公分耶。」

我和老公還不及反應，讀八年級的兒子已經眼都不眨地接著問：「那他有夢遺了嗎？」

我和老公滿臉黑線，心中只有一個疑問——現代的小孩都這麼「色」嗎？

你若跟我一樣，也見識過現在中小學生的打屁玩鬧，便會明白現代的小鬼確實沒有我們當年「悶騷」。從小在影視訊息和網路炮轟下長大的這一代，任何關乎身體的一切，都可以掛在嘴上嬉談。用肆無忌憚來形容也毫不為過。

面對這種狀況，我們只能確定一點——上一代的閉口不提，已經完全不合時宜了。糟糕的是，我們並沒有不遠的殷鑑可以借鏡，更缺乏信手拈來的豐富經驗，去設想未來的做法。

於是當我們被迫得跟孩子討論「爸媽不敢教的事」時，總算擺脫「徬徨少年」的我們，又一個個淪為「彷徨中年」了。

面對似懂非懂，又十足好奇的孩子，性，到底該怎麼教？

在這個節骨眼上，讀到《不怕小孩問》這樣一本認真陪你坐下來，用完整的資料，引領你走過孩子每個發育階段的性教育指南，歡喜之深，更甚獲得至寶！

你會發現，自己苦修而來的「正果」，其實只是一小粒的個人經驗而已。茫茫人海，終於有人站出來大聲告訴你，在世界即將被推平的二十一世紀，新一代父母需要的性知識，遠比你我想像的都多。

零至十歲的孩子，會有什麼性的行為？他們對性的認知，跟大人哪裡不同？看到天真的孩子公然撫觸下體，父母當如何回應？我們可以放任孩子玩「聰明醫生俏護士」嗎？

這些，課本裡當然半個字也沒提。

當你還茫然不知所從時，十歲的孩子早已將你遠遠拋下，又過渡到荷爾蒙分泌旺盛的青春期了。他們的生理、情緒和性慾快速演進，家長只能在後苦苦追趕。交男女朋友？夠令你頭痛了吧？但萬一孩子是同性戀呢？萬一孩子懷了孕，或得到性病呢？你是該教他避孕防病？還是命令他徹底禁慾？（然後瞞著你私底下搞？）

太多的萬一，太多的風險，太多的上一代不敢教，而這一代不會教的東西了。到底哪些才是家長非讓孩子知道不可的事？

是的。終於有人肯誠懇地提出一項事實——我們比上一代家長，更需要藉助別人的經驗來學習、省思。作者讓我們在一例例的實證中，瞥見其他家庭的問題，同時又留給讀者極大的空間，使我們得以由他人的經驗，摸索出符合自己價值觀的新智慧，來面對成長環境迴異的下一代。

這也是《不怕小孩問》在提供各種資訊和科學數據之外，真正令我感

動的地方——它包容了各種視野和觀點，卻把選擇的權柄賦予給讀者。

「父母」是一份充滿刺激與驚奇的職業，成長中的孩子每天都在考驗你的智慧，讓你宛如搭雲霄飛車般，心情忽上忽下。

可是當父母的妙趣，也就在這兒了。

但願有一天，當孩子也成為父母，拿著同樣的困擾向我們求助時，我們都能露出會心的微笑，然後塞一本好書給他們說：

「不要怕，性教育，其實沒有想像中難！」

與天下父母共勉！

柯清心
2008年母親節

給不知所措的家長們

假設你是做爸媽的，而且跟今天大多數家長一樣，都生於1960年之後，我們想冒個險，找出你們這類家長的通性，雖然為這個龐雜的族群界定特質，並不是一件容易的事。

直覺告訴我們，高中畢業時，你自認比父母更了解性了。你比上一代更常將性掛在嘴上，而且相信自己運氣若不差的話，經驗應該會比他們豐富。事實上，你們兩代之間最大的歧異就屬這項了。談到性，你比他們更酷。

後來你有了兒子，或生了女兒。

當你那剛滿十六歲的女兒到廚房找你，問她下週五能不能邀男友來家裡過夜時，你問她是不是要睡客房，女兒卻說是睡她房間，然後你問兩人打算在她房裡做什麼──老實講，這時你一點也不覺得酷了。

發生什麼事了？

你當爸媽啦！結果哩，青少年的性事，換個立場去看，就變得不太一樣了，即使你以前也穿過露肩裝、跟朋友通宵夜遊、跟一臉鬍子的酒保點過烈酒。

哼，可是你爸媽可沒你那麼頭痛。當年他們不知所措地看到你在高腳椅上自摸，或跟另一個五歲孩子在小樹屋裡剝到精光時，總是有答案應付。他們的父母和父母的父母，傳下了一套放諸四海皆準的辦法，來應付所有孩子的性生活──那就是，假裝啥事都沒發生。若這招沒效，他

們就會說「那樣不好」、「很正常啊」、「叫他住手」，然後就當沒看見了。

我們猜，那套辦法對你並不管用。

是的，因為你的情況比上一代艱難。你跟他們一樣，注定要為孩子的性事傷神，但你又不像他們，你覺得自己不該為這種事煩心——問題就出在這兒了。你認為性是美好的，看到三、四歲天使般的孩子，臉上首次出現快感時，你告訴自己要鎮定，千萬別妄下論斷。

你認為，若看到三歲的孩子在熊貓娃娃身上磨蹭，做爸媽的應該說些對孩子有益的話，講點⋯⋯**鼓舞**的話。這正是上一代父母從不需要去應付的挑戰。

問題來啦。如果你不想跟老人家一樣叫女兒住手，但心裡其實又很希望她停止時，該怎麼辦？

最近有位年約四十五的爸爸問了我們一個問題，他的話似乎道出這一代家長的難題。這位先生急切地問：「我該如何讓女兒有健康的性態度，又不跟人上床？」

如果你跟這傢伙有同樣疑問，那麼這本書就是為你寫的了。

父 母 難 為

一直以來，家長顯然很希望，也需要學習處理子女的性發育問題。這可以從他們寄到諮詢專欄的信和廣播叩應節目中發現，而各種研究也在在顯示了這點。

有關學校性教育、媒體的情色內容、網路性愛等廣泛的社會討論中，也能看到這種需求。其中各界都同意的一點是——或許也是唯一的共識——家長希望在子女的發育過程中，扮演一定的角色。但他們並不確定該怎麼做。

我們在診所、辦公室及學校演講廳裡，一再聽到父母的呼聲。如果學

校宣布下次家長座談，會邀請醫生來談性問題，那麼出席的往往不只是固定的那十幾位觀眾，而會有上百位家長拿著一長串的問題前來了。他們願意待上一整晚，直到最後一個問題解答完畢。

我們連去烤肉，都會被歡聲連迭、不知如何出招的父母拉到一旁。兒子問我寶寶是怎麼來的，我該說什麼？女兒問她能不能跟爸比結婚時，我該如何回答？如果兒子說想要有第一次性經驗，而且想在自己房裡做，我該說什麼？問題接二連三。我孩子會上色情網站……我女兒想開始吃避孕藥……我想你們以前一定沒聽過這種事，可是我那兩歲大的小鬼竟跟我家狗兒磨蹭……我該怎麼辦？

老實說，這些我們都**聽過**了。

多年來一直有人問我們──「有沒有什麼書是真的了解這個問題，可以讓我讀一讀的？」因此，我們決定寫一本這樣的書。

青少年狂潮

你應該知道，這年頭青少年的人數相當多吧？最近某報才以〈九〇年世代攻擊〉為標題，點出全美青少年的高調登場。青少年世代的爆炸，是因為你們這世代的父母人數爆炸之故，但你們急著想把事情做好，卻又不確定該怎麼做。

家中的青少年若有些令你困擾的事，大概都跟性脫離不了關係。也許你認為十幾歲的孩子對性尚未準備好，但萬一他真的想去體驗，你還是希望他能確保安全，也許你會給他一盒保險套，可是這麼一來，不就等於鼓勵孩子沒準備好就先上嗎？孩子究竟何時才算準備好？還有，保險套的效用究竟好不好？

由於青少年的性行為研究越來越多，家長能否跟上新資訊，就變得越來越重要，卻也越來越不可能了。所以我們才會在此匯整資料。

家 長 們 別 慌

但話又說回來，假如你需要的只是資料，事情就好辦多了。

假設六歲的女兒跟她朋友希絲兒已經上樓玩娃娃半小時了，你卻什麼動靜都沒聽到。於是你走上樓間她們要不要喝杯檸檬汁，你一打開門，卻看見兩尊踩著高跟鞋的芭比娃娃，在希絲兒的指導下，在小舞台上興高采烈地亂跳，身上的泳衣已經被脫到腰部，你家女兒正舉著老哥的機器人頻頻催喊：「脫呀，寶貝！快脫呀，寶貝！」

你說……你到底該說什麼？

或者，泳池的更衣間有點擠，不過你在長椅上找到空位讓四歲的兒子先坐下。他答應乖乖坐著等你換衣服。你脫下泳衣，伸手去拿內褲。

「媽咪，」兒子用甜甜的童音問，「我可以摸嗎？」

「摸什麼，小乖乖？」

「你的咘咘。」

「我的什麼？」

「你的下面啦。」

你大概已經知道，如果只需單純的告訴孩子一些事實，子女的性教育會何等輕鬆——性就是這麼回事，做愛就是這樣做的，這樣做才安全等等。當然了，孩子也確實需要這些資訊。

可是除了這些資訊，孩子還會從你身上學到更強烈，且更不預期的東西。尤其是幼兒時期，愛與性的學習多半取決於親子之間的互動，以及家長對子女身體和性好奇的態度。

半世紀以前，知名心理分析家及兒科醫師威尼卡特（D.W. Winnicott）寫到性教育時表示，如果孩子要以健康的方式學習性，需要三個條件。孩子需要一位能夠談心的理性人士，得知道一些生理事實，同時也需要一個「穩定的情緒環境」，讓他能獨力去探索性。簡言之，孩子需要父母用成熟的支持態度，面對他們逐漸展現的性行為，而不是一味的感到

焦慮或進行批判。

如果你跟其他父母一樣，當孩子問能不能摸你的「咘咘」時，你大概會發現自己雖然很想提供「穩定的情緒環境」，卻還是有個小小的心理障礙：恐懼。

也許不是恐懼，而是緊張、不確定和害怕吧。那種感覺，就跟你爸媽來訪，三歲的兒子竟問說：「阿嬤，你搓下面時，是不是也很舒服？」一樣。

我們知道你很想妥善處理這類情況，所以才寫了這本書。

父 母 生 存 守 則

本書旨在協助家長安度孩子的發育期，並學習泰然面對，用唯獨父母能夠做到的方式，擔起重任，讓孩子自然健康地發育，甚至鼓勵他們。

書中發揮了我們的科學、醫學和心理學所得，採用馬克對性發育及家長在其中扮演之角色所做的研究成果，以及性教育學家暨精神醫生賈斯汀的臨床經驗，再加上馬克的兒科專才，和賈斯汀的精神病學觀點，做為本書的基礎。不過我們也認為，寫一本這樣的書，應該退一步去做，因此我們決定仿效諾貝爾物理學獎得主理查・費曼（Richard Feynman），把自己當成火星人來撰寫本書——火星人從沒當過爸媽，只好四處打聽方法。

我們重讀多年來常引用的兒童、家長說法及性愛研究，並詢問相關領域專家的意見。我們溫習各相關學科——人類學、生物學、發展與社會心理學、流行病學、小兒科、心理分析學、社會學等——並閱讀各種父母寫子女，或子女寫父母的回憶錄。然後我們仔細聆聽父母與孩子的雙方說法。

讀者會發現，這不只是一本涵蓋各種統計數據的書，還包括很多像你這類父母的故事，有些得自我們針對本書，對家長和孩子所做的採訪，

有些則得自前來詢問意見或打電話來諮詢的家長。不過為了保護當事人及其家人的隱私，細節部分均已做過改動。

結 果 發 現

以下內容包含我們對管教、兒童與性的研究所得。

第一部分先總覽孩子的自然發育過程，使家長理解子女現階段的發育狀況，以及將來會有的情形（第一章）。接著討論教養問題，檢視父母對孩子發育的影響，以及特定管教類型及做法的結果，讓家長知道何者有效，及如何實踐。然後是棘手的問題——孩子該知道什麼？應於何時知道？答案包含在我們介紹的四堂性愛課程中，可由家長來教導子女（第二章）。

第二部分（第三章至第十章）將詳述孩子幼兒至高中期間的發育細節。先由家中幼兒提出的一些問題開始（第三章）。可以讓孩子看到誰裸體？孩子能跟誰洗澡，又應共浴到何時？書中寫到「生命最初幾年，孩子的性慾在充滿溫暖關愛的健康親子關係中萌芽」，我們會詳細解釋這點。我們不必教你如何去愛，但做父母的得教孩子，而且得在孩子上幼稚園前教他。

接著是幼兒的性慾問題。我們會討論幼兒所追求的快感（第四章），家長如何處理自慰問題（可能始於嬰兒期），以及小小孩跟朋友玩親親時怎麼辦？家長的反應能讓孩子學習到性的兩面——歡愉與責任——家長最好趁孩子還願意跟你談話時教他。說到性慾，我們會在第五章討論孩子的性傾向。我們鼓勵家長想想孩子是否有同性戀的可能，萬一是的話，又該如何協助孩子平順地長大成人。第五章的幾個課程，也會幫助家長鼓勵成長中的孩子，進一步了解不同類型的性傾向。

接著是青春期。第六章詳述孩子展開精彩而令人憂心的青春期後，父母能預期的種種變化，以及如何事先與女兒討論月經，跟兒子談陰莖的

發育問題。

接下來的進展，大概會讓人有點難過了。當孩子開始思索誰是她的最愛時，只怕你和她的毛毯都不再是首選了。你會被一名戴牙套的國中小男生擊敗。第七章將告訴你，孩子最終會去追求愛情，我們將提出一套有效的方法，來應付青少年談戀愛時會面臨的各種問題，例如你並不喜歡女兒的男友。

孩子開始約會後，性的問題便接踵而至了。第八章將探討頗令人頭痛的議題：她會跟別人發生性關係嗎？我們會分析禁慾的問題，並反問家長——你應該抱持什麼基本原則？又該怎麼做？任何人在發生性行為之前，都最好先談談安全問題。第九章教家長性的保護技巧，以及在孩子初次性經驗前，如何鼓勵孩子學會保護自己。

接下來的事，就看孩子自己了。第二部分最後一章，先從孩子的第一次性經驗談起。孩子可能會有什麼感覺？你在漸次退出孩子的世界，成為局外人時，又有何感受？我們將討論孩子有過性經驗後，家長可能會面臨的問題。例如，萬一孩子問你怎麼口交時，你該如何回應？

第三部分以兩章做為結尾，針對青少年做愛時會有的兩大風險來討論：性病（第十一章）及意外懷孕（第十二章）。我們將提供家長必要的資訊，以教導孩子預防這些後果的重要性。萬一孩子不幸染病或懷孕，又應如何處理。

關 於 偏 見

把他們（孩子）當年輕的成人對待……千萬別擁抱親吻他們，也別讓他們坐在你的大腿上。必要的話，在他們道晚安時，親一下額頭就好。早上跟他們握手，如果他們表現良好，拍拍他們的背。這樣試一個禮拜後你就會發現，要對孩子保持客觀又和藹可親的態度，是多麼容易的事。你會對以前那種一廂情願又自作多情的處理方式感到羞愧……你想寵孩

子時，會不會記得，母愛是一種危險的工具呀？

——約翰‧華生博士，1928年，《嬰兒與兒童心理照護》（John B. Watson, Psychological Care of Infant and Child）

教養類書籍過去迭有變更。

專家們在流派的漫長歷史中，已發展出一種反覆無常的惡習，例如他們會告訴家長，應該按時餵寶寶，然後又大讚依照寶寶的需要來餵食更佳。之前餵母奶是落伍，現在卻成了顯學。一下子說割包皮好，一下又說不一定。至於管教方式，現行的看法，好像也是每數年一變。

我們懷疑本書在上市前，部分內容就已成為歷史了。有些內容也許十年中便會退流行了，有些幾年後也許仍是鐵則。有時立場會因為學習更多而有所改變；但感覺上，管教建議之所以沒什麼精進，常是因為一開始就缺乏資料基礎，只是些假冒事實之名的意見而已。我們努力不落入那個窠臼，也就是說，我們會解釋某些狀況的資料（通常是曖昧且不確定的情況），但我們不會給讀者斬釘截鐵的建議。

希望讀者在使用本書時，能以自己的價值觀做為出發。我們撰寫本書時，盡可能開放各種觀點，不會斷然告訴你該怎麼做，只是提出建言，並盡量提供充足的資訊，讓你能為自己和家人做出最好的決定。

也許你不反對青少年有性經驗，甚至建議他們去做。或者你希望孩子能等高中畢業後，或過了二十一歲以後，或等他們跟男女友交往一陣子之後，也許你認為孩子根本應該等到婚後再說。

有些人認定自慰是不道德的；有些人認為那是生活的一種方式。我們認為，若能了解自慰的發展過程，知道看見孩子將手擺在褲子底下玩，爸媽的反應對孩子所造成的衝擊，對大家都會有好處。

請將本書視為羅盤，而非地圖，知道自己的大概方向就好——你的目標是引導孩子度過嬰兒期、小學，再進入青春期，最後將他調教成一名健康的成人。可以達成目標的方法很多，而且也未必非走大路不可。

請別誤會我們沒有自己的意見，我們的意見其實很多，讀者在書中都會讀到。不過我們盡可能只寫成「看法」———一種訓練有素的看法———而非「事實」。

　　首先，也是最重要的一點，我們兩個都是醫師，我們認為增進孩子的健康，是決定如何處理孩子性問題的首要原則。我們對健康的定義包括生理健康，也就是指不染患性病、避免意外懷孕，並遠離性侵及暴力；以及心理健康，意指享受性歡愉的能力、選擇愛與性的心靈自由、擁有一套能引導他們做選擇的價值觀，以及堅強的自尊。

　　我們不敢要求讀者同意書中所有建議，因為你比任何人都清楚自己和家人，以及你們的價值觀與需求。我們只希望能給讀者一個機會去反思自己的做法，學習不同的方式，並考慮一些新的技巧。畢竟你才是父母，還是得由你來決斷。

力 求 盡 善

　　讀完本書後，若看見女兒在家大玩脫衣秀，或四歲的孩子在人滿為患的女更衣室裡要求摸你下面時，你應該就知道怎麼反應了。甚至在十幾歲的孩子問你如何口交時，也能處之泰然地回應。事實上，你將知道如何應付許多許多的狀況。

　　當然啦，即使你都想通了，也把想法付諸行動了———就算你每件事情都做對了———孩子還是可能會出狀況。孩子的發育過程太過複雜，我們無法預測或控制任何結果，尤其是跟神祕的性相關的事情。

　　所以我們不會給你保證，但我們給的跟保證也相去不遠了，至少算是盡了力。你會找到一種思考方式，協助你在處理性問題時，了解所有決定的風險，並能自信地以自己的方式處理，同時兼顧到孩子的需求，也意識到自己的需要。

　　家裡有了孩子，就會陸續出現守紀和玩鬧、責任與自由、衝動與危險

等問題，家長在解決這些問題時，說不定會有意想不到的收獲。

據我們推想，雖然身為家長，你自己的成長也應該尚未終止，雖然你的目光都盯緊在孩子身上，但大人也在繼續成長。解決這些有時還挺尷尬的性問題，例如，該怎樣跟孩子描述性愛？萬一被孩子撞見你在嘿咻時該說什麼？什麼是你容許他做的、什麼是他遲早會去做的？這些都會使你對性的認識更上層樓。

也許你會更了解自己的性生活，發現以前不曾覺察的自我設限，或不曾探索的領域。

相信我們吧，你若留意孩子的發育過程，必然也會跟著改變。你將更了解性、愛和你自己的人生，就像當上爸媽一樣，不管那是多久以前的事，都讓你對自己能活在人世間心懷感激。

歡迎加入孩子的下一個發育階段，以及你自己的成長。

Everything you NEVER wanted your kids to know about SEX

Part 1

孩子與性

——本質與管教

不怕小孩問

第一章

性是怎麼開始的？

關 於 小 孩 的 性 發 育

你乖乖躺著，拉起襯衫露出肚皮，褲子也脫到屁股下了。有人剛把一坨冰冷的膠團擠到你肚臍上。此時身體雖不怎麼舒服，卻是你生命中十分神奇的一刻——超音波檢查。

你最擔心寶寶正不正常，但也有點好奇。「我想看寶寶的臉。」你抬起頭，還想知道寶寶是男是女。上次檢查時他們說還無法確定。

放射師開始用探測器在你肚皮上滑動。

「那是頭部。」

「頭部？哪裡？」她把監視器轉到你的方向。

「看到沒？就在這兒。」

你看到一個像黑白電視裡的暴風雪畫面。

「哪裡啊？」（放射師是不是按得更用力了？）

「這裡，就在這裡，看到沒？」

她真的按得很用力，你正想假意迎合時，大風雪中突然出現一張鬼影般的臉。那臉很小，但確實是一張臉。你可以看出它小巧的側面：眼睛、鼻子，還有彎在它張開的小嘴邊，一個小小的……什麼呀？

是漢堡嗎？

「那是左手。」

左手耶！寶寶看起來好可愛，好平靜，就像睡著似的。一個甜睡中的天使。

「是男的。」

鏡頭掃到大風雪的另一部分了。

「你確定嗎？」

「蠻確定的。看到了沒？在兩腿之間？」這回她壓得可帶勁了。

「噢，是哦，那是腿，我真的看見了。」

「如果你仔細看兩腿之間，就可以看出來了。」

「看出什麼來了？」

「他的小雞雞呀。你瞧？他勃起了耶。」

「勃什麼？」

勃起。

天 生 感 「 性 」

有關孩子的性發育，我們知道兩件事：孩子將從世上學習性知識，而且天生就很感「性」。

我們都很能接受第一件事，但第二檔事，就有點困難了。

至少自英國哲學家約翰·洛克（John Locke）為世人啟蒙後，大家就很愛把孩子視為一張白紙，由世界為之添上色彩。但這種思維，一遇到性發育的問題，就很難站得住腳了。我們都很想相信，孩子天生是不具有性慾的（sexuality）。

一百年前的維多利亞時期，將無邪的童真發揮到淋漓盡致的地步。當時的人無所不用其極地杜絕孩子接觸性知識，甚至用布套住可能引發裸體遐想的鋼琴腳。孩子是無邪的，大人是淫穢的。如果孩子有任何淫念，必然是受到成人的影響。就像現代人擔心網路的影響力一樣，維多利亞時期的父母也很害怕爸媽不在時，奶媽會害孩子想入非非。

難怪佛洛伊德的「兒童也有性慾」論，會如此大受排斥了。

自從佛洛伊德首度對咱們的老祖先提出警告後，我們對孩子的性發育

已有更深入的認識。佛氏理論中的許多細節雖已遭揚棄，但核心觀念依然留存。就我們所知，所有孩子都會自然發展性慾。性的種子散布在嬰孩身上，無論我們選擇教導孩子性的意義，或全然閉口不提，種子都會隨著孩子成長，漸漸萌發為成熟的慾念。

怎麼會這樣？超音波裡的勃起，怎會演變成後來學校樓梯間裡，緊張的高二生和死黨女友的妹妹，正偷偷進行的初體驗？

我們待會兒會盡力回答這個問題，並帶你細看一名小女生和小男生的發育過程。等他們一路長大成人時，孩子性發育該知道的事，你便都會知道了。透過本書，我們將重現這一男一女各自會遇到的問題。不過在我們開始細看個別的小樹之前，想先讓你看清楚樹林的全貌。

讀者將發現，孩子的性慾並不是上了第一堂性教育課後才引發的，也不是青春期某個荷爾蒙突然開始分泌才造成的。家長不妨將性慾視作孩子在多年的發育期間，一種慢慢累積出來的東西。有些跟性有關的事項，是打從娘胎裡就有的，生殖器便是一例。當你生下女嬰時，孩子自然就有陰戶，孩子還不會說話，就已發現去碰自己的陰戶很舒服了。大人看起來覺得很色，但成熟的性，需要的不只是敏感的生殖器而已。

假以時日，碰觸的快感將與其他嬰兒時期所沒有的東西串聯起來。幾年後，孩子可能會幻想與別人親密，孩子將發現自己在幻想時，生殖器變得分外敏感，觸摸時的感覺也更強烈，於是從那時起，快感便與肉體之親結合起來。此時，類似成人性慾觀的東西才開始漸漸成形。

孩子的一生中會有幾項基本要素日漸成熟，而結合成所謂的性慾。家長不妨將這些因素視做性慾的輪子與齒輪：

- 生殖器本能的勃起
- 觸摸生殖器時的快感
- 與朋友實驗「玩親親」
- 喜歡別人

- 性幻想
- 愛的能力日漸成熟

　　長話短說吧，童年過程中，原先本能的性興奮，會開始與「喜歡一個人」接軌，然後異性相吸轉變成性幻想，當幻想激發出與同儕一起做性探索時，成人般的性慾於焉誕生——而且年紀早得足以讓一般父母捏一大把冷汗。

　　孩子顯然得學習駕馭自己的性慾，因此在這些要素的累進過程中，孩子也將發展其理解力、道德標準，以及控制日漸萌芽的慾念所必備的心理成熟度。

　　無論孩子的童年經驗為何，是否在裸體主義的環境中成長，或學齡前便已知道「禁慾」（abstinence）兩個字怎麼念了。總之，每個孩子長大的過程都會不斷地做性探索。當然，孩子不同的性和生活經驗，都會使他們的體驗與結果有所差異。也許你已從自身的經驗得知，孩子的性慾，將隨著成長而有所增減改變，性的發育是永遠不會結束的。

　　我們好像說太多了。

　　咱們先到社區醫院走一趟，看看育嬰房裡兩名排排躺的嬰兒吧。一位是扭動不停的初生寶寶——一個小女孩，另一個則是靜靜熟睡的禿小子。

　　歡迎艾蘿和麥克登場！

嬰兒與學步兒（初生至兩歲）

　　小男生該有的，麥克生下來都有。他出院前，小雞雞就被動過手腳了；而小女生該有的也都一應俱全的艾蘿，並不會遭受那種「驚喜」的折磨。兩個小寶寶被帶回新家了，回到家後，只需張嘴一哭，大人自然會忙成一團，包括不停地幫他們更換尿片。

艾蘿和麥克跟其他新生兒一樣，爸媽在換尿片時，也許發現他們會本能地性興奮。麥克的小弟弟會勃起，艾蘿則會潤濕——雖然她的狀況比較難以察覺。嬰兒性興奮的原因並不明確，有人說是生理刺激造成的，有人說是嬰兒生心理訊息引發的，也有人認為是反射作用，代表孩子出生後，性器官的初期功能。

嬰兒的生活中，擁抱和撫摸能帶給他們最大的喜悅。搔搔孩子的下巴，揉揉他的背，也有同樣效果。他們碰觸自己的性器官亦然。八個月大的艾蘿在換尿片時，若感到小妹妹有涼風吹拂，便會呀呀作聲。十個月大的麥克喜歡摸自己的小雞雞，尤其是泡熱水澡時。

我們並不清楚孩子會在什麼年齡，發現刺激性器官的快感高過身體其他部位，不過嬰兒往往在滿周歲前便發現了。孩子自行刺激性器會不會達到高潮？沒人知道嬰兒真正的感受，不過在一歲的孩子身上，確實會看到類似性高潮的反應（但小男生沒有射精現象）。

幼兒期（二至六歲）

艾蘿兩歲時，已經會講197個單字了，但裡頭並不包含「端莊」（modesty）這個字。她最愛光著身子，讓老爸拿著尿片追著她滿屋子跑。當她陪媽咪到辦公室，遇到像開會這種無聊的時候，總是有辦法鑽進媽咪的胯下。

「水舞秀」是麥克的爸媽幫他洗澡時的代稱，充分點出麥克有多麼愛在客人面前拍水騰跳，滿池子撒歡。

這兩個小寶貝跟大部分兩三歲的孩子一樣，超愛光著身體，而且對自己的身體——跟別人的身體——有著無可抑制的好奇心。他們只要逮到機會，便會對家人或其他小朋友上下其手兼偷窺。他們超想知道別人在浴室裡都幹些什麼。

麥克帶著這份好奇心上托兒所了。老師發現他和朋友堤姆這兩個四歲

的寶貝蛋，正光著屁股躲在桌底下咯咯竊笑。像這種不傷大雅的胡鬧，正是一般所謂「玩親親」（sex play）的開始。麥克這種年紀的玩親親，通常僅限於袒露和觀察，因為他們對身體充滿好奇。據我們所知，學齡前的幼兒很少有性吸引的情形，在幼年的玩親親中，性吸引的成分其實很少。

孩子在強烈的愛慾出現前，也會開始假扮「男生愛女生」。在朋友的選擇方面，三、四歲的孩子會將小小的核心圈侷限在同性朋友上，越大越是如此，但也許他們已經開始注意異性了。

艾蘿雖然很少跟男生玩，但已經把托兒所一名小男生當成她男朋友了。她的五歲生日派對，唯一想邀的男生只有他，而且還嚷嚷要嫁給他。她確實喜歡這個朋友，但他們只是兩小無猜，而非真正的戀愛。艾蘿只是在模仿大人而已。

艾蘿上幼稚園了。感恩節時，她為最愛的叔叔表演。艾蘿在毛衣底下塞了兩顆橘子，然後拉起毛衣，露出肚臍，跳了一段所謂的「紅番舞」，然後便逃回自個兒房裡了。艾蘿的媽媽極力聲明，家裡可沒教她跳這種舞。其實這段色情表演，也是在模仿罷了。

兒童期（六至十歲）

一年後，紅番舞已不復存在。如今艾蘿升上一年級了，她衝進廚房要跟朋友玩，卻突然煞住腳，倒抽一口冷氣說：「唉呀，人家的內褲露出來了啦！」

女大第一變，就是開始知道要「端莊」了。六歲之後，大部分孩子對裸體的態度，會起極大的轉變。這種改變，似乎跟孩子對社交的新認知有關。他們開始將成人對性與隱私權的態度內化，即使在父母都十分性開放的家庭裡，孩子也會從同儕身上學到對裸露及性的顧忌。

並非所有孩子都會跟艾蘿一樣想那麼多，以七歲的麥克為例，他還是

很喜歡只穿內褲在家裡四處亂跑。不過大部分小孩都會改變,而女孩的改變又比男孩大。女生這種新出現的保守態度,或許是佛洛伊德的性潛伏期論(latency)能大行其道的原因吧。

性潛伏期的觀念無可置疑的相當吸引人,大致內容是,孩子經過愛裸體、愛摸自己的下體、躲在浴室竊笑的階段後,到了六歲左右,便不再玩親親,轉而去玩彈珠和蒐集郵票了。

很多人的發育也許遠遠落後於這項理論。

現在看來,孩子的性行為似乎不會在六歲就打住,只是變得偷偷摸摸起來。孩子學會關起門,暗地裡繼續發展他們的性遊戲。

艾蘿八歲時,在自家後面的林子裡,跟死黨有塊最愛的祕密基地,大家偶爾會玩一起發明的「老公」遊戲。一個人當老公,另一個扮老婆,第三個人負責發號司令。老公老婆假裝下班回家後脫掉衣服(這個遊戲最好在夏天玩),艾蘿最喜歡當導演,指揮扮老公的要摸老婆哪裡,所有女孩都覺得這個遊戲超刺激。

隨著學齡的成長,孩子跟同儕玩親親的可能性也越高。他們的遊戲品質不同於以往,不但比學齡前隱密,也可能體驗到新的感官刺激與興奮。然而這年紀的孩子會挑玩伴,倒不是因為被對方吸引,所以也不會有戀愛的感覺。

麥克八歲時就很懂得應付勃起的問題了,小雞雞偶爾上下一下,麥克也不會多想,反正它就是會勃起嘛。

1943年,某研究團隊訪問291名男孩,想知道他們為何勃起。受訪者很合作地提供一長串清單,其中包括:遇到有趣的事、上課中、上教堂時、坐在暖沙裡、在田裡生火等。有幾個人連唱國歌都會勃起,還有撿到錢的(這倒可以理解),幾位被叫到課堂前的幸運兒,小弟弟也會立正站好。

麥克考到高分或看到颱風時會勃起,可是到了十歲,他的清單上又多了幾項如內衣廣告等新項目。

麥克的發育開始加進新的成分了。像他這種從嬰兒期開始便會莫名其妙勃起的孩子，現在受到吸引時，也會有生理反應了。男生看到別人裸體，或想到別人的身體，就會勃起。女孩也是，小妹妹會濡濕。根據成人的回想，這種新的性反應，從四到十三歲都有可能開始，但平均而言大約始於九或十歲。受訪者憶及首次有性吸引的感覺時，往往是在看到某人或某人的照片時自然發生的。

這類吸引力是愛慕的基礎，通常始於這段年紀。愛慕進而造成孩子第一次的性幻想，孩子開始有性幻想後，自慰往往接踵而至。

隨著年齡成長，兒童期的孩子——尤其是男生——自慰的可能性也越來越高。他們的自慰方式跟小時不太一樣，不會吃飯吃到一半便玩起來。而他們的新幻想——細節程度差異會很大——可不是隨意拉扯幾下就可以了事的。

最近艾蘿上床後，偶爾會拿枕頭磨蹭，一邊想像自己穿著最漂亮的藍洋裝，站在以前的操場鞦韆旁。他們游泳班一名年紀較大的帥男生走過來，對著她笑，然後男孩在她身邊躺下，最後終於吻了她。

麥克「玩槍」時想的則是影集《海灘遊俠》（Baywatch）。

這並不表示艾蘿和麥克會去跟異性聊天，四年級的小鬼才不來那一套。事實上，八至十一歲的孩子性別隔離的情形最為嚴重。男女生只要有機會，幾乎一定各玩各的。

艾蘿和朋友吉娜、克萊兒，每天都跟班上其他幾個女生坐在同一張桌子吃午餐，她們對男生組的桌子完全不感興趣。你問艾蘿原因，她會說：「男生吵死了，會亂拿你的東西，還把東西弄得髒兮兮。」

麥克的老師今天要他跟克萊兒共用一本圖書館的書。

「呃？」

「吃午飯時把書拿給她吧。」老師這話在麥克聽來，等於叫他「登上聖母峰找克萊兒，然後再回來午休」。

麥克到餐廳把書給克萊兒時，努力想著別的事，而且根本不肯看她。

他步伐僵硬地回到男生桌邊。

「嘿，麥克，你有沒有給克萊兒情書呀？」埃佛列剛才看到了。

「你剛才在幹嘛？」埋頭吃飯的堤姆頭也不抬地問。

幾年前還小時，碰到這種事麥克大概會哭出來，但他只是捶他們的手臂，而且超用力的。

艾蘿和克萊兒咯咯發笑地戳著書。

「你喜歡他對不對？所以才跟他借書唷。」（沒神經的吉娜說道）

「吉娜，你的火雞三明治上面是什麼？」艾蘿故意轉移話題，「鼻屎嗎？」一群女生笑成一團。

唉，這就是小朋友的男生愛女生。若將愛情比喻為地球的演化，此時大概還在白堊紀吧。「喜歡」和「討厭」，吵架和拌嘴，對這年紀的孩子來說是很難區別的，而且經常你來我往──男生追著女生跑，威脅要偷她們的東西；女生追著男生跑，威脅要親他們。任何跟「異性國」太友善的人，勢必會遭到嘲弄。小學生稱之為「愛女生或愛男生」。

這就是兒童的兩性關係。玩親親還是有的，但無關乎性吸引。就算有性吸引和愛慕之意，也不會變成戀愛關係，亦無愛情的產生。玩親親和關係扮演，是個別發展的，兩件事還沒兜到一塊兒。不過也快了。

前青春期與發育期（九至十二歲）

今晚是七年級生的舞會。

空盪盪的舞池盡處，麥克、堤姆跟一群男生和DJ混在一起，麥克為大夥表演彈奏吉他的動作。

他們明知現場還有三位女生。

前青春期的男女生還是喜歡跟同性聚在一起，但這時的公開場合已都是男女混雜了。生日派對的客人常囊括兩性，而且大家都有共識，認為男女生應該開始約會了。事實上，他們也真的開始約起會來了。

像艾蘿就要跟埃佛列去跳舞，他們已約過兩次會了，但都還有其他朋友在。艾蘿的背包裡有埃佛列的鑰匙圈，兩人已經符合吉娜對約會的定義了。他們還沒接過吻，但埃佛列希望今晚能夠達陣。

有些人一上中學便開始約會，與其說他們是出於愛慾，倒不如說是因為大家都認為理所當然。女孩對約會的男生或有短暫的愛慕，但實際的接觸往往非常有限。在別人居中安排而約會的狀況下，兩人大概講不到幾句話，而且蹤面時，旁邊也是圍了一堆朋友。不過能宣布自己有約會對象，是很令人興奮的，也讓女生在同儕間地位陡升——即使兩人的關係熬不了多久。

DJ放了首慢歌，艾蘿和埃佛列踩著步子，小心翼翼地用手輕輕環住對方，一同舞晃。這已是他們兩性接觸的最高極限了。

堤姆還在掙扎著該怎麼抱克萊兒，他超想知道克萊兒的胸部到底是軟的還是硬的，滿腦子亂想，結果右手就不小心掃到她的胸罩肩帶了。

麥克緊跟著DJ的音樂。

不管少男少女的接觸何其短暫，都能讓他們在發育的路上往前踏出重要的一小步。他們也許第一次體驗到純純的愛所造成的性興奮。此時孩子的探索，與之前青春前期的模仿，有了極大的不同。性的三個要素——性興奮（sexual arousal）、性的行為（sexual behavior，注視、撫觸和展現）和戀愛關係（romantic relationships）——開始漸漸接軌了。

社會力量也許是最重要的因素，但並不是唯一能刺激少男少女性探險的原因。荷爾蒙也開始扮演一定的分量了。

十二歲的艾蘿已經進入發育期一年半了，她的同學平均十歲開始發育（通常從六、七歲到十三歲都有）。艾蘿的發育從胸部變大開始，接著長出陰毛。她的身高抽長了幾公分，也開始用體香劑了。過去幾個月，她的胸部又長大了些，艾蘿考慮穿胸罩，主要是因為克萊兒的關係。克萊兒是七年級女生中胸部發育最快的，而且男生已經開始注意並揶揄她了。艾蘿私下覺得，克萊兒的大胸部令人既羨慕又同情。

不過艾蘿還得等好幾個月，才會在某個星期六的下午，小心冷靜地從浴室門後呼喚媽咪。月經初潮通常在長出陰毛後兩年，女孩滿十三歲前來臨。

呆呆望著雞尾酒桶的麥克，離發育期亦不遠矣。男生通常比女孩晚一年，平均年齡在十一歲才開始發育（標準範圍從九至十四歲）。麥克的蛋蛋已經慢慢變大了——但他並沒注意到，而且還飄出體臭——堤姆就有（今晚味道尤其重）。

在接下來一年左右，麥克會開始長出陰毛，陰莖慢慢長大，而且會不預期地第一次射精。等麥克開始拿著堤姆撕給他的雜誌內頁，在自己房裡自慰時，發育過程就進入最後一個里程碑了。麥克比班上幾位女生幾乎矮一個頭，他得等到十三歲，也就是開始發育後的兩年，才會達到生長高峰。

一旦青春期開始，麥克和艾蘿的性衝動（sexual drive）會越來越強，生殖器官日漸成熟，刺激生殖器時的快感也越強烈。由於天生或父母管教等種種因素（或二者皆有之），青春期間男生的性衝動與行為，比同班女生更為強烈。

這段期間，孩子的性幻想內容也可能跟著改變。麥克以前自慰時，想的是女生穿泳衣的模糊畫面，而現在幻想的，則是諸如性交等真槍實彈的火熱場面。

麥克在點心檯旁邊晃來晃去，心想著堤姆給他的裸女照。他看著艾蘿的後腦勺，她的頭髮看起來好柔哦。麥克將手塞入褲子的口袋，想遮掩勃起的小雞雞，而且鼻子感覺怪怪的。

埃佛列和艾蘿靠近身子，她閉上眼，埃佛列則張著眼，兩人接吻了（嘴巴是閉的）。「接吻就是這樣嗎？」艾蘿心想，一邊對埃佛列笑了笑。

埃佛列也報以微笑，想到大家都會記得七年級舞會那晚，他成功吻了艾蘿時，就不免得意萬分。事實上，大家會記得的是，那天晚上，麥克

在點心檯邊流鼻血了。

青 春 期 （ 十 三 至 二 十 一 歲 ）

前青春期對性愛的探索，真的還非常青澀。不過從這階段起，年少的孩子進入狀況的速度就會相當快了。

所謂的青春發育期就要展開了。孩子進入青春期後，原本只敢遠觀的愛慕與初中生的約會遊戲，便慢慢進階成類似成人的情愛關係。

「為什麼？為什麼？**為什麼？！**」家長偶爾會問。

青春期孩子的兩項偉大發明，是推動他們發育的主要動力：浪漫的愛與相互的慾念。

青少年最初尋找男女朋友，部分原因是青春期的性衝動變強之故。再來則是孩子希望自己具有魅力，並受人歡迎。戀愛關係能帶給孩子社交地位與認可，這是他們最大的收獲。事實上，至少是這段期間內最主要的約會理由。

接著，就像歌詞裡寫的一樣──他的眼裡再也容不下別的了。

是的，小孩也會有愛意，但那些海誓山盟、你先掛電話我再掛、愛你到天荒地老之類的東西，都是青春期的特產。青少年醒著時，多半都在想這些事，等他們找到愛時，前青春期間所勾勒的愛情畫面，就變得有血有肉了。

剎時間，他眼中的情人和兩人的未來，好像也變得真實起來了。他的情緒患得患失，上課的專心度也……呃，什麼上課？

這時性慾也來湊熱鬧了。之前的幻想，同儕間的遊戲，或閉門思淫慾，此時都進階成充滿激情的親密關係。這時，青少年生平第一次要面對性關係衍生出來的問題：責任、心碎、避孕和乞求。

性，變得越來越複雜了。

今天下午，麥克到艾蘿家，艾蘿的爸媽都還在上班。艾蘿邀麥克到她

樓上房間。兩人雖然已經約會九個星期了，但麥克從沒看過艾蘿的房間。

十七歲的麥克和艾蘿戀愛了。

兩人開始談著春季的一場派對，以及後來兩人在一堆外套旁擁吻的事。現在他們盡量抽空見面，且無時無刻不思念對方。

麥克夜夜想著艾蘿入眠，他每天自慰，心中想著艾蘿（還有其他幾名女生）。他的朋友都不反對他跟艾蘿交往，反正又沒影響到平時哥兒們一起對正妹品頭論足的遊戲。

堤姆還沒有約會對象，但埃佛列說他同時劈兩個女的，也跟她們上過床，麥克也真的信了。麥克會相信埃佛列，大概是因為他自己通常實話實說吧。麥克告訴堤姆，他跟艾蘿約會一個月後，終於解開了艾蘿的褲釦，兩人脫掉一些衣物，相互愛撫。他倒是沒跟堤姆說，他緊張到不敢再往下做，所以在高潮之前便停手了。

課堂上的艾蘿做著白日夢，幻想麥克對她傾訴愛意。她還想到做愛的事。那晚麥克沒再繼續往下，真的讓她鬆了一口氣，因為她還是覺得精液有點那個。吉娜覺得很可惜，她拿自己的避孕丸給艾蘿看。去年在網球夏令營時，吉娜就有過兩次性經驗了。她認為艾蘿跟麥克已經拖得夠久了。

艾蘿和麥克一起上樓到她房間，家裡沒別的人，唯一的聲音是鄰居的割草機。麥克和艾蘿開始接吻。

兩人都是高二生了，艾蘿是數學小組的組長，麥克下週要去參觀各大學，艾蘿剛拿到駕照，麥克想當作家，他們都還沒考學測。兩人只是一般的美國男孩和美國女孩，十七年前，同一天在同一家醫院裡出生。這一天，兩人終於做了。

感覺如何？

他們有沒有避孕？

麥克會告訴他的朋友嗎？

艾蘿會不會懷孕？

她覺得有壓力嗎？

麥克呢？

兩人會不會繼續在一起？

你 剛 說 「 勃 起 」 嗎 ？

以上情形在你前方展開，伸向看似與此刻全然無關的未來。此時此刻，你只知道自己肚皮黏黏的，很想尿尿，而你那個連名字都還沒有的小胎兒，已經在勃起了。

你拉起褲子上的鬆緊帶，把胎兒那張有頭有勃起的超音波照塞進包包裡，然後走出去牽車。你心想，不知自己將來會是什麼樣的媽媽？

你心中有個念頭：已經回不了頭了。

孩子此時雖然只比鞋子大一丁點，但已經有性的本能了。隨著日漸長大，他只會變得越來越「色」，因為這是他的「生物本色」。

那感覺好奇怪，做母親的對這檔事竟無可置喙。爸媽不是可以決定子女何時才能探索性的世界嗎？難道沒有什麼晶片可以設定嗎？

別灰心。

也許你無法控制孩子的性發育，但孩子要學的地方還多著呢，總得有人教他小雞雞叫陰莖，還有陰莖能做什麼吧。他得知道那些感覺是什麼，該如何處理。荷爾蒙可是不會講道理的。

無論家長是否干預，孩子終究會成為有性慾的成人。可是光有性慾並不夠，你更希望孩子能有足夠的智慧，擁抱健康快樂的性生活。

父母的任務就在於此──教導並啟發孩子！

不怕小孩問

第 二 章

父母怎麼處理？

如何教導發育中的孩子

管教孩子不是火箭科學，如果是就好了，至少我們會知道火箭要射向何方。

火箭的發射有力學公式，就像「F=ma」一樣簡單。

但我們想知道的是，有沒有什麼科學定律可以教人養育孩子？例如，你希望女兒對外貌有健康的觀念，婚後才有性行為，或希望能降低她在高中就懷孕的風險。但你知道該怎麼做嗎？有沒有什麼是你**能夠**做的？

科學為我們開啟了一小扇窗，讓我們看到管教與性的連動，很多答案可以從已知的事物做合理推測。我們會跟你一起做全盤討論，但請先容我們指出一件事實——父母確實可以指導孩子度過發育期。你大概對這點也一直很樂觀吧。

父母的權限包括：

為孩子的性生活奠定基礎，例如，培養孩子的自尊，提醒他健康的風險。父母可增強孩子的性知識，形塑其道德觀，居中調解同儕的影響。父母甚至能介入某些狀況，如延後孩子初體驗的年紀，提高他使用保險套的機率，限制青少年可能會有的性伴侶人數，以及其他方面的影響。

我們無法寫出公式告訴你該怎麼做，事實上，管教子女並沒有牛頓定律。周密的研究結果，也許能解釋一般家長的管教效果，但你越是仔細探究父母對個別子女的影響，就越難找出定律。為什麼？因為管教是親子關係的產物，不是硬梆梆的鐵則。自然定律下的每種狀況都一致，但

人際關係卻千變萬化，不一而足。

　　本章將帶領讀者，看看家長究竟如何影響子女，並找出對付各年齡發育問題的方法。你會發現，很少有什麼比曖昧不明地跟孩子談性更難搞的事了。本章旨在協助家長找出有利親子溝通的方法，當答案未明，資料卻已用罄時──這種情形經常發生──我們會提出一些選擇，讓你參考其他家長的處理方式，並盡量提出建議。

　　我們能說什麼呢？引導孩子度過發育期會出的狀況，比發射太空梭的問題還多呢！但換個角度想吧，至少你不必花十七億美金。

你 想 要 什 麼 ？

> 我跟他們講得很清楚，先有愛，再結婚，然後才生小孩。除非前面兩件事都做了，否則休想生孩子。婚前性行為？**不准！**我要他們至少撐到十八歲，我覺得這種事應該由我來告訴他們。
> ──卡洛琳，女兒十歲，兒子八歲

> 我從沒叫孩子等結婚後再做，因為我覺得那樣很不切實際。我強調的是，兩人必須相互尊重，因為分享是美好的。我還跟孩子談到，等年紀得夠大了，才承擔得起那種責任。
> ──摩妮卡，女兒十七歲

　　當你開始思索各種教育孩子的方式時，最好先想想自己要什麼。以下幾項目標是家長一致同意的：不希望孩子得性病；若孩子有性行為，希望那是正面的經驗。不過除了少數幾項共識外，每位家長對子女的性生活，也許各懷南轅北轍的想法。也許你覺得青春年華獨守空閨是在蹉跎光陰，也許你想管束孩子，而你那位不知為何老愛唱反調的伴侶，看法又與你不盡相同。如果你跟卡洛琳一樣，認為婚前不該有性行為，卻又

可以接受孩子滿十八歲後可以有性行為，那你可能會處理得非常矛盾。

　　因此在討論如何管教之前，我們應該先停下來，回答這個有點麻煩的問題──「你希望孩子將來的性生活是什麼樣子？」

　　我婚前性經驗並不多，但有。我算夠活躍了──可說是標準的七〇年代年輕女性。嗯，也許不算很標準啦，但我真的希望婚前的性經驗能再少一點。我一定會告訴孩子，叫他們別像我以前那麼輕狂。
　　──珍妮佛，兒子十二歲，女兒七歲

　　一方面，我告訴兒子奧利，不可硬逼女生就範；另一方面，我又鼓勵他要主動積極。至於怎麼拿捏，就留給他自己去處理了。我真的覺得他應該比他老爸老媽開放一點，多去試驗，多去探索。
　　──葛爾，兒子十四歲

　　有關家長、孩童與性的健康研究，大多假設家長的最高目標，是延後子女的第一次性經驗（美稱為sexual debut），並確保孩子在婚前性行為中能確實使用保險套。一般最直接、最重要的健康觀和道德觀是──別生病、別（不小心）懷孕。

　　這些目標聽起來天經地義，卻令我們想到某位健康專家面對滿堂家長時，提出的兩個問題：「我若跟各位保證，性行為絕不會令各位得性病或意外懷孕，請問誰會想做？」所有家長都舉手了。「可是如果我只能保證這麼多呢？」

　　顯然，安全並不是唯一的考量。

　　也許你跟摩妮卡一樣，希望孩子能學會負起感情的責任，或將性視為美妙的事。或許你不想把管教侷限在特定結果上，像葛爾就較為寬鬆，他不特別限定兒子的性經驗或體驗的時間點，只希望兒子能用探索世界的態度，面對自己的決定，並在成長的過程中，逐漸變成自主的大人。

馬汀有兩個女兒，他對性也沒有預設立場。對他來說，最重要的是親子關係的維繫。

「我想，我應該不會對孩子的性行為有太多意見，」他解釋道，「不過如果我們沒辦法像現在一樣無所不談，我一定會抓狂，所以我會接納她們的男友或女友，免得女兒不理我。」

這些意見都不是絕對的，想維持特定的親子關係，還是可以反對女兒跟某類型的男生交往。家長對五年級孩子的期許，跟對高中生未必相同。家長也在轉變，看法或許會隨著孩子的成長而修正。

你只能隨時要求自己想清楚，你最想達成的是什麼，然後努力去完成目標。

如何才能做得到呢？

性的目的

有些簡單的問題，有助於釐清對子女性生活的期許。試試回答下列問題，然後比較一下跟上一代人的想法有何不同。

- 性的目的是什麼？
- 迄今為止，你對自己的性生活感覺如何？
- 你希望子女的性生活跟你不同嗎？哪裡不同？
- 什麼才能創造良好的愛情關係？是良好的性關係嗎？
- 描述一下，你希望子女對性抱持什麼態度？
- 你可以接受婚前性行為嗎？
- 若能接受，你覺得何時開始較好？
- 性行為應該發生於何種關係上？
- 你對兒子的性生活，態度跟對女兒的一樣嗎？

養育的本質

　　過去幾十年來，研究人員結集大量知識，企圖找出答案，想知道父母究竟如何影響子女。他們在尋找各種線索，研究各式管教的要素時，最後總是會發現一項要點：管教的類型，或養育的本質。

　　研究人員在釐定父母類型時，會針對兩種家長表現出來的特質程度去做劃分：要求與支持（demandingness and responsiveness）。

　　「要求」是指對孩子的行為設定高標準，讓孩子清楚家長的期許，並嚴格監督他們的行為，違規時則予以導正。就像寇拉說的：「我對孩子的期許很高，如果沒有期許，孩子便成不了氣候。若將標準設高，孩子必然會努力去迎合。」

　　反之，「支持」指的是聆聽孩子的心聲。支持型的家長會仔細聆聽並認可孩子的個別特質，參與孩子的生活。這些父母充滿溫暖、關懷與支持。以史丹為例，史丹的女兒讀高中，「我跟女兒的友誼，高過我跟我父母的。我會跟她談論同事間的事，她會對我傾吐她的交友狀況。我們父女倆很親，有很多的關愛與擁抱。」

　　你若接受「要求」與「支持」是管教子女兩大要素的觀念，便不難理解會有四種類型的父母了：兩種極端、二者皆非，與二者皆是這四種。

　　我們來看看這四種類型的家長。

　　首先是要求極高，但支持度弱的家長。此類型父母有很多要求，卻吝於關愛──也就是所謂的**威權專制型家長**（authoritarian parents）。這種家庭基本上只有上對下的單向溝通，家長的期許也許很高，但因無法理解孩子的經驗，定出來的標準也許根本不適合孩子的能力，而且可以寬鬆時，仍一味地堅持要求。威權專制型家長的子女往往十分順從，但自尊較其他小孩低，容易有情緒問題，且道德推理（moral reasoning）能力比同儕弱。

　　相對於威權專制型的家長，是**放任型家長**（indulgent parents）──這

類父母全心支持孩子，卻不要求他們。放任家庭中的孩子備受呵護，不乖時也不太會管教，而且不用太努力，便能得到充分的讚譽，甚至達到目的。這些家長的孩子往往愛交際、自尊高，但也可能比其他孩子更衝動激進，在學校鬧事，帶領同學或跟隨同學鬧事的可能性也較高。

接下來是**忽視型家長**（neglectful parents），他們的期許與關愛都很少，親子關係也冷得可以。他們的子女通常是所有孩子中適應力最差的。

最後，最棒的父母是**民主權威型家長**（authoritative parents），他們對子女的期許與支持度都很高。民主權威型父母會很明確地向子女表達自己的期許，也會仔細聆聽孩子對管教的看法，重大事情會讓孩子發表意見，並賦予他們一定程度的獨立性。孩子犯錯時，他們一定會出面管教，但會維持關心支持的態度。

一次又一次的研究不斷發現，民主權威型家長的子女，幾乎在所有與父母相關的領域表現上，都強過其他類型的孩子。他們往往較成熟、自尊心高、循規蹈矩，但也非常自主。在團體中，他們比同儕更能與人為善、擅長化解衝突，也比另外三組孩子更能適應學校生活。還不只如此，這些孩子的成績較優異，不會憤世嫉俗，而且不太會抽煙或喝酒。

民主權威型家長就像健康食譜一樣，常能培養出健全的孩子。

我們無法確知這種管教型態為什麼會如此成功，不過道理並不難懂。受父母疼愛尊重的孩子，會感受到自己的重要性，因此也願意照顧好自己。他們知道父母的期待，因此會努力去做討爸媽歡心的事，這倒不是因為他們沒有選擇，而是因為他們發現，親子關係要互惠才能維持融洽。他們擅長處理人際關係，加上跟父母相處和睦，覺得自己是「好孩子」，因而強化他們自愛的本能。我們可以看到，民主權威型家長創造了多麼有力的強化系統。

這些跟性有什麼關係？我們還不清楚這些孩子的性生活跟其他孩子有何不同，不過預估這些自尊心高、善於處理衝突的孩子，在愛情與性關

係上，應該也能游刃有餘。他們的成熟度，也許能轉變成更謹慎負責的性行為——如避孕或體貼伴侶的感受。甚至能將爸媽不認可的惡習，如抽煙喝酒，延伸至對性風險的警惕上。

密 切 觀 察

他的朋友我大概都認識，我答應讓這群孩子在我們家聚會，這樣比較方便。我寧可他在家跟朋友玩，也不願他在外頭亂晃。孩子們在家時，我會尊重他們的隱私——通常他們都在地下室或後院——不過我也會端吃的給他們。那是我的打探伎倆，如果我有一陣子沒聽到動靜，就會送點心到樓下給他們。

——瑪莉維，對付十四歲兒子和他的朋友

另一種檢視管教效果的辦法，是只會挑影響孩子成長的特定情況去看，而不管整體的管教類型。警覺或監督（watchfulness or monitoring）即為其一。研究結果發現，只憑監督孩子的去向、交友及回家時間，便能產生實質的影響。

受到嚴密監督的孩子比較會順從父母、討父母歡心，尤其他們較不會亂冒險、喝酒、抽煙，在學校少有亂紀的問題，成績也較優。

監督孩子的性行為基本上也不例外，被父母嚴加注意的孩子，常會等年紀較大後才發生性行為。而開始展開性生活後，頻率與性伴侶的人數也都較少。

監督的觀念並不難理解，但付諸實行卻是一大挑戰。第一，也是最重要的一點，監督非常耗費心力，要持續相當不易。

加上還有干擾（intrusiveness）的問題。從某些方面來說，過於嚴苛的監督，跟監督不足一樣糟糕，有兩種極端經驗的孩子，會出現許多問題。我們對性行為的研究尚未完成，但有人認為，監控過嚴，對孩子的

性行為會收到反效果——父母過度干涉的孩子，也許年紀還小時便會有性經驗了，大概是種反叛吧。

家長很難預知哪種程度的監督才叫過度，但你應該能從過程中判知。孩子若覺得受到干涉，通常會發牢騷。他們不想回答你的問題、不想告訴你他在跟誰通電話、大夥在停車場聊些什麼（不過情況不妙時，還是得逼孩子回答）。如果你夠敏感，並用心留意，應該能為孩子量身打造出適度的監督方式。有個簡單的辦法就是開口問，但若覺得傷害了孩子剛萌芽的自主性時，就別強逼他們回答。

當然了，年紀較小的孩子較能忍受嚴格的監督，但那不表示就可以對青少年鬆綁，監督青少年也能收到很好的效果。

親子關係

你可以從孩子身上，看到管教方式對其性生活的影響。想像你跟一群青少年坐在一起，探問他們家長的狀況：喜不喜歡自己跟爸媽的關係？家人對性的看法？等等之類的。然後問他們有沒有性經驗，看看那些有性經驗的人，對爸媽的感覺，跟那些尚無經驗的孩子是否不同。等你問過一萬個孩子之後，就可以得到不少資料了。

有一群研究人員真的這麼做了，結果他們發現了一項支持父母影響子女發育的論點。對親子關係較滿意的青少年——或與父母較親者——性活動較少。

有關親子關係與青少年性選擇的調查非常多，雖然多年來，同樣的問題用許多不同方式問過，但所得結果卻相當一致。與父母親近，或對親子關係滿意的青少年，比那些關係疏遠的孩子，更晚有性行為。而開始有性行為後，頻率與伴侶數也較少，無論是與父親或母親關係良好，男孩和女孩的情形都一樣。

親子關係的親疏優劣，甚至可能影響青少年的避孕行為。上述所說的

大型研究發現，跟母親關係非常親近的孩子，做愛時懂得避孕的比例，是關係疏遠者的兩倍。在受訪後的一年，對父母最不滿意的青少年，懷孕比例是最滿意者的四倍，可謂天壤之別。

為什麼會這樣？

這跟管教型態和監督一樣，知道親近的親子關係有影響力是一回事，精確地剖析卻要難多了。不過據猜測，應該是受到家長價值觀的影響吧，尤其成人對性的考量，應該比孩子的同學來得周詳。

跟你較親的女兒，對你的認同度，通常會高過與你較疏遠的其他子女。認同你，表示她會仿效你的身教，至少部分是如此。因此你的愛女，價值觀多以你的為基礎，例如，性是附帶責任的歡愉。而跟你較不親的小孩，或許看重朋友的意見，因此上國中後，便以朋友們的觀點去看待性，認為性很新鮮刺激，或表示自己頗有人緣。

當然了，這些研究結果可能還有其他解釋——例如，家長比較偏愛聽話的孩子。

如果親密關係跟食物一樣可以說給就給，那麼每個孩子都會跟爸媽很親近，可惜它不像監督或管教方式，親密感不是一種行為方式，而是兩人不斷互動後產生的關係品質，這跟孩子的性格有關，無法單由你來決定。有些孩子很容易親近，有些較難，有些親子關係就只能用投緣來形容了。此外還有配偶的個性、其他子女，以及他們在家中爭寵時所扮演的角色。雖然你很想擁有溫暖的親子關係，但這不是說要就有的，不過還是可以努力達成。

該 說 什 麼 ？

高度的期許、大量的支持、嚴密的監督和親密關係，這些聽起來就像傳統的管教方式，若說它們有何出人意表之處，大概就是這些看似平凡的方法，對孩子的性行為具有一定的影響力吧。那麼可以更針對孩子的

性行為做管教嗎？譬如跟孩子討論性呢？

乍看之下，跟子女討論性，似乎是影響孩子性觀念與習慣最理所當然的辦法。我們會以為，若好好跟十幾歲的孩子討論避孕問題，孩子就應該會乖乖避孕，不會懷孕了。朋友啊，問題就在知道是一回事，做又是另一回事。至少根據目前研究顯示，討論避孕，未必會讓孩子照做。事實上，你若願意暫時拋開定見，檢視這些跟孩子討論性的研究成效，便會發現一個現象——有些研究結果支持這項論點，有些卻發現沒有實質影響，我們並沒有能證明討論有效的明確證據。

到底怎麼回事？

部分問題在於，你很難從研究中去衡量溝通的品質。當你問家長有沒有規定孩子幾點回家，他們答有時，你會清楚地知道他們在監督孩子。可是若問家長有沒有跟孩子討論性，答案就沒那麼黑白立判了。你很難確知他們的「有」代表什麼意思。

舉一項研究為例，該研究試圖將青少年的性選擇，跟他們是否與父母討論性道德做連結。某位母親表示：「跟所愛的人做愛，是很美好的。」另一位則說：「妳要是有性行為，就是婊子。」當這兩位母親都勾選「是的，我們會討論道德問題」時，這種研究當然很難有確切的結果。唯有透過仔細的訪談，才可能找出親子溝通內容的實質含意。因此，想對為數夠多的父母做討論效果的研究，並取得確切資料，就變得格外困難了。

還有一點對我們十分不利。那些針對調查結果所做的研究（如初次性關係延後、懷孕率較低），並沒有把研究重點放到親子懇談的潛在優點上。我們並不清楚親子之間的細談，能否使孩子長大後，比同儕更能享受性愛、擁有更健康的性關係，或更幸福的婚姻。這些問題在大型研究中都沒問過。

我們**真的真的**很想提供讀者一份鐵證，告訴你，跟孩子討論性很有用。總之，我們認為這是很棒的點子，只是苦於無法證明我們是對的。

因此，如果你只想依據確實的資料來選擇管教方式，請恕我們無法告訴你該如何跟孩子討論性愛，或何時告訴他們。

那麼你該怎麼辦？總不能等找到答案再處理吧，尤其你那坐在車後座的小鬼，已經揚著童音不斷追問──「寶寶是怎麼生出來的？」──你總得在他長大之前回答他吧。

我們會綜合已知的親子討論結果，與我們的看法，及合理的推論，為你擬出一套可信的說法。為了有個好的開始，也許我們會從最有把握的地方開始。

父 母 怕 怕

幾年前，廣播節目《美國生活》為慶祝父親節，主持人艾拉‧葛拉斯（Ira Glass）給一位大一女生和她父親機會，讓彼此提出一直很想知道，卻鼓不起勇氣問對方的問題。吉娜對父親有一籮筐問題，但她父親想問的只有一個。

「當然了，妳也知道，當爸爸的⋯⋯爸爸最擔心的就是⋯⋯呃⋯⋯妳的愛情生活。」

吉娜不安地乾笑了幾聲，她父親接著說。

「妳的⋯⋯呃⋯⋯妳的狀況，就是⋯⋯嗯⋯⋯性生活和⋯⋯嗯⋯⋯我不知道該怎麼說⋯⋯還順利嗎，還是⋯⋯嗯，有問題，還是⋯⋯妳都可以處理？」

「沒有問題啦⋯⋯嗯⋯⋯我想你大可⋯⋯（停頓良久）⋯⋯我⋯⋯」

「我最擔心的是妳要懂得保護自己。」

「嗯，當然。」

「好吧。」

談話結束。

耶穌說，你們中間誰不尷尬的，就可以先拿石頭砸他。

無意間聽到種超尷尬的對話，你大概會不知所措，但也不會太訝異吧？我們就「親子論性」一事，跟許多家長談過，幾乎所有家長都自認拙於此事。大部分人都很不自在，也因此許多人會卻步。

　　他們並沒有錯。或許我們應該尊重這些使他們尷尬的原因：你的緘默也許是自然反應，所以你要接受它，別硬著頭皮跟孩子詳談。

　　話又說回來，你的裹足不前，也許是一種不理性的恐懼，為了孩子的幸福，你應該排除萬難。或許，你不敢跟某個年紀的孩子討論某些話題，只是在掩飾自己的害怕而已。

　　有個方法可以決定到底該不該，又應於何時跟孩子討論性──那就是仔細反省自己不敢跟孩子談的原因。如果你的理由很充足，也許保持緘默才是正確的做法；若是因為害怕，或基於一些自己也解釋不清或說不通的理由，你可能真的得好好跟孩子談談了。我們先看看是什麼原因讓你這般猶豫。

公 布 真 相

　　跟孩子討論性的方式有好幾種，不同的談話，各有不同的理由，避而不談的部分，也各具原因。這樣講好像過於簡化，為了說明清楚，我們把親子間可能的性愛討論，分成兩大類：跟年紀小的孩子談事實；跟年紀大的孩子講感情。

　　在第一類談話中，把性的真相，或孩子還不知道的生育問題告訴他：寶寶就是這樣生下來的、衛生棉就是這個樣子。跟學齡前或小學的孩子討論性，重點應放在性的各種層面。

　　第二類的談話感覺較私密，因為這類討論會觸及孩子實際的感受與選擇：喜歡上誰？有沒有跟對方談到性的問題？是否記得要用保險套？這些都是你跟已經開始探索，或至少有了愛慾的大孩子、中學生和更大的孩子已討論過、想要討論，或避免討論的問題。

我們先從第一類討論開始——跟小小孩討論性的實際情形。這類談話通常始於孩子問起「寶寶怎麼來的」。女兒看到她出生前的全家福照片時問：「我那時候在哪兒？」或你懷孕六個月，準備換衣服上班時，被女兒問道：「寶寶是不是從妳肚子鑽進去的？」你必須很快決定該如何回答……如果那種倉促稱得上決定的話。

　　「莎拉問我寶寶是怎麼來的。我劈哩啪啦一路往下講，直到快說到她老爸如何將精子送入本人體內前才住口。沒想到莎拉接著問，後來呢？我當場僵住，直直看著她的眼睛說：『我忘了。』」派姬是生物老師，「我簡直不相信自己會幹這種事！我又不是白痴，我一定是慌了，當時心想：『我得先跟老公商量一下再回答這個問題。』結果嘴裡冒出來的竟然是『我忘了！』」

　　這種事我們常聽到。無論心中有多麼猶疑，大多數家長都不認為蓄意欺瞞是個好選擇（看來送子鳥之說，已成昨日黃花了）。這年頭的家長用語焉不詳取代欺騙，他們在談到其中一段時，尤其模稜兩可。

　　也就是陰莖插入陰道的那一段。

　　妮娜的五歲女兒和七歲兒子在停車場上，吵著一定要知道寶寶是怎麼生的，她應付得非常漂亮。「我終於告訴他們說：『兩個人結婚後，在棉被底下睡得很舒服，兩人靠得很近很近。男人的陰莖裡有精子，女生的身體裡有卵子，然後精子就跟卵子相遇啦，於是它們一起在女生的身體裡長大變成寶寶。』就這樣，兩個小鬼就心滿意足了。」妮娜的孩子顯然比莎拉好應付。

　　派姬覺得她「忘記」性交的那段，簡直匪夷所思。妮娜卻認為，對小孩暫時隱藏性交的過程是對的。為什麼？妮娜解釋說：「我認為那個年紀的孩子不需要太詳實的說明，因為他們會覺得噁心。」這種想法蠻普遍的，許多家長認為孩子不會想知道精子與卵子的結合過程——甚至會覺得噁心。家長的這種印象，有時是根據上一個孩子的反應得來的。

　　塔妮雅解釋道：「我的大女兒琪琪很害羞又保守，不過她也是家裡的

小愛因斯坦。琪琪八歲時問我是何時懷孕的，寶寶又如何跑到我肚子裡。我正在哄她上床，便說：『女人身體裡天生有卵子，這些卵子只有跟男人的精子結合後，才會變成寶寶。』

『那精子怎麼會跑到女生身體裡？』

『男人的陰莖裡有精子，陰莖插入女生的陰道，射出精子，就會讓卵子受精了。』

琪琪臉上頓時飄過一片烏雲，好像天塌了似的。看到那種表情，我便住嘴了。覺得自己好像講太多了，她並不想聽。」

兩年後，塔妮雅的二女兒也八歲了，她問小女兒想不想知道寶寶怎麼來的，「她擺出一副『我早就知道了，好噁唷，妳就別跟我說了』的表情。結果你知道怎麼樣嗎？我就沒說了，只告訴她：『如果兩人相愛的話，一點也不噁心。』」

小孩聽到性交，真的就是這種反應，會做出琪琪的表情，或大聲做嘔吐狀。有些孩子還會久久無法釋懷，拚命問：「你們真的做那種事才生出我的嗎？」如果你不知道該不該把性交的部分解釋給孩子聽，不妨考慮一下上述那些反應的意義。小孩子為什麼會覺得性交很噁？

的 確 很 噁

在還沒有性慾之前，性交的確是蠻噁的一件事。

我們前面已經解釋過了，孩子小學時，會開始遮掩自己的身體，覺得把生殖器亮給別人看是件很糗的事。還記得這個年紀的孩子，最會分男生國、女生國嗎？許多琪琪這個年紀的女孩，只想離男生遠遠地，小男生一樣也不喜歡跟小女生混在一起。性交？拜託！這些小鬼連看到男人親吻女人，就已經快吐了。

而且性交還有動作呢。你若無法將插入的動作情慾化──大部分小學生都辦不到──那個畫面還真的是蠻難看的。有人把他身體的一部分放

到你裡面，然後射出一坨東西到你身體裡……若非罩以愛慾的光環，性交聽起來大概跟「呃……男人跟女人真心相愛時，兩人會很親密，男人就會把鼻子放到女人嘴裡，然後擤一坨鼻涕給她吃。」差不多。如果孩子聽了不覺得噁，八成是因為沒在聽你說話。

難怪琪琪會有那種表情了。從八歲小孩的觀點來看，光著身子跟男生貼在一起已經夠那個了，性交更是甭提。此事雖噁，但只要做的是別人，就不關她的事，因此大部分孩子的反應是大聲宣稱，或對自己發誓：「打死我也不幹那種事。」沒關係，你可以表示支持地說：

「只要你覺得噁心，就不必做。大人是因為決定想要了，才會做愛，因為他們不覺得做愛很噁心。也許將來你的想法會變，不過那是很久以後的事了。」

孩子終究得接受完美的媽媽也幹過這種噁心事的事實。有些孩子從朋友嘴裡聽到時，會堅持自己的爸媽絕對沒做過，而且還深信不移。不過如果孩子是從你嘴裡聽到的，就只好努力消化了。家長無須擔心這種教育對孩子有害，因為視孩子的年齡而定，他會慢慢成熟，對你或性交抱持更成熟的看法（因此接下來幾天，孩子大概會提出這類問題：「你真的做那件事了嗎？」），或者他會把這問題擱到一邊，等以後想通了再說。孩子自己會決定哪項做法對他最有利。

到 底 懂 了 沒 ？

阿尼：我知道寶寶是從哪裡生出來的唷，是從陰道。
路克：才不是，是從英荳啦。
阿尼：不對，是陰道。
路克：是英荳啦，我知道，因為是我媽告訴我的。

阿尼：哦，那你媽媽的大概叫英莖吧，我媽媽的小雞雞是叫陰道啦。

——無意間聽到兩個一年級小鬼的談話

當你還在擔心小鬼能否接受這些血淋淋的事實時，當然也會懷疑：「他到底懂不懂啊？」有些家長建議，如果孩子還沒辦法明白那些細節時，最好先別告訴他。

我們來看看生寶寶這件神祕的事，到底有何含意。

孩子的認知發展，決定了他們對「生寶寶」的理解程度。例如，兩三歲的孩子還無法理解，現存的事物以前可能並不存在。他們不了解何謂創造，因此當他們問寶寶怎麼來的時候，其實指的是「寶寶從哪裡來」。寶寶出生前待在何處？是你的肚子？冰箱？還是超市？

稍大後，學齡前的孩子會明白寶寶是「創造」出來的。通常他們把「生殖」想像成拼裝的過程。嬰兒就像汽車或生日蛋糕一樣，是由大人拼湊出來的。等上了幼稚園，孩子通常會明白寶寶與其他自然生物一樣，都會長大。等他們的思考推理能力在小學期間漸漸成熟後，就能慢慢了解這種自然發生的過程，及至十一歲前，大部分美國小孩都能明白寶寶是精子和卵子結合後，慢慢發展而成的了。

重要的是，我們以為全世界的孩子都會經歷同樣的認知過程，因此理論上，孩子對生殖的了解程度應該一致，但某些地區的孩子，硬是領悟得更快。一項對孩童性知識的研究發現，北美大多數孩子在十一歲前，便能準確地解釋寶寶的由來，但大部分受調查的英國小孩，九歲就能辦到了，而素以性教育開放而聞名的瑞典人，七歲小兒便能對答如流矣。

顯然地，家長若想等孩子大一點，能夠完全理解生殖概念的年齡後再告訴他，只會延緩孩子對此事的理解。孩子越早接觸生命由來的真相，便能越早了解。

如果你能接受兒童心智成長的一個基本原則，便能決定何時跟孩子討論性了。學習始於似懂非懂，最能刺激孩子智性成長的方法，就是讓他

接觸需要進一步去思考的概念。家長不必擔心那些事實是否超越他的理解範圍，孩子會自行取捨或重組，以符合自己目前的認知能力。你大可相信孩子有能力忽略自己討厭的訊息。

認知科學還有一點對家長有利。你在措辭上不妨記住一點，學齡前及低年級的孩子不懂得隱喻。小孩子的思考很直接，也就是說，當你告訴他們，子宮隔膜就像隔開精子與卵子的「一小道牆」時，他們會把它想像成木頭夾板。所以，用單刀直入的方式去說，孩子反而比較能明白你的意思。

難 以 啟 齒

如果你跟某些家長一樣，我們的保證大概無法完全排除你的疑慮。除了擔心孩子對性會感到不悅或困惑外，也許你還害怕不該跟孩子分享這些事，甚至覺得那是錯的，是不道德的。這種想法是從哪兒來的？要不要予以正視？

最近我們在某個小學禮堂，面對滿堂急欲學習親子性教育的父母。第一個發問的是獨自坐在前排的女士。「我想跟一年級的孩子講寶寶的由來，可是又怕她會從其他孩子那邊聽到。我該怎麼辦？」

這位媽媽到底在擔心什麼？

她解釋說，萬一女兒把學到的東西告訴朋友，其他小孩又告訴他們的父母，我怕到時那些家長會怪我女兒。

有想到特定的家長嗎？

沒有。沒有特定人士。

其他家長有人跟她擔心同樣的事嗎？

當然了，大家都很擔心會這樣。

各位，如果這位女士的女兒告訴你們的孩子，寶寶是從哪兒來的，有人會生她的氣嗎？

沒有人舉手。事實上，全禮堂的人都在搖頭。

我們不斷在各種場合遇到這種疑慮，可是令大家聞之色變的挑剔家長到底何在？他們又是哪些人？

他們很可能就是我們自己，我們怕他們會怪罪，是因為我們很久以前，便知道自己爸媽對孩子和性的態度了。

如果你跟許多家長一樣，小時候對性好奇時，爸媽卻擺明了不跟你討論。母親不跟你討論，也許是因為祖父母加諸於她身上的禁忌，但身為小孩，你並不會覺得爸媽的緘默是種禁忌，而會認為那是一種道德戒律：父母不該跟子女討論性。不管你現在多麼不認同這種做法，兒時的戒律多少會影響你。

這種老舊的思維，大概是你無法對孩子啟口的原因。放棄不提，比硬著頭皮去談輕鬆多了。然而，如果你肯在小鬼頭還纏著你問寶寶怎麼鑽進去時，停下來想一想，也許會同意一點——上一代的封口令其實大可不必。

對付小小孩

看過家長不肯跟小孩討論性的各種原因後，我們真的找不到可以苟同的理由。雖然家長不想談的心態可以理解，各種理由也出於真心，卻都不夠客觀。家長其實可以放心大膽地跟學齡前或小學孩童談論這些生命的真相。

但話又說回來，我們還未找出任何證據，能證實不跟孩子討論，會造成傷害——這也反映出這類研究的缺乏。目前就我們所知，家長不必非談不可。

可是我們還是會做。為什麼？

「等他問了再說吧」

幾個月來，堤米一直吵著要弟弟或妹妹，最後我們終於告訴他，寶寶已經在媽咪肚子裡了。他從未問過寶寶是怎麼進去的，真的，他從沒問過，所以我們也不必去應付那個問題了！我一直很訝異堤米竟然一點都不感興趣。

——珍妮與六歲大的兒子

無法決定什麼時候最適合跟孩子談性的家長，大概會覺得：「還是等他自己來問吧。」事實上，很多父母都在等孩子開口，雖然這方法在情感上說得通，在智性上卻不太說得過去。

從教育學的觀點來看，讓孩子建構自己的教育的確有點奇怪。現在的家長不可能等到孩子問字怎麼拼、分數或除法是什麼，才請學校老師去教。更甭提要等孩子來問什麼是紅燈，才教他紅燈要停下來別過街了。一般都是由家長決定孩子該學什麼、何時去學，然後再教導他們。

由於親子討論性的資料少得可憐，因此許多家長只好被動地等待——尤其大家都覺得，什麼都不說（典型反應），好像比太早說更安全。加上很多人認為跟孩子討論性並不妥當，難怪很多人會這麼被動了。反正無論孩子年紀多大，只要是他主動發問，回答就行了。

問題是，有些小孩總也不問——或問得不夠直接，使得猶豫不決的家長，還是不確定該不該講。更有甚者，孩子的問題若令人尷尬，家長便很容易故意忽略，或很不智地轉移話題，未能用鼓勵發問的方式去回應孩子。這種拖延戰術在許多家庭中，很容易轉變成絕口不談性愛的默契。

家長最好先想好，希望孩子學到什麼？何時該學？到時孩子若沒來提問，便主動教導。

第一，我們非常重視學習，不想對好奇的孩子隱瞞訊息。孩子至少從三歲起，便會努力擬出一套寶寶從何而來的解釋了。你若仔細聽，會聽到他們對寶寶及性提出一連串的問題，那種天生的好奇心若能獲得拓展，便能將他們的世界轉化成一個充滿驚奇的國度。還有什麼比給孩子完整有趣的答案，更能回饋、激刺他們的好奇心？

另外還有親子的關係問題。親近的關係不僅是管教的一大利器，也是最大的報酬。我們認為，家長自孩子學步起，為構思如何跟孩子討論像性愛等高難度議題所付出的努力，有助於建立深入而緊密的親子關係。

因此我們建議你，逼自己單刀直入地跟孩子講一點性事。閱讀以下章節，對你在討論家中與性相關的話題時，會有幫助。我們先化繁為簡，提供以下概要。我們把孩子的家庭性教育分成四段課程，每一課針對一種學習類型而設，並訂定最適合的年齡層。每課都可以比這裡建議的時間更早開始，我們並不建議太晚教孩子。

以下大綱是家長至少須跟子女談論的內容，你當然可以多談一些。

第 一 課 ： 認 識 身 體 （ 出 生 至 四 歲 ）

> 我們以前談過不少勃起的事，但看到小小的嬰孩勃起，還是挺嚇人的。最近兒子問我：「咦？怎麼會這樣？」他以前從沒見過小雞雞變硬。於是我說：「那是你的小雞雞勃起了，摸起來會很舒服，爸比也會這樣。」我發現我們若對他說實話，他反而不會瞎擔心。
> ——貝絲與兩歲半的兒子

把孩子最初四年的性教育，當做「身體介紹課」吧。盡量強調身體的美好，觸摸時所產生的愉悅、信任與親密。

把性器官的名稱告訴孩子。小男生應該要能說出陰莖和睪丸（或陰囊），小女生則應知道外陰部和陰道。男女都應知道兩性身體的差異

（簡單來說，「男生有陰莖和睪丸，女生有陰部和陰道。」）

　　用關愛的方式去稱呼觸摸孩子的身體，讓他以自己的身體為榮，知道肌膚的親密是安全而愉快的，而且自己備受疼愛。在孩子所有的性教育中，這是最重要的一課。第三章會針對這一課做詳細討論。

第二課：性是什麼？（四至八歲）

　　四到八歲是教孩子寶寶從何來的最佳時機，教導的內容應包含性交、卵子與精子、懷孕和生產的過程。例如：

　　「當男人和女人（或先生和太太）彼此相愛，想生寶寶時，兩個人就會靠得很近。男人把陰莖放到女人的陰道裡，摩擦之後精子會從陰莖裡跑出來，游進女生的身體裡。如果男人的小精子中，有一個跟女人的小卵子結合了，它們就會一起開始長成小寶寶。寶寶在母親身體中，一個叫子宮的地方成長，等長得夠大，可以出生時，寶寶便會離開媽媽的子宮，從陰道鑽出來。你就是這樣來到世界上的。」

　　你還可以講清楚，小孩子要等很久很久長大後，才會做這件事：

　　「生寶寶這件事，你得等長大／結婚／或成人之後，才會準備好。」

　　你可以解釋性交是怎麼回事，包括性愛所帶來的快感：

　　「男人和女人的陰莖及陰道在一起摩擦時，就叫做愛。大人就算不想生寶寶，也會做愛。彼此相愛的大人在一起做愛，是因為感覺很好，那是一種互相表示愛的方式。」

你若擔心萬一兒子跟別人講，讓你在校門口遇到怒氣衝衝的家長，我們只能告訴你，確實會有某些家長不希望你去影響他們家的性教育。但是，你要讓這些家長左右你家的性教育嗎？自己決定吧。不過就我們看，如果你只是老實地把自然的生命過程告訴孩子，大可不必道歉。

如果發現這個年紀的孩子在撫弄性器，不妨先認可那種快感，然後教他連帶的責任：

「身體的這個部位，就是你的陰部（或陰莖），揉搓時會很舒服。你可以玩，但只能私底下玩。」

第四章會接著討論，如何跟孩子進一步討論性的快感與責任問題。

第三課：青春期來臨前（八歲到十二歲）

我已幫奇娜做好心理準備，隨時接受身體的變化了──我告訴她，身體發育是正常的現象。有天我們上車時，她說：「不知道為什麼，我覺得好想哭哦。」我叫她先休息一下，閉上眼睛。等我們回到家後，我對她說：「你的荷爾蒙正在改變，所以情緒會受到影響。」我把自己當年的經驗告訴她，並說，如果是這樣的話，她的胸部可能會開始變得敏感，那就可以開始戴少女胸罩了。她問我衛生棉條和衛生棉有何不同？會流多少血？持續多少天？我努力在事前跟她詳細解釋，希望她將來也能告訴她的妹妹們。
──珍妮與十歲的女兒

八歲離青春期也許還有幾年，也許轉眼即至，但越早有心理準備，對親子雙方都越好。家庭性教育的第三課很簡單，家長的工作是在孩子進入青春期前，坦白而正面地描述青春期會有的改變。

生寶寶的其他方法

性和我們這兩個爸爸，好像沒什麼關連。孩子若問他們是從哪兒來的，我們便回答：「有個女的很會在肚子裡養小孩，她養了你，可是她還不太能當媽媽，而我們已經準備好當爸爸了。我們真的很想要個寶寶，所以那個女人就讓我們變成你爸爸了。」

——理查對領養的三歲和五歲兒子說

並非所有孩子都以同樣方式來到人世，如果你不是用「爸比的陰莖加媽咪的陰道」來解釋，就該在孩子問「我從哪裡來？」時，擬出一套適合他情況的答案。孩子以後自然會知道其他小孩是怎麼生出來的。

至於你該於何時、用什麼方法告訴孩子他是領養來的、是孕母代生，或試管寶寶，看法則莫衷一是。有些專家鼓勵養父母趁孩子襁褓期間，便開始討論這個問題，有些認為等學齡前再說，還有人認為應該等孩子能完全理解領養的意義，如八歲以後再談。身為養父母，你得拿捏分寸，讓孩子不會誤解你的話，同時又不能隱瞞太久，以避免造成傷害。

有關以試管寶寶、輸卵管植入術（GIFT）、精子捐贈、卵子捐贈、代理孕母等方式生下孩子的家庭，研究並不多。通常藉助科技受精的家長，在回答孩子時，常會故意略去醫學的細節。有些使用捐贈精子或卵子的父母，也有這種傾向。雖然這樣有隱瞞之嫌，可是面對一名由母親的卵子，和匿名捐贈的精子，由代理孕母產下的四歲孩子，你該說些什麼？以下是某位家長的說明：

「生孩子有三個條件，由女生的卵子和男生的精子結合，孕育出寶寶，然後還需要女生的子宮讓寶寶有地方長大。三件事都齊全了，寶寶才生得出來。」

這種解釋合情合理，似乎很適用各種人工受孕。至於何時開始討論，就看個人了。你得善用自己的創造力，不要隱藏事實。生殖技術如此繁多，在孩子還未能充分了解之前，便告訴他事實，似乎比保持緘默，讓孩子以為他跟所有人一樣之後，再回過頭來解釋得好。

其中包含的重點有：

- 月經及處理方式
- 勃起與射精，包括夢遺
- 胸部的發育
- 新地方會長出新毛髮
- 異性相吸和其他衝動

說到異性相吸，孩子其實可能會受異性、同性或兩性的吸引。若是發現孩子的狀況異常，那麼就跟他解釋同性戀的意義。第五章會詳細告訴家長，如何跟孩子討論性傾向的問題。我們會在第六章深談如何幫孩子做青春期的準備。

青 春 期 來 臨 時

十六歲的女兒凱倫剛跟最後一位朋友道過晚安，說巧不巧，最後離開的，正是費南度——女兒的新歡。你並不介意兩人在房裡多獨處一會兒。看到女兒送費南度到門口時，兩人耳朵紅紅的，女兒後面頭髮亂亂的，你沒有太放在心上。

唉，不過玩玩嘛，但你還是忍不住擔心。於是你決定跟女兒談談，問她跟這傢伙親熱有啥感想。你把頭探進女兒房裡。

「嘿，還好吧？」你的語氣裝得很冷靜。

「很好啊。」

「費南度呢？」

「也很好。」

當然好啦。你們在房間裡親親抱抱地，怎會不好。

「你們兩個最近還好嗎？」

「爸，可不可以請您管自己的事就好？」

「寶貝，你就是我的事啊。」

「爸，我不是小寶寶了，拜託啦！」

「我只是問問！問問而已！」你倒退著走出房間。

「我得寫作業了啦。」

「我……」門用力關上了。

跟青少年談性，常會令人懷念起以前猶疑「她會不會太小？不懂子宮是什麼？」的情形。跟前青春期的孩子討論性，不會比過去輕鬆，只是現在的難處變了，感覺上，不談反而更好。

家長面臨的第一個問題是，做爸媽的到底該說什麼？像「我從哪裡來」、「這裡怎麼會長毛」等問題的答案都很簡單，但現在可沒那麼容易了，你們的談論焦點已不再是淺顯易懂的事實，而是個人的感受。現在要討論的是，青春期對魅力的自覺、對暗戀對象的反應、孩子的性行為狀況，以及他的感受等敏感話題。碰到這些事，你大概也搞不清自己想說什麼。

還有一個問題，家長該如何帶頭跟孩子談這些事。

如果是綁著安全帶，乖乖坐在後座的五歲小鬼，連逃都逃不掉，你講話時他也只能聽著。可是變成青少年後，你們的關係就對調了。

「有幾次我想好好跟孩子談一談，結果好像什麼也沒談出來。」艾列克有兩個青春期的兒子，「孩子進入青春期後，當父母的一定要認清一件事，咱們已經沒辦法主導談話了。孩子小時候比較容易，但現在他們跟我們一樣，也能掌控談話內容了。」

但你是爸媽呀，難道你不能……

「除非你想大發雷霆，但你根本不想那麼做，因為你的目標是雙方能好好溝通。不過孩子若不肯合作，也很難辦得到。」

並非全世界的青少年都那麼叛逆，不過一旦要跟父母談炒飯的事，他們往往選擇閉口不談。為什麼？

談話要訣

把這些簡短的談話湊起來，這三堂課會進行得更順利，就算有爭執也不會太久。以下幾個談話要訣，能提高成功的機率。

· 孩子若開始發問，不妨拍拍他的背說「問得好！」，這能鼓勵孩子繼續分享他的好奇心。

· 先釐清孩子要問什麼，才能做出正確的回答。先試探他究竟知道了多少。例如女兒若問：「性是什麼？」不妨告訴她：

「我當然可以回答你囉。性可以代表許多不同的事，告訴我，你聽到的性是什麼，這樣我才知道要怎麼回答。」

或者：「嗯，問得好。要不要先告訴我，你到底知道哪些？剩下的再由我來補充？」

· 萬一你表示想討論，孩子卻說他已經都知道了。別以為他真的懂了，這是孩子想轉移注意的詭計，你可以問問他：

「你要不要再跟我討論一遍？」

然後傾聽他的反應。如果他表示不想談，就問他為何不想？這樣或許比討論原先的話題更有趣。

· 別忘了，小孩的想法很直接，避免用會徒增小孩困惑的隱喻。例如孩子問你「什麼是高潮？」，不妨答說：

「高潮就是做愛或自慰時，會有的一種超棒感覺。」

這比下述的回答優：

「那是做愛時很棒的感覺，就像在搔癢一樣，只是感覺更棒。」

「搔癢」會讓孩子誤會所有高潮都是「搔」出來的（事實上，只有一部分如此）。

· 孩子的問題不需有問必答。假若你不知道答案，就明講，並跟孩子一起查閱。你們可以查書、上網搜尋，或詢問醫生。有空時就快查，免得他的好奇心沒了。

- 也許你知道答案，但不確定該不該告訴孩子。你可以告訴他：
  「你問得很好，但我得先想一想，才能給你個好答案。」
  設定回答的時間，最好是當晚就寢前或翌日早晨。但要記得回答。
- 談話時要懇切，若是覺得不自在，直說無妨。有時像以下的說法，
  會使談話變得容易些：
  「呃，不曉得為什麼，這件事我不太知道從何說起，大概是我有時
  候也會覺得尷尬吧。你有沒有那種經驗？」
- 也許孩子比你更拙於辨識和解釋自己的感受，即使不自在，還是勉
  強談下去──他其實不必如此。如果察覺到孩子不知所措，幫他釐
  清心中的感受，也許會有幫助：
  「我剛才說的話令你感到困擾嗎？是不是覺得這個話題有點尖
  銳？」
- 如果孩子提出的問題，不是你想談的，可試圖創造情境，引發他的
  好奇心。去探望懷孕的朋友便是一例，一起看看孩子出生前的全家
  福照片也行，孩子自然會問：「那時我在哪裡？」
- 給各年齡層的家長和孩子所寫的性教育書籍非常多，有空不妨讀一
  讀。我們建議學齡前和小學低年級的家長看《It's So Amazing》，
  孩子在十至十歲以上的家長閱讀《It's Perfectly Normal》。兩本書
  均由Robie Harris 和Michael Emberley所著。
- 談話若冷場了，檢視一下你想講的重點傳達到了沒。「這樣說有沒
  有回答你的問題？」如果你真的想知道孩子聽懂沒，可問他：
  「如果要你跟妹妹解釋這件事情，你會怎麼說？」
- 如果孩子好像懂了，最好將重點反覆談幾次。很多事情需要經常複
  習，孩子才會懂得處理。
- 別忘了，所有這類談話，除了教導孩子一些跟性相關的事實，還有
  一個最大目標──那就是培養良好的親子關係，讓孩子覺得你會接
  受，並幫他解答性的疑惑。

保 留

跟十幾歲的孩子討論性，你會有什麼反應？

對後座煩人的六歲小鬼說「性可以是很美好的」，這是一回事；對坐在駕駛座旁的十六歲孩子講，又是另一回事了。你跟他都很清楚，這不只是你從書上讀來的。孩子漸大後，思考力也變強了。你會發現，當你跟他討論性時，他知道你說的跟你的親身經驗有關。

於是你突然害羞起來了。

你很難假裝毫無經驗地侃侃而談，有些家長就是無法輕鬆地跟孩子分享自己的經驗。是的，你會自然而然地拋開自己對性的感受，不跟孩子談。孩子或許與你同感。

保羅的女兒最近問他熱戀時的一些私事，保羅一一據實回答，可是談到他和妻子還有性生活時，「我那十六歲的女兒簡直嚇壞了。我們不會遮掩這種事，可是結果呢，她知道後不但嚇了一跳，語氣還頗為譴責。」

這種反應可以用一種理由解釋。

家長跟孩子都會對彼此保留自己的性生活，因為分享令他們害怕，擔心親子間的界線會模糊掉。孩子的性發育越趨成熟，性慾亦隨之增強，他們會極力防範逾越的可能。討論性，令他們感到不安。

禁 忌

幾乎全世界的人，都反對親子間有性愛情愫（有人認為是基因作祟之故）──也就是亂倫的禁忌。

這種理論認為，居家生活應盡量減少刺激亂倫行為的發生。例如，上次你想像父母炒飯是什麼時候的事？減少裸露和重視隱私（如第三章所述），跟避免刺激亂倫也有很大的關係。事實上，戀父母或戀子女都令

人極度不安，即使心中有過一絲邪念的人，大概打死也不會承認。但這種感覺難道絕對不會出現嗎？心理分析師以大量時間探究父母的心理，發現其實還是會的。

蓋兒談到家裡的三名青少年、她自己和老公時說：「你要知道，當全家都待在一個房間時，亂倫的禁忌是很嚴苛的。我覺得教別人的小孩容易多了，因為我會極力克制自己對孩子的喜愛，我真的很愛他們，我自己也非常清楚，因此我必須刻意迴避那種強烈的慾念。」

蓋兒會說出來，是因為覺得這樣很正常。她知道自己只會心動，絕不會行動，但這些感覺仍左右了她跟孩子討論性愛的方式。

「你不能用好像在誘惑孩子的方式去跟他們談，講一些會勾起彼此慾念的事。」蓋兒說，「你會不斷地尋找平衡點，要找到一個不會太過禁慾，又不會流於色情的方式，真的蠻難的。」

孩子或許也在抗拒這種禁忌。不跟父母談性，能使他們免於對亂倫的好奇。所以凱倫才會對她父親語帶指責。

家長千萬不可跨越這道界線，青少年需要與父母的性生活保持距離，親子應各自為政。關於性，家長必須學會一件事──孩子可以堅持不跟你討論他們的性事和感受，也可以拒絕不想要的刺激。因此，有時他們需要拒絕你時，你只能任由他們去。

神祕感

不跟青少年詳細談性，有助維護健康的親子界線，而且據我們所知，有些家長覺得這樣孩子反而認為性更有美感。

「我總認為，我們跟孩子之間，對性保持了一份神祕感。」汪黛表示，「我認為這樣更刺激，我若遇到那種什麼都跟孩子說的人，就會神經緊張。性又不是解剖課，應該保持一點神祕感才好。」

這種想法，對那些徹底將一到三課教給孩子的家長來說，簡直是奢

望。孩子小時，需要知道的是基本事實，而非神祕的曖昧，但到了青少年，有時反而需要做點明智的保留。

在我們這種無事不談，對神祕的性早已失去新鮮感的社會，你對這種論調大概並不陌生。黛芬・麥金（Daphane Markin）最近在《紐約時代雜誌》上重新探討這個問題，「祕密的力量在於它具有天生的催情作用，能編織出我們從未進入的領域，一個只能去臆想的情慾祕境。」

常看到家長小心翼翼地談論性話題，但他們的本意應該不是想催情吧。通常家裡人談到性時，多半會心照不宣。「我們有很多暗語，」有位父親談到家人時表示，「我們常開黃腔，但玩笑中也摻入了我們的期許。」同時也摻入了家庭的祕密。

面 對 前 青 春 期 及 青 春 期 的 少 年

等孩子到一定年紀後，也許你會決定打破種種顧忌，因為你開始擔心性病、懷孕和容易受挫的情感等問題，或者，你只想確定孩子有沒有聽進你的價值觀。

我們認為，孩子上中學後（如果你不反對，早點也無妨），家長就該跟他們討論性了。就像蓋兒說的，討論時，最好在禁慾與色情之間找到平衡點。討論不必像嚴肅的解剖課一樣赤裸裸，也不必把自己的性經驗或別人的經驗描述得血脈賁張。

你必須講清楚，希望孩子能了解哪些性風險，該用什麼方法保護自己。至於監督方面，可以詢問孩子的自我保護措施，但同時讓他們保有隱私。「你的保險套是乳膠製的嗎？」這種問題還可以接受。「你比較喜歡有紋路的保險套嗎？」這就問太多了。

「我跟萊恩長話短說，很快地把他該知道的事告訴他。」克莉絲汀回憶說，「因為他一副巴不得我趕快說完的樣子。『你知道性行為有什麼風險？知道該怎麼做才能避開風險嗎？』重點就這樣而已。我找到一種

跟他談話的方式，讓他不必承認自己是否有性行為。我覺得他那時候應該還沒有經驗吧，但我可不想等他有經驗後再告訴他。」

許多孩子越大越不想談性的問題，不管是因為顧忌亂倫、想爭取生活獨立性，或擔心爸媽有意見，反正原因各異，因此我們鼓勵家長早給孩子性教育。趁女兒還小，跟她說男生也許會想牽著她鼻子走，並不會批評到她的男友。若能趁早教育孩子，打下一些基礎，孩子大了之後，親子還能偶爾聊一聊，不會那麼劍拔弩張。

如果你想到第四課的談話內容，就已經開始冒冷汗了，何不反過來想想哪些是你不必跟孩子談的，這樣大概會好過一點。你不必跟孩子談你的性生活，就算他問了，也不用仔細描述性愛過程，或教他如何成為性愛高手。

家長其實不必追究孩子的性生活，或像克莉絲汀說的——甚至不必知道他們有沒有性經驗，除非孩子出了問題，就可以仔細盤問了。

誰出面來談？

我先生山姆很疼女兒，是個標準的好爸爸，可是一提到性的問題，他就全推到我這個做母親的頭上了。以前我還幻想過，女兒初經來時，爸爸買花送她們或開酒慶祝。可是我看，那應該是不可能了，他大概只會鑽到桌子底下躲起來而已。

——雪兒李，三名女孩的母親

通常做母親的比較會跟女兒討論性，而男孩的性教育多半由父親出馬。有項研究發現，78%的母親會跟女兒討論避孕問題，但只有35%的母親會跟兒子談這件事。然而父親並未彌補這個空缺——研究中，僅有31%的父親跟兒子討論過避孕的事，跟女兒討論的比率則又更少了。討論性道德的比例也差不多。

> 父母分工的結果是，男生從來不跟父母討論各種性問題的機率，遠遠高過女生。

家長跟青少年談話時，無須擺出教育家的姿態，如果你很擔心，也不必裝得若無其事。你只需講出重點，表示關切，聆聽並支持孩子的想法就好了。

第四課：安全、責任、快感與選擇（十二歲以上）

現在你該回答本章開頭提到的幾個價值問題了。第四課的要點是設法讓孩子明白，你希望他們的性行為能遵守哪些原則，家長至少應提到以下兩個重點：

性道德。你得多少談談自己對性的看法，如性的目的、性的優點。你若認為某些情形下，性是可以或無法接受的（如在某個特定年齡之前的婚前性行為等），也要解釋清楚。跟孩子討論，讓他們發表自己的想法，同時讓他們了解，你希望他們能在互重互愛的狀況下發生性關係。

保護措施。讓孩子知道你會擔心性病與意外懷孕的問題。除非是長期的單一性伴侶，否則每次性交都得使用保險套。確定孩子知道如何取得保險套及使用方法，還有，保險套並非萬無一失。告訴他們，還有其他更安全的方式，口交就比性交安全，但也不是全然沒有風險，教他們如何減低口交的危險。其他細部的事，就不必多提了。

當然了，孩子若主動邀談，性與愛情可談的東西，說也說不完。也許你會找到方法，跟孩子談他們的約會問題、對異性的感覺、對其他朋友性行為的看法等等。而這些討論，正是讓親子關係更充實豐富的要素。

第四課的內容，會在第七至十二章中做進一步討論。

防範性侵

有時我覺得自己對性侵問題太杞人憂天，有時又覺得是因為自己不想面對問題。真是兩頭難哪。

——席薇，兩名孩子的母親

保護孩子免於受到性侵，是普天下父母共通的管教目標。

兒童性侵是一種可怕的風險，但風險究竟有多大卻很難說。美國政府2001年的報告中估計，每年約有十萬名兒童遭到性侵。父母到底能不能保護孩子？

跟許多家長一樣，你大概會先教小孩子，什麼地方可以讓人摸，什麼地方不該摸。教導孩子辨識並拒絕不正當的意圖，會減低性侵的風險。九○年代初期，美國大部分公立小學都採取假設方式，去做性侵防範教育。這一代的孩子從學齡前便開始學習性侵是什麼、該如何制止，以及該如何呈報。

可惜我們並不清楚這些課程是否真的有用，雖然有針對性侵的研究，但沒有人能證實，教導孩子性侵的風險，能確實減低性侵的比率。這種疑慮是有根據的，例如，孩子懂得再多，也鬥不過大人。雖然無法防止性侵，但這些課程也許能減輕孩子受挫的心靈，不過課程最大的幫助，大概是協助孩子報案吧。某些例證顯示，教導孩子性侵問題，會提高他們告訴別人的機率，使他們脫離苦海，盡速接受治療。

我們也不知道這些課程，對孩子未來的性生活有什麼其他影響。有些人擔心一開始就用危險的壞人做切入點，為小孩介紹性器官，將來孩子對性的感覺會蒙上陰影。我們不清楚這些課程會不會影響兒童對身體和性的感受、對成人和朋友的感情、對性的探索，或青春期及成年初期的性關係。

孩子的學校若有提性侵防範課程，而你還未教他何謂生殖器，建議你

最好在課程開始前先教（我們在第三章會詳細討論）。你也可以去查看學校的課程內容，看自己能否接受。

如果內容太過嚴肅，不妨跟老師談一談。若認為內容會嚇到孩子，就別讓孩子參與。如果孩子上了課，那麼事先及事後的討論，也能將孩子的恐懼減至最低。

你該教孩子哪些性侵事項？以下是我們的建議。

學校的性教育

當然了，「性侵」不會是孩子在學校唯一學到的性教育，我們建議你，最好把孩子全部的課程內容看過一遍，閱讀課程綱領，翻閱他們的教科書，甚至跟老師談一談。

你若覺得內容很棒，可以鬆一口氣，也別就此撒手不管。檢查孩子的作業，問問老師教了些什麼，都能加深孩子的印象，並趁機分享你對性的價值觀與看法。

你可以就學校所教的基礎知識，提出個人看法。如果學校提供不具批判性的資訊與選擇，由學生自行決定何種選擇最佳時，家長便能發揮影響，協助孩子釐清什麼對自己最有利。

萬一你覺得課程省略了重要內容，或與你看法相左呢？那麼你只好照自己的方式教了。

你可以教孩子有關性、愛、決定、責任，以及本章中的建議事項。還可以討論為何你無法認同學校的教課內容，並趁此教孩子獨立思考，學而好問。你可以讓孩子看學校教材之外的書籍與影片，一起上網查看更多的資訊。

你也可以在孩子的學校裡推動改革，說服老師修改課程，不過重大更動，大概得先跟行政部門溝通，就算老師和校長能認同你的看法，可能也無權更改，性教育的規範，決定權也許在政府教育單位手裡。

關 於 性 侵

我跟他們講，任何叫你對爸媽說謊的大人，就是壞人，而且壞人會叫你
說各式各樣的謊。所以一定要把壞人揪出來。
——黛娜對七歲的女兒和六歲的兒子說

我跟朋友一起淋浴換衣服時，偶爾會有人故意抓我雞雞。我就會說：
「那是我的，你也不問一聲就亂摸。」這一定是朋友亂鬧才會這樣。如
果有大人亂摸你的雞雞，你一定要說不，然後告訴我們。
——史都華告訴三歲和六歲的兒子

　孩子不到七歲時，無須跟他們細談性侵的事。這個年紀的孩子遭受性
侵的比率，比大一點的孩子低，如果這類談話會造成負面效果——例如
教孩子忌憚成人，或不敢摸自己的生殖器——對小孩反而不好。
　你可以跟黛娜和史都華一樣，只提個梗概，而且語氣最好不帶焦慮或
恐慌。你可以借用黛娜的說法，叫孩子別為他人撒謊，然後再解釋，除
了爸媽或照顧他們的人，其他任何人敢碰他們的生殖器，就一定得告訴
你。
　等孩子八歲大時，受性侵的風險更高、也更了解自己的身體時，就算
會嚇到孩子，也得仔細說明了。我們建議你在教導這個年紀的孩子時，
別把重點放在保護自己免於受到性侵，因為他們的能力還不足，而是認
清性侵，萬一發生不幸，要能出面舉發。
　你可以告訴他們：

　「大人不應該亂摸你的陰戶／陰莖，或要求你去摸他的，即使是認識
的大人也不行。如果別的小孩這樣摸你也不行，絕對不能讓對方亂來。
唯一的例外就是爸比／媽咪在幫你洗澡、生病時幫你檢查身體，或醫生

檢查你身體時才可以。」

（如果還有其他照顧孩子的人──如保母──也可以把她包含在例外名單中。）

孩子聽得懂嗎？不妨用以下問題測試：

「如果有鄰居說要幫你洗澡，洗你的陰莖，這樣可以嗎？」、「如果有別人要你摸他的雞雞，這樣對嗎？」

等等之類的問題，然後把重點放在舉發大人的劣行：

「如果被任何人那樣摸過，你一定得告訴我。我保證絕對不會生你的氣。千萬別聽別人的話對我說謊，或對我保密。你如果告訴我，不管別人說什麼，我都會照顧你。」

最後，性侵教育可以不斷重複，並合併其他較輕微的性問題，像史都華一樣，用簡單幾句話提醒兒子，要舉發性侵，尊重別人隱私，性玩笑僅限於好友之間。告訴孩子，他遭受性侵的可能性其實很低，而且也無法預防，所以太過杞人憂天對他一點好處都沒有。

然後仔細觀察。

假如家中有人擔心性侵問題，我們寧可擔心的人是你。目前並沒有資料顯示，家長的戒慎恐懼能夠減低孩子遭性侵的風險；一般家長的嚴加監督雖然未經證實，但我們還是推薦這種做法。

跟孩子的照顧者談一談，做突擊造訪，仔細聆聽孩子對周遭成人的看法，如果有任何啟人疑竇之處，就追查到你滿意為止。

別忘了，青少年也可能遭到性侵，等孩子大一點時，你可以再次提醒他們。

教養沒有萬用手冊

最近我們注意到一個公益廣告，照片裡的少女臂上刺著「告訴我你愛我」的字樣，底下的標題寫著「如果愛有指導手冊多好」。

這幅廣告點出許了多問題。誰來寫這份手冊？手冊裡該寫些什麼？如果孩子得在手臂上刺青，才能提醒家長對他示愛，那麼就算你說了，孩子會覺得你是真心的嗎？

有什麼方法，能讓她不把那排字改成「給我更多零用錢」？

假如有人能解決這些問題，提出一套指導方法，家長就能鬆口氣了。如果你能知道自己哪些做法，會導致孩子何種行為，就可以知道在什麼時候對孩子說什麼話了。長久以來，我們一直在尋找這樣的資料，本書記錄了我們的所得。

然而這些訊息當然是不夠的，研究沒有辦法完整地告訴你「我現在該怎麼做？」，因為研究無法顧及五歲孩子的個別性格、你們之間一直存在的問題，以及其他的單一狀況，如你肚裡懷了他繼父的孩子。（這時孩子若問：「寶寶怎麼來的？」意思可能是：「你是不是要用寶寶來取代我，就像你用繼父取代我爸爸一樣？」）。管教效果的科學性預測，只是泛指一般狀況，至於該怎麼做、說什麼，一向取決於個別需求，這些特殊需求，將決定你的反應能否奏效。所以啦，掛上科學保證的父母萬用手冊，是不可能有的。

好的一面是，你可以自己決定怎麼做。

壞的一面呢？你必須自己決定怎麼做。

我們很想幫忙。我們會用以下篇幅，帶你度過與性教育相關的管教問題，並盡可能解釋孩子的行為，提出各種選擇和可能的後果。從嚴格的科學觀點來看，本書絕對無法跟美國太空總署的火箭指南相比，但萬一這本書真的是管教聖經，方法齊備，需要的答案全都有了呢？

試問讀了之後，你會變成哪種父母？從不犯錯的父母嗎？第一次出手

便無懈可擊，之後再也沒有進步空間了嗎？你再也不必設法了解孩子的需求，因為你早就都知道了？

你如果想跟孩子撕破臉，就照書養吧。

給祖父母的話

如果你是阿公阿嬤，或與小小孩很親的親人，本書內容你大概也用得上。你可以給孫子指導、關愛、支持與智慧。

分享你的價值觀，雖然孫子可能會笑你觀念「落伍」，但日後說不定會覺得你其實非常「與時俱進」。如果孩子跟爸媽的關係緊繃，祖父母或許能成為他們的安全天堂。（好笑的是，祖孫兩代往往非常麻吉，因為他們有著共通的敵人──夾在他們中間的那一代。）也許有一天，他們只能跑來跟你哭訴。

「我的性知識都是我奶奶教的，我媽從來不提半個字。」梅維說，「有一天，我奶奶要我坐下，然後一五一十地全教給我知道了，她的觀點聽起來好有意思哦。她用那種過來人的口吻，告訴我一些事情的輕重。」

Everything you NEVER wanted your kids to know about SEX

Part2
孩子的性發育

不怕小孩問

第 三 章

居家生活須知

關 於 裸 體 、 遮 掩 、 愛 與 性

你剛洗完澡走出浴室，小鬼們跟他們老爸在樓下，好像沒有人在尖叫。你心想，真安靜啊，然後將臥室房門關上。

你站到鏡子前，把毛巾丟到床上，看看自己的乳房。

還不賴，才斷奶幾個月，已經都恢復原狀了。過去那段時間，你老公老用「蹦蹦」和「跳跳」來稱呼它們，他說的也不能算錯啦。

你轉過身看看自己的臀部，唉，至少屁屁長在後頭，你看不到。

陽光自窗口灑入，你突然想起海倫‧瑞蒂的歌（Helen Reddy），當你檢視自己的大腿時，開始哼起她的名曲〈我是女人〉（I Am Woman）。等唱到激昂處「沒錯，我擁有智慧」時，你的聲音也跟著放大。

是的，我雖付出代價，收獲卻何其豐碩。
我若需要，何事能難得倒我！

你在鏡子前開始跳起來了。

我是跳跳！
我有鬆垮的屁屁！
我是女人！

被子裡窸窸窣窣亂響，你火速轉過身，看到被子底下一對大眼對著你直眨。你掀開被子，看到話還講不輪轉的五歲兒子頑皮地咧嘴笑了笑。

「哇！嚇到你囉？」他說。

「智慧得自痛苦」

有些人認為，孩子進入青春期後，家裡才會出現性方面的問題。說這話的人，最近大概沒跟五歲的小鬼生活過，否則應該知道，孩子從襁褓到小學中年級這段時間的家庭生活中，很多事都會涉及到性，包括他們的和家長的。

孩子該一起洗澡嗎？如果他們跑來跟你洗呢？兒子捏你胸部時，你會說什麼？就算你沒說話，臉上會是什麼表情？家中若有幼兒，每天都會遇到這一類的事情。家長的決定，將影響孩子的發育過程。孩子在與你相處多年後，漸漸學會了如何解讀自己的身體、了解自己的發育過程，以及如何去愛。

本章將檢視家庭生活中，與孩子發育相關的層面，看看家長面臨的一些選擇，並盡可能以科學的方式，分析各種選擇對孩子可能會有的影響。至於那些似乎別無選擇的情況，我們也會試著解釋，讓你至少不會太過驚慌。

由於你此刻正全身光溜溜，拿著梳子，盯著自己的胸部高唱「我是蹦蹦」，而且還被五歲的兒子瞧見，你確實需要一點本事才能保持鎮定。

就是愛摸

小時候看到母貓生小貓，母貓把小貓舔乾淨，小貓便活了。我想，母親就是應該為子女這麼做吧——喚醒孩子的身體，也喚醒他們的生命。
——伊蓮娜，有個二十個月大的兒子

剛生完時，你最想做的第一件事是什麼？

應該說，在你發誓以後再也不生小孩後，接下來想做什麼？

你想摸摸自己的寶寶。

抱著寶寶是當爸媽最感人的時刻。事實上，把孩子抱在懷裡輕哄，也許是你當初懷胎十月的憧憬。幸好父母都愛擁抱孩子，因為這個動作對孩子的身心發育非常重要。乏人撫觸的孩子，無法成長。

可是撫觸跟孩子的性發育有何關係？

父母第一次擁他入懷，也等於讓孩子進入第一個實質的人際關係裡，讓他首次體驗到愛。大體而言，你們二人之間的互動，將成為他爾後所有愛的形式的雛型。當你擁抱他、呵他癢時，寶寶會體驗到身體帶來的愉悅，以及跟他人的親密關係。

若是一切順利，孩子爾後會繼續尋求這類經驗，無福享受大人撫觸和溫情的孩子，日後必然問題叢生。這話大概有點多餘：寶寶出生後幾個月和幼年時期，若能得到父母疼愛，對他會非常有益。親密的親子遊戲、彼此注視，是嬰兒及幼年時期重要的性教育，家長若能放得開，教起來會非常容易。

還有一種透過撫觸，教導寶寶愛與性的方法。

請試著回答這個問題：你在碰觸寶寶身體各部位時，感覺都一樣嗎？或者在碰到他小雞雞時，感受有些不同？也許你跟某些家長一樣，摸到女兒的陰戶時，感覺比摸她的小肚子還彆扭。若是如此，你大概比較不會去摸、去談或甚至去看孩子的性器官。那是將撫觸轉變成性教育的另一種方式，家長喜歡或不喜歡碰觸孩子的生殖器，是他們上到的第一堂性教育課。

伊蓮娜經常愛撫二十個月大的兒子，兩人一起玩時，她會刻意平均地撫觸兒子身體的各部位，包括稱呼並觸摸他的陰莖。「我希望他認識自己的身體。」伊蓮娜表示。她認為像奈德這樣的小貝比和學步兒，正

忙於建構對自我和身體的認識，故意忽略陰莖這種身體部位，會讓孩子認知不足。用緊張或不安的態度面對它，孩子也會把某些部位貼上「不好」的標籤。

許多研究兒童發育的專家都同意伊蓮娜的看法，小寶寶或學步兒要認識自己的陰莖並不容易，因為陰莖通常包覆在尿布底下，小孩平時也沒機會看別人的陰莖。

這項挑戰對小女生就更艱鉅了，她們比男生更不容易看到女性生殖器的全貌。有些科學家認為，慣性地阻止女孩去探索、碰觸自己的陰部，或去談它，可能會扭曲女孩對自己身體的觀感。

取名字

若說撫觸讓寶寶認知自己的身體，那麼語彙則讓幼兒知道了你和外界——一個充滿規則和語言的世界——對身體的看法。幼兒在學習周遭事物的名稱時，事物便有了新的存在感。字母書裡的動物、架子上的玩具，和孩子的身體部位，意義都是一樣的。家長不妨想一想，到底要怎麼去稱呼他的……東東。

大部分家長會發現，稱呼孩子的性器時經常詞窮。美國的父母倒是有幾個選擇，可以用俗稱、拉丁文、泛稱（「下面」），或用不著邊際的聲音稱之。

「嗨，甜心，妳有沒有洗下面？洗屁屁？小妹妹？洗那裡？」

有些不想用以上四種說法的家長，會選用第五個辦法——壓根不去提孩子的生殖器，而且又以女生的爸媽較不會說。

最近一份針對十五個月大到三歲的兒童所做的調查發現，95%男生學過陰莖一詞，僅有52%的女生知道女性生殖器的名稱，四成女生連聽都沒聽過。事實上，女生學到男性生殖器名稱的機會，比學會自己的還高。

無論你怎樣稱呼孩子的生殖器，我們都要嚴正地建議家長，不要什麼都不說。孩子需要學會字彙來談論自己，更重要的是，他們得藉這些字詞來思考。若是無以名狀，會限制孩子對身體的了解。

　　還有其他的選擇嗎？

　　除了最不推薦的「保持沉默」，我們次討厭的就是「曖昧的隱喻」。若用「下面」、「底下」等來暗指女生的性器官，會將整個生殖及排泄功能混淆在一起（令人更霧煞煞）。女生若只學會「私處」這種普遍卻模糊的用語，一樣無助於她們了解自己的身體。

　　男生的語彙，至少有一定的直截了當。不過老實說，除了粗鄙不堪外，我們實在想不出教孩子說「LP」或「雞巴」有何意義，更別說其他難以入耳的說法了。這是很不雅的性語彙，而且常有冒犯的意味。

　　家長要使用生殖器、胸部、臀部的可愛暱稱其實無所謂，只要在使用時，同時教孩子「正式」名稱就行了。像雞雞、咪咪等卡哇伊用語，會讓人覺得身上長這些東西一點也沒關係，但有些說法可能會造成誤導。

　　所以啦，不管你偶爾會用哪種名稱，都應該同時教孩子正規的說法。何時該教他們？任何時間都不嫌早。

　　我們通常在孩子學會使用，或了解語言之前，便開始教他們說話了，性器官的名稱也不該例外。至於異性的生殖器，逮到機會就教，例如當孩子問你時，或在家中看到有人裸露身體時。

　　建議家長教孩子學會每個重要性器官的名稱，孩子若能區別這些部位，對學習認知身體的功能，會有極大的幫助。

　　教的語彙越精確，孩子就更懂得愛惜自己性器官的感覺和功能。小女生最少應該知道陰部和陰道，男生則應該學會陰莖和睪丸（或陰囊）等字。

私處名稱

陰部（vulva，又稱外陰部或陰戶）

通常來說，陰道已經變成女性生殖器的代稱了。如果女兒說陰道，大家一定都聽得懂，不過你若不介意講得更詳實正確些，不妨教她陰部這個字，聽起來好聽，而且更能正確地描述整個陰唇、陰道、陰蒂和陰阜部位（mons pubis）——位於恥骨上隆起的小塊組織。

陰道（vagina）

狀似環管的陰道從子宮頸連接至外陰部。陰道當然是隱而不見的，不過可別忘了，絕大部分的人類都是從這彈性驚人的器官中鑽出來的（比穿越百慕達三角洲的成功率高多了）。

陰唇（labia）

陰部裡頭和外邊的「唇片」就叫陰唇。如果有人說，女生的生殖器是看不見的，這人一定是沒見過陰唇。外陰唇指的是大陰唇，內陰唇則指小陰唇。兩組陰唇都有勃起組織（erectile tissue），在性興奮時會腫大。

陰蒂（clitoris，或陰核）

沒有鏡子的話，看不到自己陰蒂，但可以摸得到。你女兒可在陰唇前的會合處找到陰蒂，並知道陰蒂能帶來快感。她只看得見最前面三分之一，稱為陰蒂頭的部分。其餘部分則隱藏在下面，狀似一架體型狹窄、後有兩道長尾翼的小火箭，只有鼻頭突出在皮表上。

女生的陰蒂大小因人而定，而且會隨女孩成長而變大。陰蒂受刺激時會脹大兩倍，裡面的感覺神經纖維比嘴唇或指尖都密。陰蒂是全身僅有一項功能的器官——就是帶來性的快感。如果你能享有那種愉悅，先恭喜你了。

陰莖（penis，又稱陽具）

關於這個部分好像不必說太多吧？

陰莖二字廣受大人小孩的使用，雖然有時大家會嘲弄它，但對這個沒事亂彈的小傢伙，通常還是給予幽默與尊重。

家長可以告訴孩子，陰莖也分部位。簡單地分為陰莖與龜頭。（請參閱割包皮之章節，見98頁）

睪丸（testicles）

如果你認為男性生殖器只會帶來享受，請想一下孜孜不倦，拚命分泌雄性激素的睪丸吧。在你兒子出生之前，這小小的器官就已經開始展開一生的工作了，它們努力地分泌睪丸激素，負責在子宮中培育出男性的生殖器，青春期時將孩子的童音變沉，並辛苦地讓他們轉大人。

除此之外，睪丸的運作原則是「越多越好」，它們從青春期起，每天創造出幾百萬隻積極進取的精子，至死方休。幾百萬耶！每一天唷！每0.01公升，就有四千萬隻精蟲，精液裡可說擠滿了睪丸製造來的產物。如果把精子數換算成人，一次高潮就可以生出一整個日本了。

陰囊（scrotum）

男生的睪丸就住在陰囊裡，不過它並不是單純的容器而已，陰囊有自己的肌肉——提睪肌——負責控制睪丸的上下位置，以免受到傷害。老爸們：記不記得上回你泡進冷水裡的情形？

尿道（urethra）

告訴孩子，小便就是從尿道排出來的。男生可以很容易看到龜頭上的尿道口，女孩可以拿鏡子看——就在陰蒂和陰道口中間。告訴女兒，她的尿尿並不是從陰道流出來的。

如果你想講出正確答案，可以說把小便從膀胱送到外面的那條細管子，叫做「尿道」。尿道前面的開口，是「尿道口」。

肛門（anus）
男女生在提到通往大腸，那道布滿肌肉的窄管子時，應該都會說出「肛門」兩個字吧。直腸（rectum）則是指接續肛門的最後一段腸子。

臀部（buttocks）
這個古錐的身體部位，有很多可愛的名稱。我們都知道臀部是正確說法，可是大家都忍不住會說「屁股」、「屁屁」，就算用「水蜜桃」這三個字，你也會知道在講哪裡。屁屁不像其他私處那般隱密，因此隨便怎麼講，都很難會錯意，所以啦，就隨孩子怎麼叫吧。

裸 體 的 真 相

是誰出的主意，在週末邀你爸媽來家裡？是你老公？還是撒旦？

「甜心？蘿莉安？」你媽開始念了，「你該不會讓孩子在游泳前吃東西吧？會嗎？」

外頭是37度高溫。

「他們來多久了？」你低聲問老公，語氣極其無奈。

「一小時又四十二分鐘。」老公苦笑道，「喂，小朋友！」他努力高喊，轉移你的注意力，以免你動怒。「咱們把灑水器打開吧！」

水龍頭吱吱作響，灑水器開始噴水，不一會兒，四歲的兒子便把衣服丟進灌木叢裡，穿梭在水花中，光著身子尖聲歡叫了。

上帝保佑他年幼無知，不懂人世險惡。

你老爸坐在躺椅上，放下手裡的酒杯，對著光溜溜的孫子皺眉頭。他用老練的姿勢，像揉著另一個人的頭似地，搖著食指。即使你已經三十七歲，是個成熟獨立的大人了，身上穿的是四〇年代以來，堪稱這一帶最保守的泳裝，但你還是覺得老爸的指頭針對的是你。

「羞羞羞，羞羞臉，丹尼斯！」你父親啞聲罵道，「羞羞臉哪！」

啊，是啊，人們總是將性與羞恥掛上等號。你很久以前就知道，性與羞恥是並存的，這下你兒子透過外界的反應，大概也學會了。

每個家庭對裸體的態度不同，有些家庭不希望孩子在寢室和浴室以外的地方裸露。有些則樂見七歲的孩子光著身子在家中亂跑，但朋友到訪時例外。就孩子而言，他們在四到九歲之間，都很愛看別人，也喜歡被看，他們不懂幹嘛一定要穿褲子。你該怎麼辦？叫他們把屁屁遮好嗎？如果要做，又該於何時何地去做？家長對裸體的態度，對孩子如何看待自己的身體，會起什麼影響？

面對裸體的孩子，你的反應也許來自許多理性與情緒的影響。有些是最近才有的，有些源自童年，有的是你能覺察的，有些連你自己也搞不清楚。小心了：潛意識的動機，多半不是好的教育方式。為了讓親子擁有健全的心智，你得花點時間，思考你想訂下的規定及規範的原因。而且宣布時的態度，會比規定本身更為重要。

無論你會如何規範孩子的裸體，不妨考慮以下三個方針。

首先，盡可能貫徹你的決定，但要隨著孩子長大做修正。

第二，一定要用鼓勵的方式。大人限制孩子時，仍應對他的身體保持尊重與讚賞的態度：

「你的身體跟大人一樣，都是很特別的，以後只能讓跟你非常親近的人看到。」

目地在表達你對他身體的喜愛，同時點出你不認同他在特定狀況下隨意袒露。謹守這點，孩子才不會隨便公開裸露，也不會以自己的身體為恥。

第三，無論你多麼希望孩子能夠節制，至少要保留一種情況，讓孩子能自在享有裸露的感覺。

親 子 同 樂

莎曼莎每晚要幫兩個兒子洗澡前，就會宣布今晚的遊戲「搔癢區」要開始囉！兩個三歲及五歲大的兒子便咯咯笑成一團，興奮無比地開始他們的遊戲。

莎曼莎故作深思地摸著下巴說：「我想好了！」兩個小男生便開始慢慢在房裡四處摸索，小心翼翼地看著母親。尼可的手輕輕觸著衣櫥，好像正摸著燙熱的爐門。「哈！你摸到搔癢區了！」莎曼莎大喊一聲，開始追著尖叫不已的尼可。尼可興奮地躲進衣櫥裡，莎曼莎將狂笑不已的尼可一把抱起，搔著他胸口，然後一把將他的上衣脫掉。

「我發明這個遊戲，好脫掉他們的衣服，讓他們進浴缸。兩個小鬼愛死了。」

他們當然喜歡囉，隨著遊戲進行，孩子衣服越脫越少，又很想知道誰會找到下一個搔癢區，一直玩到最後，大家全都一絲不掛在地上趴成一團為止。他們把衣服丟進籃子裡，泡進溫暖的大浴缸中。

聽過「性愛的種子，在父母最初暖若陽光的關愛下萌芽」嗎？意思指的就是這個。莎曼莎的兒子學到了肉體的歡愉，他們裸著身子，讓深愛的媽咪搔癢，而且媽咪並不會讓他們high過頭。這種親子間自然而然產生的小遊戲，會使孩子踏上成人之愛的起跑點。

莎曼莎不甚確定地問：「你們覺得這樣OK嗎？」

豈止OK而已，孩子可是因此茁壯啊。

如果你限制幼兒和學齡前的孩子，與你獨處時不許裸露，也不敢跟他們這樣一起玩，最好再想想吧。你的矜持也許是因為害怕逾越分際，也許是上一代教出來的。若是如此，還是不要把這種「傳統」延續給下一代吧。

包皮割不割？

之前提到會討論割包皮的問題，既然剛好談到幫小男生洗澡，就趁此一併討論。

到底要不要讓兒子割包皮？

割包皮大多是因為文化和宗教儀式的因素，你若認為非割不可，不管找到的訊息告訴你割了會有什麼風險或益處，你大概還是會照做。

美國小兒科學會研究割包皮的利弊後，發現各有所得，但都不足以下論斷。以下是幾項優點：出生一年內未割包皮的男孩，感染尿道炎的機率較大。一歲以後，無論有沒有割，男孩得尿道炎的比率都會大幅下降。未割包皮的男人罹患某些性病的機率也許較高，傳染出去的可能性也大（包括會造成子宮頸癌的HPV──人類乳突病毒）。他們患陰莖癌的比率較高，但陰莖癌十分罕見（美國為十萬分之一）。未割包皮的男子似乎也較容易發炎，不過只要確實清洗陰莖和包皮，便能降低風險。

清洗包皮底下很容易──有時割包皮的動機純粹是為了省麻煩。大多數男孩滿五歲後，包皮會與龜頭分開，便能輕易將包皮拉下清洗了，但有些人還得等再大些。在那之前，其實不用非洗不可。

常有人說，父親若沒割包皮（或割過包皮），兒子最好跟著做，父子看起來才會一樣。我們很懷疑這種論調。如果你小時曾抬頭看爸爸的陰莖，我可以跟你保證，不管你割過包皮沒，那一大根晃來晃去的器官，看起來跟你的絕對不像。也許有人是為了跟更衣室裡的其他小男生一樣才割的，但現在你也只能用猜的而已。

至於敏感度，我們並不確定割過後會影響男性的快感。有人說，割包皮完全沒影響，有人則說會增加男性及伴侶的快感。還有人說，少了包皮的保護，龜頭會變得較不敏感，但都沒有足夠證據可支持以上論點。倒是有件事不容忽略──割過包皮的男人，少掉了陰莖上一塊非常敏感的部位。

如果你選擇割包皮，最好在孩子初生階段做，並施以適度的局部麻醉（因為很痛）。這是美國最普遍的手術，做父母的可以放心，因為併發症很少（五百人約有一例）。出血是最常見的，通常極易治癒。發炎是

次常見的，一般也很輕微，嚴重併發症則十分罕見。

無論你選擇幫兒子割或不割，最好讓孩子知道，不是每個男生看來都跟他一樣，也可以解釋你為何選擇幫他割或不割包皮。

手 足 共 浴

孩子在愛裸露的幼年時，你大概會想，他們手足到底該共浴到何時。洗澡時你常想到這個問題。「他們洗得很自在很開心啊，」可是你又會擔心，「到了六歲八歲以後，是不是該分開洗了？」、「這樣會不會不好？」、「他們會不會勃起？」

手足共浴其實很常見，大一點的孩子比年幼的孩子，較少與手足共浴，不過有些家庭則持之多年。手足共浴到底該止於何時？

有些父母為了方便，不讓孩子共浴，因為小鬼長大了，水濺得到處都是，老是流到浴缸外。有些則是因為其中一名孩子——通常是較大的孩子——不想再跟弟弟妹妹洗澡，因為他開始害羞了。有時父母看到孩子會勃起後，就讓孩子們分浴了。

如果孩子要求分開洗，你反而不必傷腦筋。答應孩子，並問他為何改變心意。孩子也許是嫌他的弟弟妹妹太髒、太愛鬧，或只是不想讓弟弟妹妹看而已。這是個跟孩子討論的大好機會，了解他對裸體、自己的身體有何感受。孩子若要求隱私，表示他成熟了，請多予支持。

他的弟弟妹妹也許還無法明白，也許他開始懂得害羞，跟著要求自己一個人洗澡。無論如何，做爸媽的一定得老實地跟弟弟妹妹解釋，為什麼不再讓他跟哥哥或姊姊一起洗了：

「以後姊姊想一個人洗，因為她想要有隱私。等你長大就會這樣了，

也許有一天，你也會想一個人洗哦。」

過度刺激

　　如果孩子沒要求分浴，等他們到了一定年紀，你大概還是想讓他們分開洗。主張分浴的人，常強調是為了保護孩子，免於受到過多的刺激。我們來釐清何謂「過多的刺激」。

　　學齡前的幼兒或低年級生在面對裸體時，可能有興奮感。這類刺激未必都是不好的，然而興奮狀態若高出孩子所能理解忍受的範圍，或令孩子感到羞恥時，就是個問題了。

　　共浴時，兩種情形都有可能發生。看到裸體的手足而感到興奮的孩子，或許無法了解自己的感受，同時又從其他家人身上感知這種反應並不適當。結果，孩子不會向你求教，反而試圖隱藏或壓抑自己的反應，把自己弄得緊張莫名。

　　我們所說的「過度刺激」，指的就是這個。

　　受到過度刺激的孩子也許會要求分浴，或表現出緊張的行為，變得更調皮，或越愛去觸摸他們的手足；他們洗澡時也許會不斷咯咯發笑，或暴躁不安。孩子對共浴的態度若有改變，可能是因為受到過度刺激。發生這種情形，不妨試著分浴。並告訴孩子：

　　「現在你比較大了，我們覺得你應該像大人一樣自己洗澡了，你可以獨占整個浴缸呢。」

　　別忘了，受到過度刺激的孩子尚未做出驚人之舉，只是對弟弟產生自然反應罷了。讓他獨浴，有助他節制反應，直到更成熟為止。總有一天，他就能把那些反應留在自己心底了。

拿掉它，爸比

「你現在比較大了，應該可以像大人一樣洗澡了。」可惜你想得太美了，這年頭只要五分鐘不管孩子，小鬼就可以用一盒蠟筆把客廳重新裝潢一遍。

就算你為自己保留一點私人的時間，也很難保證不會殺出程咬金，對吧？有天放假，艾菲正光著身子泡在浴缸裡，四歲的女兒突然衝進來跳到他身上，好奇無比地盯著水裡瞧了半天，然後命令說：「我不喜歡那個，爸比，把它拿掉啦。」

孩子的性教育中，最欠缺者莫此為甚。瞥見爸媽更衣或淋浴，是孩子對人體最初，也是最有力的認識。孩子從觀察父母的身體，知道自己未來的模樣，就像艾菲的女兒，從中得知了男女的差異。

更有甚者，孩子看到你在浴室中袒露或遮藏自己的身體時，也會學到你的態度。無論你對自己的身體感到驕傲、害羞或羞恥，這正是你表態的時候。到底該讓孩子看到什麼？在何時看到？

泰莉和班一向不特別愛跟女兒洗澡，可是若獨自陪著女兒，又必須洗澡時，就會一起洗。泰莉不介意跟女兒共浴，可是她發現茉莉還不到二十個月時，老公每次和她淋浴時，便會穿上短褲。

泰莉沒問老公何苦遮遮掩掩，可是就她自己的經驗，泰莉知道茉莉很愛觀察人體。也許她對班太觀察入微了，讓老爸很不自在。

里克偶爾會跟六歲的兒子席斯一起洗澡，席斯總是趁機大肆提問，尤其對他老爸的身體。他的問題琳瑯滿目，如「精液是從尿尿裡流出來的嗎？」到令人不知如何作答的「你背上為什麼會長毛？」

席斯的姊姊凱西滿六歲前，里克就不再陪她洗澡了。里克說，凱西已經會自己洗了，因此沒必要一起洗。可是對里克而言，更重要的是：「覺得父女不應該再一起共浴了。」里克說不清是什麼原因讓他決定改變，不過他還是相信自己在適當時間做出了正確的決定。「她已經快要

青春期了，」里克解釋，「她太大了，不適合共浴，我怕她會覺得困惑。」

我們先來看看里克、班和泰莉，他們的做法跟美國很多家庭雷同。在任何年齡的兒童群中，都可以找到不在乎孩子看見自己裸體的父母，也可以找到超尷尬，或覺得這樣不妥的爸媽。

不過，美國父母對遮掩身體，有一些共通點——對異性的子女較會遮掩，而且隨著孩子長大，遮掩得越凶。

尷尬？就穿上吧！

家長會考慮兩項因素，來決定要不要繼續在孩子面前袒裸：自己的感受，以及孩子的反應。

班穿著短褲洗澡，也許是因為被茱莉盯得很不自在，這樣也就夠了。

我們同意孩子應在平靜自在的狀況下面對父母的身體，如果你得穿上衣服才會自在，那就穿吧。不必為了讓孩子知道裸體是自然的，而勉強自己，這樣可能會收到反效果。女兒也許會感受到你的尷尬，弄得自己也很不安。還不如穿上褲子，然後誠懇地告訴她，裸體健康又自然。

里克不只處理自己的焦躁，也緊盯著凱西的反應。里克擔心孩子看到他的身體時會產生困惑，便是在顧慮孩子受到過度刺激。

親子共浴與手足共浴一樣，我們建議你，觀察孩子有無過度刺激的現象，若覺得有，便穿上衣服，心平靜氣地跟孩子解釋。

你大概會覺得，孩子跟你洗澡而好奇是一回事，可是「因為看到爸媽的身體而感到興奮？」這是什麼話？

請聽我們解釋。

慾 望 街 車

作家兼母親的蒙娜・蓋伯（Mona Gable）最近談到，四歲的兒子是她撰寫短文集《思考的母親》（Mothers Who Think）的主因。

「我坐在沙發上，兒子便把手伸到我底下，開心地大笑。」她寫道，「我抱著他時，他會把小小的頭埋進我胸口，賴在那兒不肯離開。我洗澡時，浴簾突然被這金髮的小鬼拉到一旁。『媽咪在洗澡耶。』我說，『噢。』他說，然後還是杵在原地。」

聽起來熟悉嗎？

千百年來，孩子一直在測試著爸媽，給他們出各種奇怪的難題，而父母也一直疲於應付。據說佛洛伊德有次為一名嚇壞的母親治療，這位母親幫三歲半的女兒換衣服時，突如其來地被女兒用大腿夾住手，嚷道：「噢，媽咪，拜託別把手拿開，感覺好舒服喲。」

佛洛伊德沒說這位女士是否只為了這件事去找他，我們也只能猜測大師大概會說什麼，他的解釋很可能包括他的偉大發現（或發明，視個人觀點而定）——伊底帕斯情結。

幾十年來，戀母情結一直被標示為成長過程中，必須跨越的心理障礙。這個理論即使不是完美的科學，卻十分精彩。以下是男生版戀母情結的簡介。

兩三歲的男孩，會用嫉妒的眼神看父母親熱，暗暗希望自己才是母親的最愛。他愛媽媽，對她產生種種幻想，並企圖將父親排擠出局，可惜未能如願，因為在某種程度上，這位痛苦的小英雄知道老爸比他強，根本無法擊敗。於是焦慮破壞了他的美夢，小男孩害怕萬一父親發現他的意圖，會大發雷霆，把他的小雞雞剁掉。

佛洛伊德認為，健康的男孩會為了保護陰莖，而捨去母親。男孩在六歲左右，會將贏取母親的慾念埋藏到潛意識裡，不再多想，但卻又無法完全擺脫戀母情結的影響。將來他會娶個像母親的女人，並努力拋開會

勾起任何戀母情結的念頭。

不過，我們在孩童身上觀察到的一些難解行為，並無法用佛氏理論解釋。三到六歲的孩子，確實會在一些不恰當的時刻去煩父母（佛洛伊德的說法是「企圖干擾他們」）。他們也會對家長做出奇怪的引誘動作，小男生聽到「要不要爸比哄你睡覺？」這類單純的問題時，常會斷然表示：「我不要爸比，我要媽咪哄我睡。」不過到了六、七歲，這些行為就會慢慢消失了。

從來沒有人能證明這些行為都是戀母情結造成的，孩子對父母的真實感受，只怕比這項理論涵蓋的要廣（例如，我們並不知道有多少孩子對爸媽有過情愫）。如果想了解孩子的「孺慕」，我們建議你採用現代心理分析家喜愛的方式，而不是抱著某個特定理論，硬將觀察所得套上去（「她三歲了，以後會開始緊跟著我了」）。別抱持定見去觀察孩子，要試著從她身上學習。如果有天早晨醒來，發現五歲的孩子在掀你內衣，笑一笑就好。

回 應 孩 子 的 熱 情

你會問，該如何回應孩子的熱情？我們的回答是：跟孩子一樣，用單純無邪的心去接納。

接納孩子的欽慕，視之為慷慨的饋贈。別用大人的想法去曲解孩子的心意，揶揄他花言巧語。孩子極力討你歡心時，請讚美他的好意，珍惜他對你的愛。

當兒子抱住你，說他想娶你時，抱住他，告訴他你也好愛他，並讓他知道，他不能娶你，因為你是他母親。你可以告訴他說：「將來有一天你會娶到一個很棒的女生。」

鼓勵這段發育期的孩子時，需要非常小心。若對孩子的討好視而不見，會讓孩子以為你討厭他，甚至覺得自己不值得被愛。可是對孩子的

回應過於熱烈，又會造成孩子的困擾。你必須在兩極間找到一個鼓勵認可的方式，讓他邁進愛的世界。

假若你需要一個大原則來拿捏，那麼大概會是：讓孩子的慾望按自己的邏輯去呈現，別預設，或冀求，或阻攔，或在孩子熱情轉淡時力圖維持。孩子的發育過程因人而異，難以預料，只要你容許，孩子會按自己的方式去長大成熟。

粉 嫩 又 可 口

> 可是野獸們大叫：「噢，求求你不要走──我們想把你吃掉──因為我們實在太愛你了！」
> 麥可士說：「我才不要！」
> ──桑達克《野獸國》（Maurice Sendak, Where the Wild Things Are）

每次演講完後，總會有幾位家長留下來問一兩個私人的問題。某個春夜演講完畢，兩位母親在座位邊逗留。她們慢慢挨到前方，等眾人離去後，才提出不希望讓別人聽見的問題。她們想談談擁抱和親密的問題。

其中一名母親擔心自己跟女兒「太親密」了，另一位叫西希莉的則突然打破沉默問：「那麼跟六歲大的男孩呢？他實在太可愛了，到底跟孩子親密到什麼程度，才算太過？」

我們以前也聽過同樣的問題：家長形容孩子看起來多麼粉嫩可口，然後又對自己的反應感到憂心。我們認為，小孩本來就很「可口」，讓人想一口吞下去，家長潛意識的許多焦慮，反而會抑制對孩子的愛。

之前我們談過家長與寶寶的親密關係，孩子雖然日漸長大，慢慢不再需要你的全心照護，但你對他的依戀仍在。我們談過孩子對父母的孺慕，別忘了，在珍貴的親子關係中，渴望是雙向的。

當五歲的孩子爬到你膝上，對著你輕聲軟語，將暖甜的熱氣吹到你耳朵，或當你望著蜷在床上的小女兒，輕撫她的香頰時，都能感到自己對孩子的愛戀。

　　後來你想到兒童性侵的新聞，便突然開始懷疑自己了。「這樣會不妥嗎？」你心想，「別人看了會怎麼想？」你最恨亂倫了──怎麼可以這樣──結果反而讓你對自己的母愛起了疑慮。

　　喬治談到兒子時說：「他的皮膚好嫩好滑啊，我可以抱他抱幾個小時都不嫌膩，那應該不會怎樣吧？」

　　莉莎說她的女兒看起來好可口，好喜歡被女兒抱著，可是又擔心自己抱女兒抱太多了。「我是為了自己開心才抱她嗎？」她擔心自己的行為不適當。莉莎首次道出心中的疑慮，坦承對女兒的愛「終於讓我了解，戀童癖應該就是這樣的吧。」

　　嗯，其實莉莎並不了解戀童癖，戀童癖對兒童有性幻想（或幻想對兒童施與性行為），莉莎絕非如此，但她把成人的性慾跟強烈母愛搞混了，這種情形不算罕見，也是許多自我懷疑的家長心底的恐懼。

　　喬治、莉莎及許多家長所感受到的歡悅，是非常平凡正常的──且絕對必要。「孩子小時，我都喊他們『香寶寶』、『小糖糖』，」人類學家赫迪（Sarah Blafer Hrdy）在《母性》（Mother Nature）中寫道，「我會說：『你怎麼這麼可愛，好想把你吞下去哦。』」但赫迪並沒吃掉她的孩子，她解釋說，因為「可口」的孩子，她跟許多母親一樣走上達爾文演化的老路，為了讓可愛的寶寶存活下去，母親大量犧牲了自己的時間精力和資源。孩子的「可愛色相」，跟雛鳥的嘴一樣，是他們獲取餵養的最佳利器。

　　因此當你擔心自己是不是太愛孩子時，請記住一點。對孩子的疼愛，使家長甘願為孩子付出一切。感受到愛，才能無悔的養育孩子。

　　西希莉的問題還沒解決──什麼程度的擁抱和親密才不算太過？我們很想告訴你「再多的擁抱都不嫌多」，但這種答案輕忽了一項大家都知

道的事實——孩子需要擁抱撫摸，也需要自己的空間。過多的擁抱，會忽略孩子想暫時離開你的需求。這種擁抱就算是一種強迫或宰制——因為剝奪了孩子自主的希望。因此有時父母要有所節制。

嬰兒跟你玩夠了，會撇開頭，幼兒也一樣，被疼夠了，也會扭開身子，擦擦被你親遍的臉，別過頭喘口氣。

有一次在人行道上，無意間聽到一位母親的難處。她深情地望著推車裡咯咯笑的小男孩說：「你好可口唷，真想把你吃掉！」然後又無可奈何地說：「可是那樣的話，你就不見了。」

原初場景

談了這麼多的裸浴、乳房、陰莖，你大概覺得養育幼兒，反而更喚起你的慾念。不過我們很少聽到新手父母說「自從生了小孩後，我的性生活就變得非常活躍！」

小孩對夫妻的性生活確實是一項挑戰——例如缺乏時間、睡眠和隱私。幸好大多數夫妻在孩子出生一年後，都能恢復從前的床第之樂。如果你已進入這個階段，也許會出現一項以前沒有的問題：想做愛時，身邊卻突然老是多了個人。

女兒滿兩歲前，查克在臥室門上裝了鎖，他解釋說：「女兒對性很好奇，我也很樂於見到她這樣，可是讓她知道我的性生活？那就不必了。」

如果你的想法跟查克一樣，不想讓孩子撞見你們在演《色戒》，那就告訴孩子，你的房門若關著，得先敲門，等你說可以之後才能打開。然後去裝個鎖。除非你是淺眠的人，不然徹夜鎖著門，萬一孩子需要大人時反而無法叫醒你。不過晚上（或白天）做愛時，鎖就很好用了。

萬一門沒裝鎖，或很確定孩子睡著了，或一時間情慾高張，忘掉自己是三個孩子的媽，那該怎麼辦？假若你跟三個孩子的爸在歡愉之際，發

現四歲的孩子不知何時溜進臥室等在床腳，盼你們能發現他（二位日後每憶及此夜，大概想破頭也不知道他是何時溜進來的）。

而你們也真的注意到他了。

又該如何是好？

先說明一點。沒有人知道小孩看見爸媽做愛會有什麼影響。有一段時間，從頭痛到歇斯底里等所有精神病理，都能扯到童年曾撞見精神分析師所謂的「原初場景」（the primal scene）上（另一種浪漫夜的說法）。人類學家則反駁說，某些非西方社群並不像我們那麼神經質，看見或聽見父母巫山雲雨對小孩來說乃司空見慣。即使在美國，這種比率也算高了──約20%的家長表示曾被孩子撞見，大多是四到六歲的孩子──如果這樣就會造成心理障礙，美國豈不成了瘋人院⋯⋯好吧，也許這個說法不夠有力。

我們認為，孩子對這種事的反應，得看他是否把這件事或窺見的行為當成壞事。例如，孩子看到父母激烈狂野地做愛，也許會被嚇到（他若住在家長較暴力或憤怒的家庭裡，較有可能）。同理，孩子若因為干擾父母而受譴責，卻不懂爸媽為何生氣，那麼日後造成的心理困擾，會比父母冷靜回應時更多。家長若能輔導孩子，告訴他做愛是正常且正面的事，會比他自己隨便亂想好。

說到這裡，我們不得不佩服傑克和席夢。他們倆做愛時，被四歲的兒子看見，傑克竟出奇平靜地說：「噢，你發現我們在取悅對方啦？現在你要爸比還是媽咪帶你回去睡覺？」

你不用那麼鎮定地給自己找台階下，萬一發現孩子站在床腳看好戲，請先按捺住用棉被遮頭，或假裝沒事的衝動。先停下動作，遮住身體，讓自己能自在地跟孩子說話後，再問他想做什麼。

假設孩子想喝水，叫他乖乖到門外，待會兒你就會幫他倒。（拖延其實是不錯的戰術，我們就很喜歡用這個方法，可讓你在說話前，有思考的空間）然後冷靜下來，再帶他去喝水。

即使孩子似乎對剛才所見不好奇，還是稍做解釋：

「你剛才進來時，我們正在做愛。大人會用這種方式互相表達愛意，你明白嗎？」

讓他發問，等你回答完——小鬼的問題可能不多——再說出第二個重點：

「爸媽的門如果關著，表示我們想私下在一起。以後你在開門之前，能不能先敲門？」

就這樣。

之後就可以哄小鬼上床，然後回自己房間，對你老公做人工呼吸了。

怎 麼 不 露 了 ？

歷經嬰兒期親密的擁抱和肌膚相親，走過幼兒期猝不及防的窺視，度過學齡前孩子強烈的依戀後，一般家庭的性問題總會慢慢平息下來。

家長在疲於接送孩子上下學，催孩子做功課之餘，也許不會注意到孩子的改變。你若找個機會停下腳步，想想正在上小學的孩子，說不定會發現孩子在這個新階段中，有一項驚人的改變。突然之間，家裡不再有人光著身子跑來跑去了。

孩子變得害羞了。

丹尼猛然發現：七歲時自稱「裸體大王」的山姆，現在整天都乖乖地穿著衣服了。他不再跟妹妹佩姬一起洗澡，連早上一同在電視機前換衣服的固定儀式，也已告終。一天下午，山姆和佩姬在公園裡玩紅燈綠燈，佩姬抓住裸體大王的腰帶，害山姆的短褲鬆落，露出左半邊屁股，

山姆簡直嚇壞了。

佩姬以前便便時超愛講話，每次蹲馬桶前，就到處拉人陪她說話。可是當裸體大王不再光著屁屁時，佩姬也不再拉人陪她講話了。最近若有人要求陪她進浴室，她就會罵對方神經病。

這兩個小鬼是怎麼啦？吃錯藥了嗎？「你們以前不是很愛露嗎？」丹尼亂想大聲對著上兩道鎖的浴室門問。

原因大概有幾個。其一，孩子不再愛露，是在回應父母發出的新訊息。孩子到了學齡，你不太喜歡他們光著身體在屋裡亂跑──而且表情透露出你的想法。孩子開始節制是受了同儕影響，佩姬可能就是怕被哥哥嘲笑，所以跟著有樣學樣，不再拉人陪她上廁所了。

另外還有戀母情結之說。根據理論，原本充滿熱情的孩子，到了六歲左右，便不再一天到晚黏著爸媽（反正知道自己不會成功），反而擺盪到另一個極端，裝得正經八百，再也不巴著父母了。

無論原因是什麼，研究人員發現，低年級的兒童突然不再愛露，時間點大致與佛洛伊德的理論吻合。女生在四到六歲間會開始節制不露，男生則稍晚，約莫五到八歲。

這些剛剛懂得節制的孩子，不僅羞於袒露，更不會想去偷看你們。如果他們打開浴室看到你在擦身體，就會低聲說「對不起」，一溜煙就跑掉了。當初「永遠永遠一直愛媽媽」的熱情誓言呢？孩子的愛戀會逐漸削減。作者瑪麗・高登（Mary Gordon）意識到兒子的轉變，並將之寫入《母子之間》（Between Mothers and Sons）一書。書中談到以前愛她如偶像的兒子，偶爾會表示：「我朋友強尼說你屁股變大的，我覺得他講得挺對的。」

這種評語頗令人喪氣。至於不再愛露這檔事嘛，當你看到女兒緊裹著毛巾從浴室悄悄溜出來時，大概要懷疑：「卡蜜拉是不是太保守了？」有些孩子的保守程度會超過父母的想像，然而即使孩子的羞赧令你不解，還是隨他們去吧。我們不認為有什麼天大的理由，需要叫孩子更開

放些。

家長應該放寬心，因為孩子會害羞後，就不至於會闖入淋浴間，或躲在主臥室裡偷看你們纏綿了。要不了多久，過去的種種問題，便會隨著曾經每日必看的《天線寶寶》一起灰飛煙滅了。哪天你回首當年，說不定還會感到一絲悵然哩。

嚇一跳？

可惜現在還很難想那麼遠。

海倫・瑞蒂的歌已被你拋到九霄雲外了，你拿著梳子站在那兒，默默地看著五歲的兒子。

你心裡都在想些什麼？

很可能在掙扎該說什麼吧。「別開罵、別露出窘態、別怪他、叫他以後不准這樣。」你告訴自己。

你心底當然還轉著其他念頭，這些念頭跟此事會對兒子產生什麼影響沾不上邊，而是「我看起來是什麼樣子？」或「我怎會讓兒子看見我這德性？我怎麼會這麼誇張？」

「你害我嚇一跳。」你決定告訴他，「我也嚇到你了嗎？」

後來等兒子出去玩後，你想起從前你試衣到一半，媽媽突然拉開試衣間的布簾，轉頭叫售貨小姐拿大一號衣服來的糗事──那小姐也是你們學校的學生。或小時候撞見父親如廁，他坐在那兒，褲子褪到膝蓋上讀報的樣子好怪哦。爸爸看見你時大聲笑了起來，你從來不懂他為什麼要笑。現在你明白了，也許他是在笑你那種錯愕不解的表情，也許只是覺得自己實在糗斃了。

朋友啊，處理家中孩子的各種問題，竅門就在這裡。這一切並不只是孩子的發育問題，更是你的發育問題。

沒錯，你是個有孩子的成人，你跟同一名伴侶做了十二年愛了，而且

很久沒約過會了。可是你的性發育並未停止，養育孩子會繼續推動你的成長。

　　當你決定生小孩時，便注定會改變自身的性慾，只是你當時或現在都無法預料罷了。因此一旦涉及性愛方面的管教，就變得非常難搞。

　　可說是大不易也。

第 四 章

「別摸──不然會掉下來哦。」

管 束 小 小 孩

你看我的小雞雞唷！我可以讓它站起來，我揉一揉它就站起來了，很舒服耶。有時候我一直搓一直搓，感覺就變得非常非常棒。
——三歲男孩

有些事你很不想從小鬼嘴裡聽到，對吧？

還有少數幾件事，你寧可不知道。

你是位好爸爸。現代的爸爸跟上一代的父親差異之大，絕非他們所能想像。例如今晚你老婆不在家，你這做爸的很樂於招待女兒八歲的朋友到家中過夜。為了女兒的拓荒者派對，你設計了一條尋寶路線，在冰箱裡留了一張尋寶圖，還特地烤了車輪狀的拓荒者批薩，戴上牛仔帽。你就是這種模範父親。

然而有些事，你寧可視而不見。

小女孩全跑到樓上去換造型了，你在廚房忙碌一陣後，端了幾杯果汁上樓。你聽到咯咯的嘻鬧聲，打開女兒房門，看到六名女孩除了戴著顏色鮮豔的帽子外，幾乎一絲不掛。她們在玩……脫衣秀。

「果汁來了！」

說完你就溜掉了。

機 會 教 育

　你很不想面對小鬼的性問題，甚至寧願當它不存在。你並不是唯一有這種想法的家長。誰不希望孩子天真無邪，沒有成人的糾葛情慾？

　問題是，小小孩也有「性趣」。學齡前和小學孩童也會興奮，會自慰，而且會跟朋友一起玩親親。

　你萬萬沒想到女兒第一次邀朋友到家中過夜，就會遇到這種尷尬場面。驚訝之餘，你還懷疑這樣是否正常？她是不是……**不正常**？是不是受過虐待？在目睹的那一刻，思緒雜陳的你會說出什麼？遇到這種情形，家長可能會理性盡失。也許你聽到自己大吼「給我住手！」，也許只是丟下手裡的拓荒者果汁，便落荒而逃，或者跟某些家長一樣，假裝啥都沒看到。

　那就太可惜了，因為這種場面，正是教導孩子何謂適當性行為與性歡愉，何謂尊重與負責的機會，也為自己立下日後教導子女的典範。

　上一章談過，父母對孩子的身體及好奇心的反應，會影響孩子對自己的看法，並感受自己是否被愛。

　本章的討論主題較為弔詭，來看看孩子發現性的樂趣和慾求時──孩子最初的性探索──父母該如何回應？乍見前青春期的孩子做性探索時，又該如何教導他們？

　留意孩子的兩個主要探索──自慰與玩親親──我們會解釋哪些性行為算健康，哪些令人憂心，以及兩者的因應方式。

自 慰

　聽到這兩個字會不會感到不安？

　就我們所知，若是把「自慰」和「孩子」放在同一個句子，所有美國父母都會忍不住皺眉頭。經過幾百年的隱忍，1710年，一本名叫

《Onania》的小冊子（《自我污染的可憎之罪，及兩性自我猥褻的可怕後果——給以自慰殘害身心靈者的良言》⋯⋯你應該懂意思了），把對兒童自慰的焦慮帶到最高點。到了十七世紀末，反兒童自慰在美國蔚為風尚，加上玉米片與桂格麥片的助長，大家更是有志一同地反自慰。當時的人相信，清淡的飲食能抑制兒童的歪念。

過了這麼多年，你的阿嬤可能有自己的辦法化解慾念吧。「不可以摸那裡。」阿嬤偶爾看到你洗澡時還不忘叮嚀，「不然會掉下來哦。」

「天呀，時代變得真快。」你在心裡偷笑。

接著就輪到你了。

「我跟朋友講電話時，瞄了艾拉一眼。」蓮恩回憶說，「那時她才兩歲半，最愛的布娃娃是隻大兔子。我看到艾拉躺在兔娃娃身上，但樣子怪怪的，接著我發現她在蹭來蹭去。『我的媽呀，』我突然明白，『艾拉在上那隻兔子！』」

為什麼看到自己的小孩自慰會那麼⋯⋯怪？

因為⋯⋯因為她在**自慰啊**。

也許你很酷，能大方地跟陌生人表示你喜歡自慰，就像告訴對方去火車站該怎麼走一樣。也或許你跟我們其中一些人一樣，連說這兩個字都很尷尬（你可以試試看）。我們在網路上搜尋了十秒鐘，找到974種自慰的婉轉說法，證明你不是唯一不喜歡講這兩個字的人。不過即使像「DIY」這種較含蓄的說法，依舊不掩手淫之實，你還是難以啟口。你明知自慰是健康正常的，卻寧可去撞牆也不要跟你媽媽談這件事。

為什麼？

這麼說好了。你覺得令堂能坦然地跟你討論自慰的事嗎？別忘了，你最早的幾次自慰，都是在爸媽眼底下幹的。也許沒人罵你，或告訴你手淫有多麼邪惡，但你還是從一些細微的線索察覺到負面的訊息了。也許在你有記憶前，便有過這類經驗，如學步時期「自摸」時，大人會不斷將你的手撥開。等長大一些，家人又絕口不提此事——即使你在高中被

母親撞見過──令你覺得不該討論這種骯髒事，或自認是家中唯一會自慰的人。無論如何，父母在處理你的自慰問題時，往往是出於難堪（他們的爸媽也說過『會掉下來』之類的話，自此深烙在他們心裡）。結果呢？他們的難堪，變成了你的難堪。

第二，自慰的人是你的**孩子**。即使你不介意讓小鬼追求快感，也未必想看。

「最近連我開車時，艾拉都會在後座磨蹭。有時我會說：『喂，停手了。』有時則只是坐著，努力壓抑不笑出聲⋯⋯或哭出來。」蓮恩終於了解她爸媽當年面對的是什麼了。

先是你對自慰的不安，加上面對孩子時很不自在，等女兒將來哪天瞧見你的孫女在家具上磨來蹭去時，當然會大驚失色了。這是一代傳一代的。

或者，你可以選擇中斷這種代代相傳的因循。

創 造 快 感

「天啊，他們六個月時就會了，從此再也沒忘過。」

兒童會在不同年紀，以各種方式發現自慰的快感。有些學步兒老是把手擺在生殖器上，並隨著技術精進，逐漸化明為暗。有些小孩六個月大時發現自己有小雞雞，此後就怎麼也忘不了了。琴妮的母親幫孫子換尿片時，就遇到這種情形。孩子發育有沒有共通的歷程？

琴妮的母親沒看錯，自慰有可能始於嬰兒期。尿片跟貞操帶一樣，能有效地制止孩子撫摸生殖器，因此男女嬰在換片時，趁機探索自己的生殖器官，並不算罕見。男孩撫摸陰莖時會有快感（我們無法肯定那種快感算不算『肉慾』），女嬰的靈巧度跟男嬰相差無幾，但她們的目標──陰蒂──比男生的隱密，女嬰也許會用手，也許只是用大腿肌肉擠壓陰部，或在毛毯、枕頭上施壓，便能得到快感。

這類撫弄，比大人所想的自慰更隨興而漫不經心。不過，嬰兒若出現更強烈集中的自我刺激，就不太尋常了。這情形曾出現在快滿一歲的男女嬰身上，但原因不明。十個月大的女嬰也許會用腿夾住她的泰迪熊或奶瓶，定定望著，臉紅個一兩分鐘，直到突然放鬆下來。家長看到這種狀況，會以為孩子不舒服或痙攣。這類自慰乍看雖有點嚇人，但其實無害，而且會自動消失。

大一點的學步兒和學齡前的孩子，則花樣百出，從不自覺的扯動，在浴缸裡開心地搔著生殖器，到蓄意而忘我地抽動都有。而且現在他們會開口講了，以四歲的愛芙拉為例，媽媽伊蓮娜聽到女兒在後座呻吟時，問她在做什麼，愛芙拉竟回答說：「我在做屁屁運動，你別看哦。」伊蓮娜解釋道：「我回頭一瞧，看到愛芙拉開心地用腿夾緊安全帶來回摩擦，她在做什麼運動，完全一目了然。」

撫弄生殖器能使學步兒獲得撫慰，孩子在承受巨大壓力時，也許會藉此逃避外界的過度刺激，或做為平時放鬆的方法。

不過別忘了，孩子也可能單純為了快感而做。四歲的諾亞習慣性地在母親為他讀床邊故事時，撫弄小雞雞。通常楚蒂會要求他停止（這已經變成她的習慣了），諾亞便不再摸了。一天晚上，楚蒂再次提出要求後，諾亞終於決定讓媽咪了解他的心情。「媽媽，」他依然將手放在雞雞上，「如果你有小雞雞，一定也會想摸的。」

自 得 其 樂

孩子上了小學，漸漸就不太看到他們自慰了。第三章解釋過，孩子慢慢懂得自制了，但你可別被他們的外表矇騙。小鬼越大，自慰的可能性就越高。四、五歲時不懂自慰的男生，六歲時也許就「開竅」了。六歲還不會自慰的女生，也許七歲就會開始。他們是怎麼學會的？

有些小孩是從較有經驗的同儕那邊學來（「喂，在繩子上面這樣晃，

很好玩哦！」），有的則自己發現。有位母親解釋說：「他原本在游泳池邊走來走去，結果——哇咧——他發現給水孔噴出的溫水柱了。天啊，他愛死了！像隻青蛙似地攀在池畔——那時他才四歲。後來到了五歲，他發現在學校玩爬竿之類的，也有相同的效果。」

孩子創造出來的自慰法，似乎比逃避做家事的藉口還琳瑯滿目。蹺蹺板、水管、寵物，甚至草地都能派上用場，他們不按牌理出牌，那是他們發明的遊戲。自己發現快感的孩子，常自認找到了自己專屬的樂園，尤其家人不曾公開討論此事的話。從某個角度來說，的確也是。

誰會自慰？

到底有多少孩童會自慰？在什麼年紀自慰？都沒有定論。據家長觀察，六歲前有不少孩子已經有自慰經驗了。孩子年紀越大，自慰的人就越多，等到了十八、九歲，大部分男生以及將近五成的女生，都曾有過自慰經驗。

沒錯，通常男生自慰的比例比女生高，頻率也比女生高。這些差異也許是文化差異，或性別期許差異造成的。也許只是男生比女生大方，願意告訴研究人員他們會自慰罷了。

七歲的孩子自慰時，會比在學齡前更認真帶勁。此時的自慰較像選擇性的活動，而非邊聽故事，邊無意識地撫摸。孩子懂的技巧變多了，並以獲取快感為目標。如果孩子之前不懂高潮為何物，不久後大概就會知道了。

家長也許料不到，有時學齡兒會發現，若自慰得夠久，會達到近似高潮的感覺。現在已經當爸爸的吉普，八歲時一天到晚在後院繩纜爬上爬下時，便很清楚這種感覺了。他知道只要摩擦夠久，最後會達到一種

「令人銷魂」的感覺。吉普八歲時從未射精，經過四年的「練習」後，才首次射精，他只記得自己相當失望。當時他心想，以後我再也沒辦法偷偷做了，高潮對他而言，不再是祕密了。

等正式進入青春期後，自慰的功能又不一樣了。青少年藉自慰來滿足性衝動，他們衝動起來，《包法利夫人》連兩章都無法一口氣看完。自慰也算是一種性教育。青少年自慰時，能逐漸認識自己的感官反應，熟悉自己的身體，做愛變得不再那般神祕了，而且發生時，可能也會較令人滿意。

當然了，幼年的女兒首次發現泰迪熊的「妙處」時，對她來說只是好玩而已。她根本不知道，在最愛的玩具熊身上蹭來蹭去，跟性愛有關；也不曉得喜歡性愛的大人，並不想張揚這件事；或今天首次來你家拜訪的老闆並沒有小孩，所以頭上已經開始冒冷汗了。

沒錯——嬰兒、學步兒和學齡前的孩子，並不懂一般人對自慰的想法。他們只知道感覺很舒服，所以規矩就得靠家長來教了。孩子會從你對自慰的反應，得知何謂性歡愉，明白外界對自慰的看法，以及何時何地適合去做。

怎 麼 辦 ？

> 我一直到兒子兩歲半，跟我同床近九個月後，才注意到他會在半夜兩點醒來，故意趴著摩擦床……問題是，我就睡在他身邊，他還在半夜裡連搖兩三個小時的床……
> ——克爾斯特接受廣播節目採訪時表示

家長對撫摸性器或自慰的孩子做出回應時，請切記兩個要點。

第一是輔導孩子，培養出自我接納，接受肉體快感的態度——千萬別讓他以自己的性器或享受撥弄之樂為恥。家長切莫對自慰的孩子做出負

面回應。

我面臨進退兩難的窘況，一來覺得很好笑，又很氣自己以前怎麼只顧著睡。二來卻掙扎著希望兒子別再這樣，因為我很想睡覺，卻又不希望讓他覺得有罪惡感，或以為自己做錯事。那是我最不想要的結果。

第二，最好以常理或家規的方式來教導孩子。讓孩子學會哪些行為是適當的，在何種情況下可做，並慢慢學會遵守社會的期許。因此，家長必須教育孩子，不宜在何種時間地點撫觸性器官，有時，你得制止他。

比較難的是，如何在以上兩個目標之間找到平衡。

最後我只是輕描淡寫地說：「別再亂動了。」我沒讓他知道我曉得他的把戲，只是一味地裝傻。

這個難題──「性是好的，但現在別做」的矛盾心理──是家長從孩子出生後，面對他所有性行為時的主要挑戰。若能趁早掌握回應的要訣，往後將使你受益良多。

無論是處理學步兒的自慰，或青少年的感情生活，我們都會建議家長：最好用尊重接納的態度，來回應孩子對性的好奇心，並設下合理明確的規範。

我們來看看，在涉及自慰時，合理的規範──對個別孩子在特定發育階段時，所設的合理要求──應如何設定。

學 習 接 納

二十個月大時，克蕾拉都稱她的小妹妹為「山洞」。她媽媽尤妮也不曉得女兒為什麼會把去機場路上學到的字，冠到自己的生殖器上，不過尤妮還蠻得意的：「很有道理呀！」克蕾拉知道她的陰道是往裡伸的，

她只能藉探索的方式來得知此事。

尤妮幫她換尿片時，克蕾拉會開心地說「山洞」，然後開始咯咯笑著撫弄自己的陰唇。

「我沒管她。」尤妮有些不好意思地說，她會等克蕾拉玩幾分鐘後，才幫她換上乾淨尿片。

說到撫弄生殖器，孩子一定是先從最基本的開始。她先是知道自己有生殖器，知道那是寶貴而不是骯髒或不好的東西，而且會為她帶來快感。大些後，再慢慢學會分辨應於何時何地自慰。

兩三歲的孩子正在建構自己的是非觀，還搞不清楚什麼行為是絕對不行，什麼是有時不行（像在百貨公司裡），有時可以（在私底下），或特定時間並不適宜（如他跟姊妹一起洗澡），有時則無妨的（如獨自洗澡時）。

你若不准學步兒在特定時空下自慰，他會以為自慰就是錯的。管教一次的影響也許不大，但重複幾次後，孩子就會對自己的身體、性器官和快感，感到焦慮或罪惡。我們要講的是，孩子這麼小時，就別管他了吧。

家長當然會遇到很為難的時候。蒙瑞拉表示：「堤姆兩歲時開始在浴缸裡自慰，幾個月後，當他開始在別人大腿上玩起來時，我們才開始管他。」

「他逢人便做，在我朋友、他姑姑，任何人懷裡自慰，害對方變得緊張起來，用那種『噢，天啊，我該怎麼辦？』的眼神看我們。」

遇到這種情形，蒙瑞拉便會叫堤姆住手。「我知道社會上對這種事的看法，」她說，「我不希望阻礙孩子探索，可是如果害別人不自在，我便會制止他。」

還有另一種選擇可以考慮，在制止兩三歲的孩子之前，可先幫朋友化解他們的尷尬。朋友知道你清楚孩子的狀況後，很多人便不再那麼緊張了。像「噢，又來了，他可真會找樂子。」之類的話，可以化解掉許多

尷尬。

若是無效的話該怎麼辦？萬一你跟凱莉絲一樣「坐在公車前方，面對整車的乘客時，孩子竟然辦起事來了。真是糗到無地自容，因為所有人都看得一清二楚；其他家長都望著你，露出會心的微笑，但其他人則露出驚恐的眼神，似乎在說：『你怎麼可以容許孩子幹那檔事？』」

碰到這種棘手的狀況，別責罵孩子、出聲制止或將孩子的手拉開。最好的方法是用其他事讓他分心：如玩具、搔他癢、唱歌等。你們兩人若能離開現場，那就走吧。別忘了，孩子自慰可能是因為外界環境刺激過大。把孩子帶到安靜的地方，對你們兩人都好，也不至讓他因自慰而覺得差恥。

約 束

你還可以安慰自己：這情形不會永遠持續，總有一天，他會曉得只能在家做，因為不久你就要開始教他「江湖規矩」了。

這對他會有好處，因為守規矩的孩子，才能結交朋友，獲得善意的回應。孩子若想在朋友圈裡混下去，就得遵守特定的規範，更甭提上面還有學校老師盯著了。不守規矩的小孩，將受到嘲弄或排擠，對任何小孩來說，這都是很不好的。

那麼家長該何時管束他？

視孩子個別情形和你的觀點而定，家長可以在孩子兩到五歲時，開始要求他別公然自慰。

孩子兩歲後，便會開始吸收並應用社會的規範，因此理論上，家長已可以開始改正他們在公開場合自慰的問題，同時訓練他們上廁所了。請記住一點，對學步兒來說，遵守這些規矩的壓力可能很大。你若發現如廁訓練、新生的弟弟妹妹，或其他因素，令孩子焦躁難安，不妨等他先適應其他生活問題後，再管束公然自慰的事。

不管你決定等多久，至少都應在上幼稚園前，讓他知道只能在家自慰，出家門後就不准了，免得孩子在學校或他處自慰時，受到同學或大人的指責。雖然各個學校要求不同，但大多會要求幼稚園小朋友一定的規矩。沒錯，有些托兒所的老師看到孩子撫摸性器官，會大皺眉頭，你若跟老師懇談，表示自己能夠接受，不認為那是問題，老師大多會有所回應。不過你最好鼓勵上幼稚園的孩子守規矩。

家長對孩子自慰的管束差異極大，有些家長只准孩子在完全獨處時做。雪莉的兒子艾比六歲，她容許艾比在浴室裡自慰，但不准艾比跟妹妹一起洗澡時做。

如果你希望孩子在家能更節制，孩子在家中的公共空間不自覺地撫觸性器官時，不妨由他們去，但若真的想自慰，就得私底下做。如果家人實在無法接受任何撫摸性器官的行為，不妨更嚴格地規定，但一定要給孩子一個自由的空間。

隱私與快感

家長該說什麼？

我們訪問過的家長幾乎都知道，孩子在不當的時間地點自慰時，應該教他們何謂隱私。「那是私人的事——你應該在自己房裡做。」或「我們不是告訴過你得在私下做嗎？」這類的訓話雖然不壞，但只要再用點心，你可以做得更好。

首先要注意自己的語氣。如果孩子自慰令你緊張，表面上雖說沒關係，但語氣卻可能截然相反。

還有別忘了，要孩子重隱私，是為了教他責任感和社會規範。如果你想幫孩子建立健康的性態度，不妨多說一些。除了規定他外，還得表示自慰本身並沒有錯，你要約束的不是他的行為，而是地點。

少了家長的認可，孩子自得其樂時，將面對你嚴峻的表情和「住手，

要不就走開」之類的斥責。還有，「你若要做那檔事，就回房間去」跟「不要在這裡做，你得回自己房間才行」這兩句話的差別，大概連最聰明的四歲小孩也聽不出來吧。

因此家長每次叮嚀時，最好再多說一點：

「那樣雖然很舒服，但我希望你獨處時才做，那種特別的感覺，是很私人的。」

順便讓孩子知道，不是只有他才會自慰。這是讓他明白自慰應因地制宜的辦法。

「大人自慰時，一定只在私底下做，像在他們的房間裡。你也應該這樣。」

說明一下，臥室和浴室都算隱私的地方。還有別忘了，如果你撞見女兒在自己房裡自慰，她的確是在私底下做。

約束孩子時，任何比叫罵、處罰，或拉開孩子的手等更嚴屬的反應，都是不妥的。即使自慰變成問題時，也不該（尤其不該）如此。

性快感的奧妙

有天晚上我哄艾列克上床，他告訴我，有時他的雞雞會「有種奇怪的感覺」。他說：「爸比，那種感覺是好的嗎？因為我覺得蠻舒服的。」我猜他是勃起了，而且在求我答應讓他「玩」。我說：「是啊，我想大家都蠻喜歡那種感覺的。」

——布萊爾跟十歲的兒子

當年我問我媽：「怎麼會那麼舒服？」我媽解釋說，那是上帝賜給我們自娛的禮物。她說等我長大跟老公做愛時，身體的感覺就是這樣。我覺得身為小孩，卻能有大人的感覺，真是酷斃了。

——瑪莉羅回憶八歲時，與母親討論自慰時所說

孩子自慰，你才有機會教他何謂性的快感，但很多家長從不懂得把握。

令人訝異的是，大批美國孩童接受調查時，被問及性的目的是什麼，九歲以下的孩子，竟然沒有一個將「愉快」列進去。我們的家庭性教育似乎都很委婉，不敢直接點出一項簡單的事實：性是很爽的。

這點其實很好教，時間點也很好抓。當你開始約束孩子自慰時，先給他們一點概念：那種舒服的感覺就是性的快感。大家都喜歡快感，但想要獲得快感還是得遵守禮教。

往後十五年，要教孩子的就是這個了。等孩子更大後，自慰的意義會變得更複雜，但核心概念不變。性是眾人所好，接納肉體的快感時，也必須接受隨之而來的責任。

怎 樣 才 算 太 過 ？

有時自慰確實會變成問題。別去計算孩子自慰的頻率，想從中找出癥結，因為問題的重點在於模式，而非頻率。

幼稚園老師茜嫚解釋說：「自慰通常有種模式，大部分發生於孩子沮喪時，我覺得那是很可以接受的。即使在幼稚園，你還是可以看到有些小朋友會在下課時撫觸自己。我從不對孩子下評語，也不會跟家長告狀。」

「可是如果我看到遊戲時間，孩子應該參與其他活動時，卻總是在自慰，就會開始擔心了。你會擔憂孩子是否太過沉迷，以至於不想參與其他有趣的事。」

你若擔憂孩子的自慰狀況算不算正常，應該先問自己一個問題：「孩子的其他活動有沒有受到影響？」

接著再問：「他是不是在明知不可以的地方自慰？」有些孩子會用違規的方式來表達問題。

假若兩者答案皆是，孩子的行為便值得深思了。他可能用不健康的自慰，來處理過大的焦慮。

由於有這種可能，最好別一味禁止孩子，這樣只會讓孩子更緊張。家長應深入研究，然後解除壓力的來源。小兒科醫師貝利・布佐登（T. Berry Brazelton）在《觸點》（Touchpoints）一書中建議：「別去逼迫、反對或禁止，家長應在吃飯的規矩、行為的規範、上廁所的訓練等事項上，稍做放寬。」

對孩子來說，家中是否太過繁忙？刺激過大？如果是，應給孩子多一點時間，讓他安靜地待在自己房裡，並減少家中的吵雜聲。你是否極力想教幼稚園的孩子還做不到的新技巧或責任？給孩子一點喘息吧。他是否受到其他孩子嘲弄？問問孩子和老師，看他是否面臨新的問題，然後擬出辦法，讓孩子鬆口氣。

如果自慰的狀況並未改善，考慮找專家評估吧，孩子的壓力，你有可能當局者迷，看不出來。

施 於 人

孩子在探索性的世界時，絕不孤獨，他們會聚在一起交換資訊。

「我們在林子裡面有個脫衣舞的場地，」查克回憶道，「我沒辦法跟你描述，因為我從來沒有勇氣去看。不過那地方好像很……完備。後來聽說有一種叫『麵包夾熱狗』的遊戲──你應該猜得到是什麼──由年紀最大的男生把陰莖夾在年紀最大的女生屁股間。我問：『幹嘛不把雞

雞放到前面？』大家就白我眼，好像我是變態。那時我們才六歲。」

　　如果你覺得孩子的自慰真是花招百出，等他們開始玩親親以後再說吧——孩子從學步期到青春期間所發明的性遊戲和實驗，簡直多如牛毛。

　　當然了，孩子裸裎的性愛遊戲，最令家長感到不解的，並不是孩子五花八門的藉口和理由，而是大人在撞見他們玩親親時，到底該如何反應。

　　某個週日早晨，老婆出門辦事時，傑夫就遇到這種狀況。傑夫瞄完早報後，離開廚房去看女兒在幹嘛。他兩個四歲和五歲的女兒坐在客廳電視機前，安安靜靜地吃著穀片。兩人都脫光了衣服，而且互相把腳趾塞到對方陰道裡。傑夫當場決定，最好的辦法就是立刻回廚房，等老婆回來再說。

　　要不他能怎麼辦？

　　你不是唯一手足無措的人，因為撞見這類遊戲時，大多數人都不知如何是好。你一定會懷疑這樣健康嗎？是不是別干擾孩子比較好？性愛遊戲是否不正常？該不該禁止孩子玩這種不適齡的遊戲？如果放任不管，會不會造成傷害？

　　你若看到五歲的兒子，咯咯發笑地躲在儲藏室裡，他的小女朋友褲子脫到膝蓋下，口裡還喊著：「停止！停啊！不要了！」或「噢不！不！不要！」之類的話，要不抓狂也很難——就像第一次看到他自慰時一樣。或許你也跟當時一樣，覺得不該為了自己的焦慮而傷害孩子，所以忍住沒開罵。可是這一次，你若不出面制止，好像有點說不過去。

　　你鄰居——他家女兒的屁屁被你兒子用原子筆寫了字——大概也會有同感吧。性遊戲讓家長的性教育，多了一項艱鉅的挑戰——其他孩子的家長。

　　繼續往下讀，準備跟你的鄰居展開一場此生最尷尬的談話，也準備跟孩子啟動一次最有趣，對他的發育也是最重要的一次討論吧。大家一起

來談性的遊戲。

或者，你可以等老婆回來再說。

等老婆終於現身後，傑夫一五一十地告訴她，並默默朝客廳方向點點頭。傑夫的妻子看到女兒果然還保持原狀不動，便皺皺眉，手插腰，扳起臉嚴正地問兩個女兒。

「我不是說過，不准你們邊看電視機邊吃東西嗎？」

跟 誰 玩 ？ 玩 什 麼 ？

性遊戲在小孩的成長過程中，似乎相當普遍，但不確定有多少百分比的小孩會跟同儕一起實驗。少數幾項研究發現，有三分之一的女生和超過半數的男生在進入青春期前，跟同儕玩過性愛遊戲。人數算蠻多了。

孩子可能在開始跟玩伴有互動後，就開始玩這種遊戲了，譬如學齡前。何時才會終止？等孩子不再覺得那是遊戲之後就會停了。我們認為應該可以在青春期畫條界線，孩子跨入青春期後，性愛遊戲就不再是遊戲，而是性愛了。

有些小孩只玩過一次，就再也不玩了。有的會跟相同或不同的玩伴持續玩好幾年，尤其是男生。通常性愛遊戲由一群朋友共享，但偶爾會有小孩跟自己手足或表親一起玩。會一起玩這種遊戲的朋友，多半都年紀相仿。

小小孩的遊戲，跟青春期約會時的激情探索不同，他們不會挑自己喜愛的人當玩伴，而是找願意且就近的人一起玩。

所以孩子的性遊戲玩伴，跟他們的性傾向沒什麼關聯。事實上，孩子似乎比較會跟同性的孩子一起實驗，而非找異性玩伴。

傻 遊 戲

小孩子的性愛遊戲只是在胡鬧而已，且看倫敦《衛報》上某位家長的經驗。

我兒子那時四歲，他跟隔壁的五歲女孩異常安靜了一陣子，所以我便上樓去看他們在幹嘛。我打開門，發現兩人只穿了長筒靴，屁股各夾著一條粉紅色的衛生紙「尾巴」，興奮得臉頰通紅。

（「我不是叫你們別在屋子裡穿長筒靴嗎？」）

當然了，這只是我家孩子常玩的「醫師與護士」而已；不過有一回我兒子跟他表弟用膠帶包住自己的小雞雞，後來兩人都慌了，最後用肥皂洗了半天才算了事，那是最經典的一次。

五歲前的性愛遊戲，都是小鬼頭的胡鬧，他們自己喜歡脫光光，也愛看朋友光溜溜。他們做事不用大腦，想到什麼就做什麼。遊戲內容主要是袒露、觸摸，沒什麼別的意思，尤其是幼兒，他們甚至在光天化日下也會玩起來，你可以稱之為「裸體遊戲」──因為性愛的成分並不明顯。

隨著孩子日漸長大，開始懂得害羞後，性愛遊戲才有了刺激性。接近學齡的孩子玩起來會更認真，羞恥心使得在朋友面前寬衣解帶變得更刺激了，而且他們也意識到，不能讓大人看到他們的冒險遊戲，得找個祕密地點，默默進行才可以。

這還用說嗎？性愛遊戲真是越來越好玩了。

黃 金 時 期

性愛遊戲的內容，幾乎都是跟大人學的。我們從大學生填的問卷、心理醫生患者的回憶描述中得到這些資訊。當你請這些成人描述性愛遊戲時，多半發生在七至十歲間。這幾年是性愛遊戲的黃金時期，在許多人心中留下永恆的記印。

拿文學作品來比擬，以前性愛遊戲是《晚安月亮先生》（Goodnight Moon），現在則是長達734頁的《哈利波特—火盃的考驗》。沒錯，因為孩子已學會隱藏了，家長大多不知道這段期間孩子在玩什麼。

他們到底在玩什麼？嗯，最常見的基本上還是裸體與觀看，至於觸摸則不一定。通常孩子只是單純的「如果你讓我看你的，我就讓你看我的」。有時是玩扮家家酒。醫生和病人當然是最為人知的遊戲角色了，而且現在依然廣受歡迎，但性愛遊戲的內容，從老公與老婆，到模仿色情片情節，或從成人世界得知的片斷知識拼湊而成的內容都有（別以為你們半夜親熱時，孩子都睡著了）。

偶爾有孩子會模仿做愛，多半是一起撫摸性器，或壓在另一個人身上，但很少真的會性交。對孩子來說，模仿就很夠了。就算想性交，青春期之前，小男生的雞雞也很難達陣。

此類經驗讓小小的實踐家們因發現而興奮不已，同時也因初萌的愛與慾而心癢癢。其他的性遊戲著眼於不同的刺激，有些遊戲的重點不在裸露與觀看，而在探索生殖器的快感。一群到朋友家過夜的小女孩，也許會輪流到浴缸裡拿蓮蓬頭沖自己的性器。男生可能會偷溜去互打手槍，就像他們獨處時自娛一樣。有位母親談到十歲的兒子和他的哥兒們：「我看到他們兩人躺在後院陽光下互相打手槍，當時我什麼也沒說，事後才對拜倫旁敲側擊。他很大方地咧嘴笑說，他們通常都是在床上做的，而且兩人都很喜歡，因為感覺很讚！」

其他例子的性愛遊戲目的不在追求快感，而是追求極限。如今已為人

母的珍妮，七歲時常與好友愛莉森共浴：「我們以前比賽，看誰能把手指插到最深——插到身體裡面！」對珍妮來說，最令她興奮的是挑戰自己，探索身體最幽暗的部分和快感——這是許多兒童性愛遊戲中所要追求的。找到禁地，然後把手指插進去。

別怪芭比

安娜是我的大女兒，有一天她跑來跟我說：「我要告訴你一件事，真的很噁心哦。」她說奧莉薇玩了一個她很不喜歡的遊戲，叫「性感的芭比」。奧莉薇那時六、七歲吧，她把芭比娃娃的衣服脫掉，放到男娃娃肯尼身上胡搞一通。

我把奧莉薇帶到一旁，一開始她抵死不從。「噢，沒有，我才不會做那種事。」於是我便知道女兒說的是實話了。

——四個小孩的母親，蕾諾兒

你一定在想，這都得怪芭比，誰叫她有海咪咪，衣服又穿得那麼風騷！他們把她設計得跟真人一樣——有牙醫、太空人、有氧老師——可是她畢竟不是真人。上市多年來，芭比甚至還頑皮地參選過總統。大家還能怎樣？芭比或許野心勃勃，但她畢竟是模仿德國性玩具做出來的，地位有如妓女。可憐的芭比，天生命該如此。

可是如果你發現女兒拿你的指甲油去塗芭比巨乳上的乳頭，可千萬別怪罪芭比。孩子對性的好奇，早在五○年代美國拜金女芭比問市以前，便發洩在各類娃娃身上了。

用娃娃玩性愛遊戲，或和玩伴一起玩，差異並不大。跟孩童之間的遊戲一樣，孩子對性的認知程度與興趣高低，都會左右娃娃的玩法。給學步兒一個娃娃，幾分鐘內，她就會把娃娃的衣服扒光，看著娃娃的屁屁和生殖器了。等孩子大一點，脫衣和窺看便慢慢轉型成親吻和賣弄風情。跟性遊戲一樣，孩子在玩娃娃時，極少出現性交和口交等刺激性較大的動作。不過說到玩芭比娃娃，你不覺得是因為肯尼太無聊嗎？

遊 戲 的 結 束

性遊戲最後會停止嗎？或者只是蛻變成其他事物，不再像「遊戲」了？這個問題很難回答，一來手上資料有限，二來沒有單一答案可以適用所有的兒童。

很明顯的一點是，性探索的意義，越到小學高年級，變化越大。孩子進入青春期，更了解大人的性生活後，會用更成熟的眼光看待性經驗。前青春期的孩子開始認為，性的探索應保留給某個自己喜歡的人，某個跟他們約會，或某位他們想約會的人。於是一直持續到中年級的性遊戲，可能便告結束了。

沒關係嗎？

只要孩子是自願參與的，性遊戲本身應該不會造成傷害。

事實上，某些性研究權威認為，性遊戲是孩子性教育中，極重要的一環，也是成人時，健康性生活的重要預演。但看似步向快樂性生活的過程，有時也會成為自我接受和性健康（sexual health）的絆腳石。

什麼是決定孩子未來經驗的因素？

至關緊要的有兩項：是否被迫參與，以及發現者的反應——尤其是家長發現後的反應。

互動且被家人同儕接受的性遊戲，無疑是最好的。孩子在不受干涉或壓迫的情形下參與遊戲，會非常興奮愉快，對建立健康的性與肉體觀也很有幫助。幸好大部分的性遊戲都是在這類情況下進行的，只要是這樣，家長就沒有必要去禁止。

不過有時孩子是被逼迫參與，或因參與而遭受奚落。發生這種事時，性遊戲可能會留下羞辱或恐懼的陰影。

先看看被迫的情形。在玩一般的遊戲時，常由一兩個小孩提出點子，其他幾人附和，然後再遊說其餘人等加入。性遊戲也是如此。有時只須施一點壓，大家就都肯玩「打香腸」了，有時則得施加很多壓力才行。

一點壓力還無所謂，但壓力若是很大，就令人擔心了。

因為承受巨大壓力而勉強參與的孩子，會覺得受欺負、被擊敗，甚至受侵犯。孩子若將這些感受與性行為做連結，可能會有礙性發育的健康發展。最極端的狀況涉及了操控與肢體的壓迫，性遊戲會變成性虐待（所有性虐待中，有極少的比例是由其他兒童造成的），而導致類似成人施虐的心理障礙。這類有害的性遊戲，便應予以禁止。

有時年紀較大的孩子會利用權威，強迫或誘騙較小的孩子參加。兩名孩子之間的年紀相隔越大，性遊戲就越可能涉及脅迫。年紀差別大，也會使原本單純愛玩的孩子，面臨自己不想玩或無法理解的遊戲。

家長在評估年齡差距時，不妨遵循以下原則。如果兩個孩子年紀距離大到不會自然玩在一起，就不該在一起玩性遊戲。

家 長 的 重 要 角 色

第二個辨識性遊戲是否無害的重要因素是遊戲結束之後，親子之間的對話——這點比孩子在遊戲中脫到什麼程度、摸到什麼或做什麼更重要。

大人談到兒時玩過的性遊戲時，多半會露出好笑的表情，或表示無限懷念。假如過去的經驗令他們感到羞辱，多半是因為父母做出嚴厲的回應。家長對性遊戲的指責，會深烙在孩子心底，使原本無傷大雅的事，永遠蒙上負面的陰影。

性遊戲的經驗，偶爾會因同儕的負面反應而變質，某個小孩變成其他孩子的嘲弄對象（由於小孩對同性戀非常反感，因此同性之間的性遊戲很可能招致這類的嘲弄）。不過同儕的反應，還是可由家長來淡化。父母公然接納孩子的性遊戲，能減低同儕嘲弄造成的衝擊，反之則會加深其影響。

家長該怎麼做？

對於幼兒的性遊戲，家長根本不必太在意。兩三歲小孩的性遊戲，顯然都只是在玩鬧而已，孩子並沒有太多的情緒負擔（除非招致不當的關注）。萬一家長看見了，不必大驚小怪。這跟看到幼兒自慰一樣，你若覺得非阻止不可——因為孩子在童書部引人側目——只須讓他們分神，做些不會引人注目的活動就好了。

家長不太需要跟這個年紀的小孩討論這種行為。

四歲左右開始，性遊戲也許還是一時興起的胡鬧，但家長可以開始做出更多回應了。從此時起，家長必須做兩項決定：打開門的那一刻該做什麼，以及事後該說什麼。

有些家長依然認為不必干涉，泰拉解釋說：「我不知道的也許更多，但我不在乎。比如說，一群小女生跑上樓去拿娃娃，我開門時發現所有人都光著身子，沒關係，我會說：『一切都還好嗎？』『嗯，都很好。』那我就說：『好吧。』然後把門關上。」

畢雅卻不這麼想。「我不喜歡孩子玩性遊戲，他們私下亂玩沒關係，但若是被我知道了，就必須結束。我會重重在走廊上踱步，讓他們知道我來了，然後我會問他們：『要不要玩排球？』之類的。」

喜歡哪種方式你自己決定吧。假如你選擇喊停，最好採用畢雅的方式，別罵他們「你們在搞什麼鬼？」或「快給我住手！」這種時候不要批評他們的行為，孩子會覺得很丟臉，你自己也難堪，教什麼都不對。

如果你忍不住開罵「住手！」或衝口叫道「噢，我的天哪！」，只要解釋自己是一時衝動，並表示歉意就好了。孩子是很有彈性的，別苛責自己。

親子懇談

　　無論你決定制止孩子，或任他們玩下去，事後都可以跟孩子談一談。這種談話應趁早在事發後，親子私下獨處時進行。別談太久，孩子會不安地等你開口，說不定以為你生氣或反對了，所以才不說話，尤其當你露出驚訝或不解的表情時。

　　那麼談話目的呢？先讓遭到活逮的孩子放心，同時確認他們的玩法無害，並輔導孩子將來要避開有害的情況。親子如果能有愉快的談話，孩子將來遇到困惑或煩心的事時，才不會對你隱瞞。我們解釋過，談話時切忌羞辱或責罵孩子。

　　先讓孩子鬆口氣，告訴她，你並沒有生氣，她也沒有惹麻煩。然後讓她知道你的體諒，協助她描述這次的經驗感受。用簡單而非責難的問題來引導她：

　　「你今天是不是跟克莉絲玩遊戲？遊戲叫什麼？怎麼玩？」

　　然後檢視孩子有無被迫的跡象，孩子有可能受到脅迫，或強迫別人。

　　「你們兩個都很喜歡玩嗎？有時不見得每個人都想玩，這次是不是大家都很想玩？」

　　你不用知道細節，但要清楚孩子跟其他人是否出於自願。別忘了，輕微的壓力是很常見，也可以接受的。

　　接著問孩子的反應，如果你覺得在輕微的脅迫下，所有孩子都還玩得開心，便可以表示支持：

　　「玩得開心就好。那種遊戲跟克莉絲這種好朋友玩，應該很有趣。我

不希望你跟不同年紀的人玩，你只有在想玩時才去玩，不想的話就要拒絕，明白了嗎？」

一定要讓孩子聽進去，並幫她釐清一切疑慮。接著再問：

「如果你不覺得好玩，會不會告訴我？」

孩子若有強迫對方的跡象，家長應重點處理，但對性愛本身仍表支持：

「開心很好呀——但是強迫別人就不好了。我希望你只有在朋友也想玩時，才跟他們玩那種遊戲。」

由於某些脅迫別人的孩子，過去或許也曾受過要脅，家長不妨趁機問清楚：

「以前有沒有別人硬逼你玩？」

如果孩子曾受過脅迫，家長得進一步深談。萬一事情還沒過去，你應該謹慎地重新討論這個話題。給他機會表達自己的感受，他是不是很生氣？說不定他沒有。假如他覺得無所謂，你也要接納，別將自己的憤怒或恐懼傾注在孩子身上，而擴大事態。別暗示他身體受到了傷害（如果他沒有的話），或問些已經無可彌補的事（例如問：『他有沒有弄破你的處女膜？』）。

告訴孩子，朋友不該逼他做不想做的事，如果你打算告訴對方家長，也要讓小孩知道。你可以解釋，萬一類似事件再發生，他該如何應付。他可以拒絕、舉發對方的胡作非為，或者什麼都不說，離開房間就是

了。告訴孩子，這些方法未必永遠有用，尤其對方非常強壯或特別凶惡時，不過事後一定得告訴你，你會幫他處理。

對於特別棘手的狀況，最好找兒童精神病學醫師、心理醫生，或其他專業人士諮詢。

性遊戲若出於被迫，家長得決定是否限制孩子跟對方來往。善用你的判斷力，考慮孩子之間的關係品質和事件的本質。如果對方是好友，孩子的經驗也不特別令他難過，硬要二人分開所造成的壓力，說不定會高過遊戲的結果。家長應該勤加監督，減少孩子玩性遊戲的機會。例如不讓他們一起洗澡、過夜，或兩人一起玩時，規定他們不准關門。

另一方面，假如孩子表示很怕他的玩伴，或玩伴的行為過於失控，或超過孩子的發育程度，就讓他們分開，直到孩子覺得情況改善為止。

面對鄰居

發現女兒跟瓊斯家的男孩磨蹭的那天，你也面對了一項難題。

「我該不該告訴對方家長？」你只有在考慮「我該不該動手術」時，才會用這種語氣對自己說話。

雖然不太情願，但通常你是應該說的。若有什麼比跟自己的孩子談性更為難的，大概就是「叫鄰居去跟他家孩子討論性」了。性遊戲是家長之間，很難啟齒的一個話題，因為大家懂的都不多，也不太曉得該怎麼反應。加上鄰居會擔心自己的孩子被貼上好色或不正常的標籤，事情搞不好會越鬧越大。

最好的狀況是，所有家長都能接受適齡且自願的性遊戲，並依此教導孩子。讓孩子繼續玩下去，或在不受大人指責的情況下，慢慢成熟。

最糟的狀況則是，大家都按傳統方式解決問題：「先找出禍首。」揪出那名「煽動分子」，家長若沒做出處分，便得背上不負責任的罪名。挨罵的父母則回過頭來指責其他家長大驚小怪，小鬼們原本玩得好好

地，就被硬生生分開了，很多孩子的友誼，就是這樣給切八斷的。

何必告訴其他家長？人家又不見得像你那麼體諒？就當是在幫孩子做偵察工作吧，這星期是你看到，下個星期說不定就換鄰居撞見了。萬一鄰居大驚小怪，你寧可她在電話上對你大小聲，也不希望她指著你半裸的兒子亂罵。幫鄰居做點準備，或許能讓孩子免於羞辱，也可事先警告孩子。

發現孩子玩性遊戲後，盡速打電話給鄰居，如果他們覺得你很坦白，而且正視此事，就比較不會驚慌了。只須解釋你看到什麼，以及自己的回應方式就行了。把你對性遊戲的認識告訴他們，並表達你的想法。

如果其他家長聽過你解說後，態度還是非常負面，那麼你就該好好跟孩子討論，以免孩子受到負面意見的傷害。可試試以下說法：

「我們覺得你這樣玩沒什麼不好，不過我們跟彼特的爸媽談過了，他們不喜歡這種遊戲，雖然我們無法同意，但還是想參考他們的意見。你還是可以跟其他孩子玩，但以後別再跟彼特玩這種遊戲了。」

如果礙於鄰居的反應，覺得無法跟他們討論，只好考慮該不該讓孩子去他們家玩了。家長的首要任務是保護孩子，別受到沒來由的責罵或批評。

追求單純

孩子不過是脫個衣服，瓊斯家的人何必大驚小怪？他們到底是怎麼了？也許他們喜歡更單純的事物——不必費心去思考何時可以自慰，何時不該自慰，或何時能繼續玩性遊戲，何時又該喊停吧。瓊斯夫婦希望擁有純潔無邪，不被複雜世界污染的孩子——一個無慾的孩童。

問問他們，他們就會告訴你，成人煩惱何其多。而苦惱越多——越是

被複雜的日常生活搞得心浮氣躁──就越嚮往孩童的單純。當然了，那只是夢，卻令人神往，夢醒時只讓人心痛。

真的有人能輕鬆地面對這種事嗎？當然有。我們遇過少數家長，認為性慾是極其自然，性本身是無邪的。他們相當支持──甚至很樂於看到孩子開始展現情慾的一面。至於我們？這樣說好了，我們見識過瓊斯夫妻了，其實瓊斯夫妻就是我們。

許多家長打開電腦，在網路上大吐苦水：

「問題是，他們兩個前幾天在浴缸洗澡，我看到最大的跟最小的在玩，那玩法簡直令我胃打結。」

「他的好奇心也太──強──了吧。」

「……最近我看到她躺在一大隻泰迪熊上『扭臀』，我實在找不出更恰當的形容詞了。」

「……他們就是那樣，看著自己的小雞雞和屁屁。」

「……大白天地在我家後院把褲子脫到精光。」

「我告訴女兒不許亂摸別人……」

「我當然早跟他們講過，那種行為很不恰當。」

「我真的有點不高興。」

「我努力保持冷靜。」

「我是不是反應過度？」

「我真的很不會處理這種問題。」

偶爾會有家長憂心到讓人以為他的女兒被擄走了，事實上，小女孩確實是被帶走了，被將來她要變成的女人給綁走了。看到子女初期的性探索，家長最難面對的大概是：了解一項不爭的事實──孩子長大了。

做父母也有殘酷的一面，想賴都賴不掉。對孩子的愛雖越來越深，家長還是得繼續教他為獨立單飛做準備，並為他喝采。性發育跟其他的成

長面向一樣，培育過程苦樂參半。想幫助孩子，父母必須放手。

聽到孩子胡鬧時，在走廊上重重踱步的畢雅說得很對。她說她不會主動激發孩子的「性趣」。身為家長，你不必教孩子自慰，不必幫他邀朋友玩性遊戲，你根本就不用介入。

說穿了，孩子的性慾並不是你給的。你能給的是你的默許，讓他有探索的隱私、表達的空間。讓孩子找到自己的性慾和愛的能力：別衝動地剝奪孩子。按捺住那股想叫他停下來的衝動——等一等呀，因為……我還沒準備放你走。

第 五 章

我的孩子是同志？

孩 子 的 性 傾 向

孩子來找我和他爸爸時，我們完全沒料到。我驚訝得說不出話來！我根本無從得知呀。養了他那麼多年，老實說，我從沒想過他可能是同性戀。

——伊蓮娜與十七歲的兒子

你在廚房幫四歲的兒子弄點心吃。電視開著，兒子目不轉睛地看著卡通，接著是廣告時間。「我好愛他哦。」你聽見兒子說。於是轉過頭，看見兒子正衝著一身素白、膚色黝黑的貝克漢猛笑。

班尼並不喜歡足球啊。

烤起司滋滋作響，你甩開心中的疑慮。

你帶十一歲的女兒去買暑假要用的泳衣，母女倆在試衣間時，她突然變得異常安靜。你沒穿衣服，而且瞥見女兒正害羞地盯著你瞧。

你心想：「怎麼跟她姊姊在一起時不太一樣？她不喜歡跟裸體的女生在一起嗎？」你轉身調整泳衣，兒子在外面問他可不可以進來，女兒尖叫說不准，你就沒再多想了。

十七歲的兒子跟女友在房中獨處，他這位可愛的同學過去幾年來，都快變成你們家人了。你很放心讓他們單獨在一起，也許是因為你從未發現兩人有脫軌行為吧。今天，你經過兒子打開的房門時，聽見他們談話。兩人在談男孩子，可愛的男孩子。

你拿著洗衣籃站在那兒，既想聽兒子說話，又掙扎著不想去管。有沒有考慮過兒子可能是同志？或者覺得根本不可能？還是說，這念頭太可怕了，你根本不願多想？

聽到家長說，兒子對她出櫃前，她根本不知道兒子是同志時，我們一點也不訝異。有些念頭，就連最好奇、最用心的父母，也不願多想。「我的孩子有可能是同志」，這個說法算是排行前幾名的。

前不久，夏綠蒂跑來問我們。她因十七歲的兒子麥可房間總是亂如豬窩而頭痛不已，某個週末，趁麥可到父親家時，夏綠蒂親自幫他清理衣櫥。結果從衣櫥底下找到一個多年前送給兒子的保險箱，便忍不住打開來看。裡面有一小疊從色情雜誌剪下，以及從網路上下載的照片，全都是裸男。

「麥可是男同志嗎？」她問。

夏綠蒂說，她不希望草率地論斷，因為麥可還小。聽到異性戀青少年並不會私藏男體色情照後——性傾向是孩子個人的特質，通常不會改變，尤其是男孩子——夏綠蒂點點頭。她明白了。「很好，這樣很有幫助。」她柔柔地笑了笑。

兒子的性傾向會令她困擾嗎？「那些照片？噢，不會的。你要知道，麥可知道無論如何我都會很愛他，但我想他還沒準備好要當同志，畢竟他還很小。」

也許夏綠蒂對麥可的看法是對的，但有件事卻很明顯，夏綠蒂還不打算接受這項事實，才會去偷看兒子的保險箱，然後又試圖忽略。

孩 子 需 要 你

如果必須把本章簡化成一句話，我們會建議你：請好好想一想。

也許你一直呵護養育的子女是同志。這種可能對大多數的異性戀父母而言，當然會造成幾項挑戰。同性戀的女兒會經歷幾次你完全陌生的重

大人生經驗，同性戀兒子會出現你根本無法預期的需求。你能給孩子什麼建議？孩子受到嘲笑時，你該說什麼？

然而家長最需克服的挑戰，也是最重要的一項，就是讓自己欣然接納同性戀的孩子。

如果你發現五歲的兒子不自覺地對著貝克漢喃喃自語，或十一歲的女兒看到你裸體時變得支支吾吾，或聽見十七歲兒子跟女同學討論帥哥（很有可能哦，因為上述的例子，均取自同性戀孩子家長的真實經驗），你大概寧可不管。這是可以體諒的，想到孩子可能是同性戀，就令人發慌；而且家長確實也不該太早對孩子的性傾向下論斷。

可是請別忘了，你的拖延戰術，叫自己別胡思亂想，將是支持孩子的最大屏障。只要你不肯面對問題，孩子便無法解脫。

孩子需要父母，也許你不是同性戀專家，但孩子也不是。只要願意考慮孩子是同志的可能性，心裡有個底，並依此做出回應就好了。

家長的一丁點努力，可使孩子的童年免於受到嘲弄，不必擔心失去你的愛，青春期也不會那麼的孤獨封閉。這就是父母該做的事。

夏綠蒂說得越多，我們就越覺得麥可問題重重。他會獨自關在房裡好幾個小時，啥也不做，他的成績退步，幾個月不跟學校朋友來往。要預防他的損失已經來不及了，但還來得及阻止他自殺或濫交。因此，儘管夏綠蒂不認為兒子是同性戀，還是應該跟他談一談，協助孩子度過這段青澀歲月。

夏綠蒂仔細聆聽後，對我們的建議似乎十分感激，她表示下個週末就會好好跟兒子聊聊。

家 長 有 決 定 權 嗎 ？

討論貴子弟的性傾向前，我們必須老實承認，大多數父母都希望自己的孩子是異性戀。這是可以理解的，因為家長會希望孩子過得更平順。

異性戀雖然不一定幸福，但同性戀少年，確實會遭遇一些異性戀者永遠不會遇到的困難。

更有甚者，身為家長，你會希望子女跟自己一樣（或青出於藍）。如果你是異性戀，會想跟孩子分享人生最重要的經驗——戀愛、結婚、建立家庭——兒女若是同性戀，你擔心自己無福享受這種樂趣。

更何況家長還會望子成龍。如果可以，你巴不得能幫孩子填基測分數、選擇特殊才能，或挑選他未來的良伴。可能的話，你會樂於幫孩子決定性傾向。可惜你不能。

孩子長大後會成為異性戀或同性戀，成因不一而足，但家長的願望和意見，不會是原因之一。

孩子的性傾向究竟取決於哪些因素？

很多理論企圖破解這樁謎題，卻都鎩羽而歸。不過研究結果倒是得出一些想法。第一，也是最重要的一點。證據顯示，基因在決定性傾向上扮演了重要，但非決定性的角色。事實上，在一片混沌未明中，這些研究僅指明了一件事——家長早在拋出卵子和精子時，就喪失決定權了。

基 因 遺 傳

最有力的證明，是一項聚集大批成年男女同志所做的研究，該研究後續又調查了受訪者的手足的性傾向。這項研究之所以令人信服，是因為也調查了同卵雙胞胎的性取向，這是大自然對基因所做的小實驗。

一項對男同志及其兄弟所做的研究發現，如果該男子有個兄弟是同志，該男子成為同志的機率為11%，跟一般人一樣（估算值雖有不同，但誤差約3%～5%）。另一方面，如果他的同卵雙胞胎兄弟是同志，他本身成為同志的比率則高達52%。差異相當懸殊。

你大概會想，除了基因之外，還有別的原因嗎？是不是因為他們同時出生，父母相同？還是因為他們在相同的環境下長大？該研究也談到這

個問題。

　　研究人員研究異卵雙胞胎——他們從受孕後，便經歷相同的環境，但因為是分別由兩個不同的卵子和精子組成的，因此基因相異。結果兄弟是同志的異卵雙胞胎，成為同志的機率是22%，比同卵雙胞胎低了許多。因此光憑在同一環境同時出生並不足以影響一個人，這跟基因絕對有關。

　　另外一個類似模式的研究，針對女同志跟她們的姊妹做調查。結果性傾向的塑成，還是最能用遺傳因素來解釋。

程 式 的 另 一 端

　　那些珍貴的雙胞胎研究，還揭示了第二項關鍵要素：基因並非唯一的答案。還有其他因素會影響基因的表現，塑造孩子的性傾向。這些影響力會是什麼？

　　也許你聽過同性戀「親慈母，遠嚴父」（close-binding-mother-distant-hostile-detached-father）的理論。這個觀念流行於六〇年代，意思是年輕男子會變成同性戀，是因為兒時與母親過於親近，太少接觸父親的緣故。孩子在心理上無法拋開緊密相依的母親，認同缺席的父親，因此這些男生便與母親產生認同，並尋求像父親一樣的伴侶。這個理論會如此流行，是因為踩到美國家庭文化的痛腳了。

　　首先，它讓莫名感到罪惡的父母，找到了解釋。他們的疑慮是對的：全都得怪他們，他們本來可以防止兒子變成同志的。第二，這個理論把原本積壓的憤怒給合理化了。六〇年代的母親哪位不埋怨丈夫不陪孩子？哪位父親不是只能眼睜睜地看著妻子和孩子玩成一片，自己被晾在一旁有苦說不出？孩子是同性戀，家長的不滿便獲得了平反。儘管有類似問題的家庭非常多，儘管孩子的性取向有問題，但都可以先丟到一邊。

此後有無數人士針對這項理論做測試，結果十分有意思。其一，有關母親的論點並不成立。男同志與母親的關係，未必比異性戀男生跟母親的關係更親近。不過，父親這方面的論點倒是站得住腳。跟同齡的異性戀相比，男同志跟父親的關係，通常較差或較冷漠。但重點是，這項發現自六〇年代後，有了新的詮釋，原有的因果關係都反過來了。以下舉例說明。

一名專門研究男同志的精神病學家，有一次逮到機會研究一對同卵雙胞胎兄弟，其中一位是同志，另一位是異性戀，兩人一起被父母帶大。精神病學家個別訪問兩兄弟，要他們描述自己的父親。男同志的反應是：我爸對家庭沒什麼付出，晚上回家吃飯時只是坐在那兒，幾乎不發一語，飯後便窩到他地下室的工作間了。就這樣而已。

異性戀兄弟的反應則是：我父親沉默寡言，整天辛苦工作，但一定會回家陪我們吃晚飯。他話不多，但一開口我們都洗耳恭聽。他擅長手工藝，吃完飯後，常下樓去做木工。我在那兒陪他度過很多歡樂的時光。

同一個父親，不同的兒子，天壤之別的關係。

現今一般認為，有些同志兒子跟父親的關係惡劣，應該是孩子變成同志後的產物，而非成因。這點我們稍後再細談。

已 知 的 理 論

舊理論雖然行不太通，但目前尚無其他非基因理論可解釋性傾向的成因。如果真有環境因素的話，也許會落在童年一段敏感的空窗期裡。我們不知道那扇窗子何時開闔，但就算環境因素的影響能溯及孩子出生之前，等孩子到了四、五歲，環境因素就不可能再發揮影響力了。孩子未來的性取向，在那之前也許早就已經定調了。我們找不到證據可以顯示日後有任何影響能改變孩子的性傾向。

也許我們永遠無法知道，早期的影響有哪些（在胎兒成長環境中循環

的荷爾蒙也有可能），但我們很清楚哪些因素不會造成影響。行為學家所謂的「環境」，並不是指孩子去模仿同志、跟同志交友等。我們沒有理由相信，跟同志交友就會變成同性戀，或不跟他們來往就不會變成同志。

過渡時期

我們很討厭講「也許只是過渡時期」這句話。以前的人，若非百分之兩百的確定，絕不會鼓足天大的勇氣，向人坦承自己是同志。其實即便在今日，大部分青少年還是很難啟齒。

不過在下一代身上，我們發現有些高中或大學時自認是雙性戀或同性戀的女生，後來又說自己是異性戀了。因此有時，那真的只是一個過渡階段。到底哪裡變了？

的確是有些變化。如今青少年可以在某些不那麼排斥同志的環境中，探索自己的性傾向，而不必擔心遭人排擠。因此，偶爾會有女生，因為在某段期間認同朋友和家人，而自認是女同志或雙性戀。日後當她發現男生對她的吸引力遠超過女性時，便宣布不再當同志，或只是默默回頭，開始跟男生約會。

青少年就是這樣尋求自我認同的。健康的青少年會測試外在的認同，他們會嘗試不同的打扮，不適合再換別的。看看你家的少女：前一天還塗著黑色指甲油，一身奇裝異服；第二天又綁起辮子，幫學校募款人員烤起餅乾來了。這些小小的探尋未必有什麼深度或實質意義，但我們還是得咬緊牙，尊重他們的嘗試，因為這都是嚴肅而發自內心的自我追尋。（所以你還是別告訴女兒，你覺得她長大後就不會是雙性戀了，因為這樣很侮辱人──即使後來證實你是對的。）

對付兒子，就不必這麼小心翼翼了。這年頭想逼異性戀的青少年試著當同志，簡直是天方夜譚。同志在男生之間，是非常負面的，男生幾乎很少公開承認自己是同志。男女之間大概天生不同吧，女生才能用男生所不容許的方式，去發現、探索自己的性傾向。總之，除非事態有所改變，否則你家公子若表示要出櫃，多半不是在實驗，而是真的。

娘 娘 腔 與 男 人 婆

　　家長雖無法選擇孩子的性傾向，卻能影響孩子發掘與接納自己的過程。許多孩子的同志之路走得十分坎坷，在學齡前便飽受壓力與折磨，在他們終於出櫃之前，這些折磨只會與日遽增。孩子若是同性戀，家長的幫助將能使他的成長之路平順許多。一開始，你得先觀察孩子面臨的是何種挑戰，例如，在幼稚園中，「明日同志」的一天是否過得與其他孩子不同？

　　「噢，我老是覺得自己跟別人不一樣。」當了一輩子男同志的伊凡解釋道，「連讀幼稚園時也是。」

　　你是說，你五歲時就知道自己是同性戀嗎？

　　「那時我並不知道『同性戀』是什麼，可是我知道自己跟大家格格不入，我就是跟其他男生不同。首先，我比較在意打扮，有幾次，我們幼稚園老師還唸我花太多時間在更衣間裡。我跟女生玩的時間比跟男生多。你以為其他男生會玩扮家家酒嗎？他們全在爬杆上吊猴子。」

　　「老實說吧，」伊凡無奈地表示，「我很娘。」

　　這是怎麼回事？

　　想了解男女同志的幼年，家長必須先了解孩子的脾性。脾性是由許多天生的人格特質組成的，孩子的脾性決定他是否具冒險精神或謹慎小心，是否較依賴別人的認可。孩子的性情中有個關鍵要素，是我們特別感興趣的——孩子是否喜歡或討厭吵鬧粗魯的遊戲？

　　有些孩子看到泥巴就往裡頭跳，看到飛過來的球就撲過去接，他們喜歡大叫，喜歡翻滾，喜歡橫衝直撞。你可以說他們勇敢。另一方面，有的孩子看到球就躲，怕被K到或嫌球髒，他們喜歡安靜的地方。你可以說他們靦腆。

　　男女之間，勇敢和靦腆的程度差異極大。不過，有些女生非常勇敢，有的男生極度靦腆，但一般而言，男生比女生更喜愛粗暴的遊戲。就

我們所知，男女差異似乎是種生物本質，重要的是，又再經過文化的強化，因為女生玩得太猛會挨罵，男生反而會受到讚揚。

這跟同性戀孩子有什麼關係？雖然這些小同志脾性互異，文雅或粗暴者皆有，但許多成人同志回首當年，都表示自己曾經是個討厭粗暴遊戲的害羞男，或愛動手動腳的豪邁女。許多男同志說他們常被罵「娘娘腔」，許多女同志則記得被喊成「男人婆」。

而他們的問題就是這樣開始的。

看得出來嗎？

有些父母會問，可以從女兒愛不愛玩粗暴的遊戲，來判定她日後的性取向嗎？這方法對女生不準，對某些男生來說，倒是很靈。

大部分小男人婆長大後，都是異性戀。

至於男生，研究結果顯示，童年時最「娘」的男生，長大後多半成為同志，可是有些人並沒有，反而是某些小粗暴男長大後是同志，所以不能依據孩子遊戲的型態來判定他的性傾向。

家長可以做的是，創造一個環境，讓不按主流玩法玩的孩子免於遭到嘲弄羞辱，無論他將來是不是同志。

艱 苦 的 童 年

孩子的脾性若異於父母的期許（或希望），學齡前在家中便已面臨一些挑戰了。對一名不愛吵鬧、不愛打鬧的害羞四歲男孩來說，與粗魯的父親一起在午後的後院裡玩鬧，也許是很不舒服的經驗。父親發現兒子不愛跟他玩，一逮到機會就匆匆奔回母親懷裡，便感覺遭到排擠。父子也許會莫名其妙地開始保持距離。記得前面提到的那對父親有木工室的雙胞胎嗎？當然了，這種疏遠並不限於同性別的親子，也不只限於同性

戀的孩子。可是對日後遲早會知道自己是同性戀的孩子來說，這是最危險的家庭狀況。在他上幼稚園之前，已經覺得自己不討爸爸喜歡了。

等上了小學，同學又是一大挑戰。學齡男生之間，尊卑分得很明顯。你可以把小男生的世界想像成圖騰柱，一個小男生在柱頂，一個在底，其他人則在中間依序排列。運動技巧、速度和力氣，都是攀上柱頂的必殺技。懦弱、害羞和任何被小男生視為娘娘腔的特質，都可以把人打到柱底（無論他是不是同志）。小學並不是個好混的地方啊。

害羞的男生因為性情之故，常被排到最底層，也經常受到同學欺負。帶頭的男生是他的領袖，領袖若說他沒有用，他就深信不移。如果孩子將之與父子遊戲時的格格不入做聯想，傷害就更重了。結果是，快要進入青春期的孩子，根本不知道自己可能是同性戀，但卻已經感知到自己的不對勁了。那種不對勁令他自慚形穢。

小男人婆的情況則略好。女生的母親比較能正面解讀女兒的剛烈，認為是勇敢或獨立的表徵。父親也較認同出拳快狠準的女兒，這些女孩讀小學時風頭很健，跟男生相比，小學女生就算不像女生，也不會亂欺負同學。事實上，這些勇敢率直的小男人婆，往往能贏得同學的尊敬。

進入青春期後，同性戀女生的世界，也許會掀起翻天覆地的變化。男生圈若像圖騰柱，那麼青春初期的女生，便像一連串的同心圓。男生掙扎著往上攀，女生則企圖打入同學的團體裡。女孩的人脈越廣，就越被當成同一掛的。只要你到中學的食堂裡待一個小時，便會知道女生喜歡藉著分享祕密與私密的談話，來建立她們的人脈。沒有什麼話題比「妳喜歡哪個男生？」更私密更寶貴的了。

不管同性戀女生是不是男人婆，她都很難融入這些談話裡。她不明白朋友們為什麼會那麼哈可愛的男生，因為她沒有喜歡的男生可以跟她們分享，如果她在描述喜歡的人時，沒有把「她」改成「他」，就會開始避開午餐時的交心談話了。於是同性戀女孩發現自己慢慢飄向同心圓的外圍，朋友圈的即時訊息變少了，她再也收不到邀請。女生對女同志的

冷眼相待，也許不像男同志在操場上所受的嘲弄那般粗暴，但還是很令人難過。

同性戀青少年日漸成長，慾念也變得越強，要擔心的事越來越多。除非打算出櫃，否則便得設法隱藏自己的情慾。然而他所處的環境，又讓他的慾念難以遁藏。青少年常有感情很親的朋友，與同性的同學間，常有緊密的身體碰觸，會有好友促膝夜談，共用一個房間，甚至同床而眠的情形。

對已經出櫃的青少年同志而言，這大概沒什麼大不了——即使他喜歡某位朋友，還是可以大方地談論，就算不是對他心儀的對象告白，至少可以跟另一位朋友傾訴，或跟父母講。可是還在隱瞞身分的同志，就非常辛苦了。隱忍對同學的愛慕已夠難熬了，許多青少年同志因為不希望自己是同性戀，還得極力說服自己，愛慕某人是因為想效法對方，而不是因為對方真的很可愛。

結果這些青少年上高中後，便開始避開健康的團體出遊和聯誼，埋首於學校課業、社團或樂團。許多人因此成功地壓抑住自己，至少暫時如此。多年後他們才發現，自己錯失了多麼美好的成長機會。

有些青少年能大方出櫃——他們冷靜自制，極有安全感，任何人都威脅不了他們，看到他們，你不得不佩服。其他青少年則因嚴重受到同儕排擠（或因為強烈地愛上某人），再也無法對自己或朋友隱藏。而其他明知自己是同志的人，還是會不知所措，不敢出櫃。

青少年從自知是同性戀，到對重要親友出櫃的這段期間，最容易出現自殺傾向。

男同志企圖自殺的比率，比一般男生高。某研究顯示，28%的同性戀或雙性戀男生曾意圖自殺，異性男生則只有4%。女同志或女雙性戀的自殺率並不比其他女生高，不過整體而言，女生的自殺率高過男生。

家庭環境的安排

　　如果你的小孩是同性戀，你雖無法讓他避開上述所有痛苦，但只要多用點心，絕對能給孩子一個更健康快樂的童年，日後也能過得較幸福。家長能做什麼呢？

　　一個不錯的切入點，就是盡可能建立良好的親子關係，尤其當你察覺到親子間開始疏離時。按照孩子的興趣，重新打造親子間的遊戲型態，順應他的性情，必能使孩子受惠。如果你是這位柔弱的母親生了個小男人婆，不妨藉機讓女兒教你狠狠投幾顆球吧。

　　如果你是那種連烤箱都不會用的老爸，何不找個時間陪兒子下廚，如果他喜歡烘焙的話。進入兒子的世界，分享他熱愛的事物，就是你對他的愛與尊重。

　　琳西的女兒六歲，很喜歡跟她親親抱抱，害她有點不安。「她好像只肯黏我一個人。」琳西表示，「我擔心如果鼓勵她這樣，害她長大變成同性戀，那就得全怪我了。」琳西不確定需不需要拉開距離。

　　不需要。家人之間的愛慕，並不會使人變成同性戀。幼年常見的兒子黏媽媽或女兒黏爸爸，是因為早期的依戀所致。一般女生仰幕父親，六歲的「明日女同志」也許是愛幕自己的母親；長大後成為同志的男孩，也許會愛戀他們的爸爸。但事實上，異性戀的孩子也會非常喜愛與他們同性別的父母。

　　孩子若可能是同志，家長會面臨一項挑戰：必須設法接納孩子單純的愛慕。接納的動作，會讓孩子感到被愛。

　　各位爸爸，你們好像不太能夠接受是嗎？你會覺得接受其他男生送來的花很怪嗎？即使這個男生還在念幼稚園？

　　就算孩子只是希望你能對他眨眨眼，搔他癢，還是盡力而為吧——盡量不要拒絕孩子的好意與邀約。

防範同儕

接著孩子上小學了，男生得開始面對可怕的圖騰柱了。你大概會想，我到底能怎麼辦？

「納山的個性非常好，」妮兒談到十歲的兒子說，「他真的很可愛，納山酷愛珠寶和寶石學，所以有很多戒指和小珠珠，也很愛戴在身上。他一整個夏天都在戴。」

喜愛裝飾品，也是娘娘腔的特質之一。妮兒似乎也覺得兒子很娘，不只因為他愛戒指而已。妮兒和老公雷格對兒子戴戒指在家裡走來走去，從不介意。但兒子就要開始上六年級了，雷格決定規定他不許戴戒指上學。他相信納山一定會被其他同學取笑。

雷格說得對，納山若戴戒指亮相，極可能遭到其他男生砲轟。可是雷格和妮兒得想個辦法跟兒子提。他們若用命令方式，或表示戴戒指很娘，就跟那些嘲笑兒子的男生無異了。

雷格和妮兒可以說：「戒指到哪兒都能戴，沒什麼不好，如果你真的想戴，我們會支持你。」他們可以警告納山，有些男生可能會嘲笑他，但他們的行為是錯的。他們可以跟納山一起腦力激盪，想出面對嘲弄時的對策，甚至一起演練。

如果納山決定戴戒指上學，家長可以稱讚他勇敢，同時緊密監控孩子受欺負的情形（某些學校真的不適合過於特立獨行的孩子，家長可能得出面干預）。如果納山決定把戒指留在家裡，他們可以表示支持，讓孩子在家能自由自在。

與其禁止女性化的兒子做他愛做的事，不如輔助他少受點挫折。目標不是去改變兒女的喜好，而是去培育他們的天分與嗜好，拓展他們的興趣，協助他們處理別人的負面反應。

孩子依本能選擇的遊戲、服裝等，都是出於他對世界的情緒反應。雖說難免受親友影響，但也是他真實的自我表達，更是他的真實體驗。孩

子當然可以隱藏或放棄這些喜愛，如果這樣爸媽才肯親近他，他真的會這麼做。然而如此一來，便形同放棄部分自我，也等於拋棄對生命的熱愛與勇氣了。

沒有什麼事，比為了取悅父母而犧牲自己的孩子，更令人心疼。

同 性 戀 知 多 少

有幾件事家長應該讓孩子知道。

孩子若是同性戀，讓他擁有快樂的童年和青春期，最簡單有效的方法就是跟他一起討論同性戀。孩子若從小就知道世上有男女同志，而且爸媽都能接受，他便不會對自己感到那麼困惑，也不用擔心出櫃後，得不到父母的愛了。同時也能緩衝其他孩子的偏見與嘲弄，維護他脆弱的自尊。無論孩子是不是同志，都會因家長的教導而了解人的差異，對同志表現得更友善，因為他遲早都會遇到的。

好吧，也有些家長不想跟子女談同性戀的問題，因為他們認為，討論同性戀就是在討論性，所以不打算跟四歲的小鬼談。

也許你也這麼認為，因為你一聽到同性戀三個字，就會想到性。問題是，這三個字雖然會讓七歲的孩子有一些聯想，但性愛畫面絕不是其一。某研究人員針對二年級的小朋友做調查，問他們什麼叫男同性戀。「就是不會打球的人啊。」大家異口同聲說。

八歲的男孩吉爾應該很清楚同性戀是什麼，他爸媽有幾個好友是男同志，包括一位去年在他家客房住了一年的叔叔。上幼兒班時，他是全班第一個注意到，班上有位同學有兩個爸爸，那個男生很快就變成吉爾的好友。吉爾的爸媽利用這些機會，教兒子認識同性戀。

某天吃飯時，吉爾提出一套低脂鮮奶的歪論（那其實是馬奶，不是牛的奶哦），說是朋友阿里教他的。吉爾的爸媽鼓勵吉爾，不用盡信阿里的話，因為阿里那孩子經常講錯話。

「對！」吉爾非常嚴肅地答道，「你知道他昨天跟我說什麼嗎？他說男同志會做愛耶！」

吉爾的爸媽聽了差點昏倒，吉爾怎麼會不知道這件事？教他那麼多年，同志會彼此相愛，擁有不同的家庭，只是他們沒提到性愛那一段罷了，所以吉爾連想都沒想過。

小孩子的思考方式很直，聽到同性戀會彼此相愛，也不懂聯想他們會做愛做的事。所以啦，你可以放心大膽地跟孩子討論同性戀，不用擔心孩子過早接觸性議題。事實上，在學齡前就可以跟孩子談了。

給 小 小 孩 的 話

如何跟五歲的小鬼討論同性戀？

不妨等孩子遇到同性戀，拿問題來問你時再回答，或利用孩子聽到的同性戀用詞來著手。如果孩子說出gay這個字，問他知不知道那代表什麼意思，然後再給他一個簡單的定義：

「男同性戀就是會愛上另一個男人的男生，其實就像你媽媽愛上我一樣。女同性戀就是會愛上另一個女人的女生，情形也一樣。當兩個大人的女同性戀或男同性戀相遇並彼此相愛，有時也會像爸爸媽媽一樣，建立自己的家庭。」

問孩子聽懂了沒，要有教好幾遍的心理準備，孩子才能完全明白。

由於孩子不懂不同方式的愛，有時會分不清愛情、友情與親情。女兒也許會問：「我愛艾瑪，那我算不算同性戀？」別以為她能立即明白，這個觀念不容易理解，在她談戀愛之前，都太抽象了——不過你倒是可以用一個女兒已經知道的愛情故事來解釋：

「那是友愛，不表示妳是同性戀。女同性戀對另一個女生的愛，跟灰姑娘愛上王子一樣，如果灰姑娘是同性戀，就會去愛公主了。」

（而且還不必穿上那雙奇怪的鞋子）

如果孩子未提及同性戀的話題，至少會問別人家為什麼跟我們家不同——比如，人家為什麼只有一個家長，我們卻有爸爸和媽媽，或為什麼人家有爸媽，我們卻是單親。趁此教孩子同性戀的事，並解釋不同的家庭形態：

「……有些人還有兩個媽咪，或兩個爸比呢。兩個相愛並組成家庭的女人，叫女同性戀。兩個相愛並組成家庭的男人叫男同性戀。」

無須說得比這更複雜。

切記一點，跟孩子談同性戀時，你不單只陳述事實，更表達了自己對同志的看法，以及對孩子的期望。你尊重同志嗎？你有辦法跟同志交朋友嗎？你能愛他們嗎？在談話中讓孩子知道，如果他嘲笑別人是同志，或將來他向你坦承出櫃時，你會有什麼反應。

你不僅從中表達了自己對異己的態度，即便孩子日後不是同志，但你所表現的開明豁達，孩子即使做了令你失望的事，他怕歸怕，還是會願意向你求助。

你甚至可以直接表明，即使他變成同志，你依然會接納他。「每次跟克莉絲汀討論到約會的事時，我總說，將來有一天她會跟『男生』或『女生』約會。」莎莉解釋，「她還在念小學，我們就開始討論了，那時她離約會的年紀還早得很哩。」莎莉覺得自己的辦法挺管用，「有一天她說，『媽，我不會變成同志啦。』說得神閒氣定，像在陳述一件事實，於是我明白自己的方法奏效了。我答說，那很好啊，不過你還很小，所以很難說嘛，我們等到你很確定了再說吧。」

因此，若去參加喜宴的回程中，八歲的兒子問你，等他結婚時，能不能用巧克力蛋糕時，你不妨回答：

「哪天等你愛上某個女生或男生，想結婚時，你跟你的伴侶想要哪種蛋糕都行。」

別忘了，認可各種選擇，並不會把異性戀的孩子轉變成同性戀。

真 人 實 例

教導孩子字義時，若能以身邊的人為例，學習效果更佳。真人實例，讓孩子在理解同性戀的觀念時，能聯想到熟人的臉孔。

你關心、且將會參與孩子生活一段時間的人——如好友、叔伯阿姨和老師——都是最好的人選。通常你只要不對孩子隱瞞對方的性傾向就行了。如果孩子的阿姨是同性戀，不必等孩子到一定年齡後再告訴他們，上幼稚園前就可以跟他們說了。刻意迴避阿姨的性取向，反而會在家中形成祕密，無意間傳達出「我們以她為恥」的訊息。（而且還得大費周章地編出一套理由，解釋阿姨的女伴是誰——她們是朋友，只是剛好住在一起、睡在一起，一起出去玩而已。）

等孩子開始知道男女有別後，會很誇張地固守男女的差異。結果，認定男生只能跟女生約會的學齡前孩子，反而會覺得叔叔跟男生約會很怪。孩子若有問題，叫他自己去問叔叔。

上小學後，他們會開始模仿朋友對同性戀的歧視。孩子若在操場上學到，接不到球的男生叫「gay」，大概得需要一點時間，才能調整對同志叔叔的負面看法——雖然叔叔總是令他開懷大笑。最好的狀況是，孩子在形成負面看法前，便已有認識的同性戀了。如此便可以自己的親身經驗，去矯正從學校裡聽來的刻板印象。

處理偏見

近幾年，同性戀的孩子在生活上起了一些重大的改變。他們在電視上會看到同志的角色，報上也能讀到同志的新聞。孩子在某些學校，說不定會遇到同性戀老師，聆聽女同志演說她的生活經驗，或認識其他同志學生。不過有件事倒還沒變，同性戀、同志和gay等詞，還是小學到高中生最常拿來貶抑別人的說法。

高中生麗迪亞說：「我幾乎每天都會聽到有人用同性戀來罵人變態、沒用，或更糟的意思。」另一名高中生回憶中學的歧視言語時表示：「那是大家最常用來取笑別人的用語，還有女同志……我很怕跟出櫃的男同志走太近，擔心別人以為我也是。」

同性戀的孩子，未必是唯一受到偏見攻擊的人。《男子漢》（Real Boys）的作者威廉·波拉克博士（William Pollack）將反同性戀的態度，解讀成異性戀男孩因感情表達受到打壓後的綜合產物。他們不敢彼此表達友善，追尋更多元的生活，因為怕被貼上同性戀的標籤。每個青少年都害怕被嫌棄、排擠。如果有個小團體遭到排斥或被污名化，該團體中所有孩子的安全感都會消失殆盡。

結果使得許多孩子不經大腦地亂用這些字彙，而不明其意，其實他們對同性戀並沒有那麼深惡痛絕。

「gay不表示同性戀，」一群高一生最近抗議道，「你知道嘛，就只是gay的意思而已。」

如果十三歲的兒子抱怨不想看妹妹挑的DVD，因為實在「太gay了」，叫他過來談談，問他是不是指同志電影，兒子若說不是，叫他用更貼切的字眼。告訴他，電影也許很空洞、冗長又愛說大道理，但不是「gay」。

兒子也許不覺得自己的話是針對同性戀而說的，跟他解釋，萬一被同性戀者聽到的話，人家會很難過（在這種時候，拿同性戀友人或阿姨來

提醒他，會特別有用）。

家 有 青 少 年 同 志

自從幾個星期前，在兒子的衣櫃發現同志色情雜誌，決定跟兒子麥可談一談後，夏綠蒂便一直沒機會跟兒子談到話，但她還是非常懷疑兒子。某個週末，麥可去朋友家玩，夏綠蒂坐到兒子的書桌前翻他的抽屜，有一小張摺好的紙，麥可在上面寫了一串字母和數字。那是密碼。

夏綠蒂打開兒子的電腦，查看兒子的寄件備份。夾在同學間互問功課的信件中，還有其他男生寫來的信，有些人鼓勵兒子別害怕，安撫他的寂寞，有些人要求跟他約會，還有寫來確認見面做愛地點的信。事實不言而喻，他們要做的是哪種愛。

夏綠蒂衝進車裡，開始到市區裡四處繞，在每個兒子可能遇見其他青少年的地方停看。幾天後，夏綠蒂到麥可朋友家接他時，完全不提「千里尋兒記」的事。

她為什麼不說？

「也許我太軟弱了，但我不覺得自己有權利拿他對我隱瞞的事，去跟他對質，那樣會令他非常難堪。」

也許你能理解夏綠蒂的感受──明明有了線索，卻為了某種原因而置之一旁，因為你寧可不知道。如果你為了孩子的性取向而天人交戰，我們建議你，等孩子上高中後，就不要再拖了。請記住，懷疑自己是同性戀，卻不敢告訴任何人的男生，自殺的可能性會變高。如果他們有跟別人談過，自殺風險便會降低。還有，親子關係良好的孩子，從事性行為時會更注重安全──因此家長更應該好好跟他討論他的性傾向。

找個時間，私下與孩子獨處，輕鬆地聊聊約會和他們喜歡的對象。問他知道班上有沒有同學是同志？談談不敢出櫃的同性戀會有什麼感覺，看他如何反應。然後問他有沒有喜歡過同性的朋友，但別讓他看出你的

懷疑。這種問題，比回答自我定義式的「你是同性戀嗎？」容易多了。

他若說沒有，也許是你猜錯了，也許他還不敢去喜歡人。就讓他騙吧，告訴他你愛他，然後繼續說：

> 「那很好啊，萬一你發現你喜歡男生，隨時可以來找我談。有些家長不太能接受這種事，可是我要你知道，無論你是同性戀、異性戀或雙性戀，我都會支持並尊重你。」

這些談話的目的，不是要逼孩子表態，雖然那可能是最終的結果。家長的目的只是開啟討論與思考的空間，而非逼十四歲的兒子出櫃。若孩子考慮想告訴你，也要消除他所有的恐懼與不安。

另一方面，萬一孩子承認他喜歡過同性，你應該替自己感到驕傲，因為這一刻，你已幫孩子卸下長久來背負的重擔了。當然了，你心中其實是五味雜陳的。

現在你知道了

夜裡，十三位家長坐在大大小小的椅子上圍成一大圈，聆聽彼此的故事。他們先從自我介紹開始，一位輕聲細語的母親報上姓名後說，她知道女兒是同性戀已經三年半了，到教堂地下室參加「同志親友協會」的聚會（PFLAG, Parents, Families, and Friends of Lesbians and Gays）也差不多有那麼久了。她旁邊是一對七十多歲的夫婦，他們帶著女兒、女兒交往十五年的伴侶，以及一本嬰兒相簿。對坐的是一位面容憔悴的婦人，她六週前才發現十幾歲的兒子是同性戀。

大夥想知道，她還好嗎？

「我還在調適，我也不清楚。我讀了一本書，書中的男孩終於向父母坦承了，結果後來他爸媽就離婚了。我好像整個人都崩潰了，不知道

我為什麼會那樣，簡直是在自毀。」其他人出言安慰鼓勵，一位有兩名同志兒子的父親恭喜她說：「記得你第一次來的時候嗎？你從頭哭到尾哩，現在已經進步很多了，真的啦！」其他人跟著猛點頭微笑。

「上星期有個朋友打電話給我，」那位母親接著說，「她想告訴我，她兒子剛訂婚。我朋友並不知道艾倫的事，結果我……什麼話也說不出來，只好把電話掛掉。」其中一位經驗比較豐富的家長解釋說，自從她跟朋友談過女兒的事後，大家談起男女間的事時，都變得小心翼翼了。

「聽我說，」老先生打斷大家，並遞上相簿，「我那漂亮的女兒和她美麗的伴侶十年前結婚時，蘿絲和我全程參與，彩棚、鮮花、摔玻璃杯，甚至神父，一樣都沒少。你很難想像那天能挽著她走上紅毯，將她帶到神父面前，我有多麼驕傲。後來音樂響起，大家跳著舞，我告訴你喲，如果你想辦婚禮，我們所有飾品一應俱全！」

像這樣的PFLAG家長聚會，常談到還在「調適」或「適應」的問題。有些人適應得很好，甚至在抽屜裡擺滿「我愛同志兒子」的胸章，以示證明。其他人才剛要踏出適應的步伐，他們的道路也許通往不同方向，但起始點都一樣。一開始是椎心刺骨的痛，當你聽到自己的孩子說：「我是同性戀。」的那一刻，你的世界天翻地覆。

如何才能從剛開始的不知所措，到現在能大方地拿著嬰兒照，在聚會中與眾人分享？你當然得做出一些決定，例如該讓哪些親人知道，以及何時該告訴孩子的其他兄弟姊妹。你會有隱瞞、有憤怒，但其實更多的心力，都將耗費在處理自己的情緒上。以下是其中幾項：

悲傷。有些家長發誓從未預設過孩子的未來，但像我們這種人，即使沒讓孩子上資優班，多少還是有夢想吧。也許你想像才色出眾的女兒日後能找到真命天子，等十五、二十年後，孩子長大了，你會很熱切地想要圓夢。

然而就在女兒即將完成你的夢想之際，她出櫃了——而且將離你而去。你朝思暮想的願望突然變得岌岌可危，你並未失去女兒，卻失去了

你為她編織的美夢，而感覺悲傷。

疏遠。或者你覺得失去了女兒，覺得她變成另一個人，不是以前你認識的她。事實上，她會開始出現不同的舉動。你發現她變得更有朝氣、更健談，或不再那麼百依百順了。也許她會開始談論一個你相當陌生的世界。

羞愧。女兒出櫃了，卻換成你在封閉自己。你開始逃避談話，以免問到女兒的近況。也許你談到女兒時，會故意略掉她的新女友或學校社團——雖然你自以為高興女兒能出櫃，甚至為她感到驕傲。更糟的是，你發現自己完全不是其他家長的對手。人家的女兒雖然沒上哈佛，但人家的女兒不是同性戀啊。美國人總覺得同性戀是件丟臉的事。身為同志的家長，必須自立自強，才能甩開這種情緒包袱。

恐懼。孩子出櫃後，任何與迫害、歧視同性戀和愛滋有關的消息，將排山倒海地倒過來。不，你並沒有庸人自擾，因為男同志接觸HIV病毒的機會，確實比一般異性戀者高，而可怕的騷擾與欺凌也時有所聞。

解決恐懼的方法，就是採取預防措施。你應該和孩子詳談安全性行為（無論孩子是否為同性戀，家長都應該跟他們談。後面章節會討論），還可以考慮去見校長，建議改善學校環境，必要的話，讓孩子在學校接受更多保護。

憤怒。最近你大概看什麼都不順眼。你氣老公的爛態度，氣朋友神經兮兮或沒大腦。你氣廣播節目裡那個叩應進來的男生，你氣民意代表，氣結帳時排在你前面的那個女人，甚至氣女兒是同性戀。

罪惡。你若認定自己必須對孩子的性傾向負責，或想到孩子苦苦掙扎，卻不敢向你求助時，罪惡感便油然而生。

你會以為自己是所有家長中，唯一有這問題的人，你不知該如何跟孩子談。最後，在應付各種衝突矛盾的情緒後，覺得疲累不堪。

你終於明白，為何女兒跟你出櫃之前，你從未想過她會是同性戀。因為你以前若肯認真去想，一定也會有這種感覺。

心靈化解問題的方式，實在非常奧妙。你明知女兒好像只喜歡女生，卻可以視而不見，忽略其中的含意──逃避從觀察中去判斷。

同性戀的孩子也會經歷相似的過程，因此很多人被問及「你知道多久了？」都答不上來。有些人似乎是頓悟的（「我看到雜誌上的裸男，才恍然大悟，噢，我的天啊，我是同性戀。」）有些人則是經過多年的困惑與掙扎後，才對自己承認。

現在你明白自己會有憤怒、抗拒等情緒了，但這也是第一次有機會真正了解你的孩子。有了這份認識，親子間才能建立一份前所未有，更真誠深厚，也更令人滿意的關係。

該跟誰說？

孩子若不介意，你可以跟所有直系親屬說。也許你會想迴避，但我們希望不要對伴侶隱瞞（雖然有時你蠻想的）。這種等級的祕密，對婚姻的影響極大。如果伴侶還不知情，就支持孩子出櫃吧。

老實說，有些家庭真的無法接受這種事，假如你的伴侶會把孩子趕出門，或讓他從此沒好日子過，唉，那還是別說吧。

其他子女也需要知道。某些家長要求同性戀的孩子別告訴兄弟姊妹，怕他們會不高興，或覺得不妥。第二項其實已不是問題了，至於第一項，有些手足確實會不高興。

對同性戀有偏見的小孩，知道敬愛的哥哥是同性戀時，反應也許不佳。他們彼此需要更多獨處，才會了解哥哥依然沒變，家長也需要跟他們解釋性傾向的意義。

孩子若不希望朋友知道他的同志身分，你應該幫他考慮兄弟姊妹能否替他保守祕密。

「我對他很失望」

最近在一次巧遇中，夏綠蒂跟我談到她兒子的近況。自從她第一次去翻麥可的抽屜後，已經一年過去了。「麥可啊？噢，他很好啊。」她說，「秋天就升高三了，我們打算去參觀大學。他足球踢得很好，成績也很棒。看來他最近過得不錯。」

有沒有跟麥可討論他的性傾向？

「嗯，我想用自己的方式跟他表明，我絕不會歧視同性戀。可是沒有，我們都沒直接去談這個話題。我覺得跟他攤牌的風險太高了，我怕他擔心令我失望，或他還不敢談論此事。我不想逼他。」

夏綠蒂很篤定自己沒什麼好擔心的，因為麥可不像以前那樣沮喪了，而且他還有朋友呢。「也許他心中會有邪念吧，」夏綠蒂說，「可是那些邪念並不會影響他的日常生活。」

夏綠蒂大概忘了那些電子郵件，忘了兒子的寂寞與恐懼了。還有街上那些三教九流的人呢？夏綠蒂突然意識到她正在趕時間。

「反正，直到現在我都還不確他的性傾向是什麼。他有很多男女生的朋友，似乎過得蠻開心的。」說完她就走了。

我們很想告訴夏綠蒂。孩子不是你的期望，孩子是他自己。

你雖然感到失望，但孩子當初生下來，就不是為了成為你所期望的人。這種事很難跟家長啟口，然而為人父母者，本來就應該盡力幫助孩子，這是父母的天職啊。

努力去了解孩子，接納他的本質吧。如果你覺得難過害怕，也請勇敢面對。擔負起父母的責任。

不怕小孩問

第六章

跨越青春期的障礙

孩子的身體變化

你坐在候診室，想著到底還要等多久。幸好小兒科醫生讓你掛診了，難不成他忘記你了嗎？再看看錶，好吧，我才等了十二分鐘而已。

蘿絲正在看書，你告訴自己，你根本是在杞人憂天。她才十歲，連胸部都還沒長，怎麼可能得乳癌。難道是癌細胞轉移嗎？小孩子會得骨瘤和白血病，不是嗎？不對，那是血液的疾病。

所以搞不好是長了某種⋯⋯疔？

幸好護士出來打斷你的思緒，她喊道：「蘿絲？」

幾分鐘後，你跟醫生說，女兒長了腫塊，蘿絲覺得那是蚊子叮的，可是你跟醫師解釋時，腫塊一點也不癢，而且是埋在皮膚底下的。「就像一小顆彈珠，我覺得搞不好是⋯⋯」你擺了個手勢，希望醫生能明白你指的是「可怕的疾病」，「真的很感激你能立刻幫我們看診。」

醫師檢查著蘿絲，臉上依舊不動聲色。那是好還是不好？

他要蘿絲把襯衫穿回去，然後抬眼看著你微微一笑。「我診斷出來了。醫學術語叫乳房發育（thelarche），翻成白話文的意思是，這是她的第一個青春期的徵候。」

「噢⋯⋯她⋯⋯？」

「那腫塊就是她的乳房。」

我們在此先插播一段生物課。

還記得青春期嗎？粉刺、性衝動，還有二十歲時被你毀掉的那批醜照片——這種事要忘也很難。需要溫習健康教育課看過的圖片嗎？應該不用吧。不過談談孩子的發育變化，對你會有好處。看看孩子面對身體變化時會提出什麼問題，也很有意思。

　　預知青春期的生理變化，能免去許多焦慮——親子皆然。有些對月經毫無概念的女生在初潮來時，還以為自己快死了。從不知夢遺為何物的男孩發現自己射精時，也是驚慌失措。一位十二歲的小患者最近開始有夢遺，他問這樣會不會把自己的精子耗光。

　　這類問題，你應該可以應付自如。

　　跟童年相比，青春期可怕多了：情緒不定、自我意識、衝動行事。女兒不再坐到你大腿上了吧？你也不敢再多抱她了嗎？

　　八歲的潔瑪對將來還挺有概念的，因為她朋友的姊姊十三歲，已經有月經了，而且對她們超凶的。潔瑪自創一種說法，來描述恐怖的青春期：跨越障礙。潔瑪的母親回憶道：「有天我開車載她，不記得她為什麼會突然說：『我不想跨越障礙。』我對她說：『你知道嗎？也許跨過去以後，就沒那麼糟了。』她說：『媽咪，每個人都會跨到另一邊，而且一定都會變得很糟。』」

　　閱讀本章，孩子從八至十二歲這段青春初期，家長需要教的一切，及所有他們會遇到事，你就都知道了。也許我們還能協助你解決某些青春初期的問題。雖然青春期說來就來，不過，一旦開始了，還有一大段長路要走哩。

時 間 點

　　青春期的引爆點是什麼，我們知道的不多。只知道青春期是各種荷爾蒙在身體各器官間相互作用，所造成的生理變化。生物學家歸因於分泌旺盛的腎上腺。這對腺體位於孩子的腎臟頂端，開始源源不斷地分泌荷

爾蒙，促進孩子的成長發育。腎上腺素（adrenarche，也就是腎上腺分泌出來的小東西）早在六歲就開始分泌了，當它們的化學信號逐漸增強，孩子也開始體會到性的吸引（通常在九或十歲就能體驗到了）。可是真正讓孩子的身體變得凹凸有致、毛髮叢生的幕後推手，是那些性腺（sex glands），也就是男孩的睪丸與女生的卵巢。性腺在大腦視丘下部及腦下垂體的監控下，開始分泌睪丸激素與雌激素，造成了我們所看見的變化。

過去一個世紀，青春期的時間表起了變化，青少年發育得更早更高更壯了，大部分工業化國家及其他一些地區都有這種情形。（有趣的是，就身材而言，多出來的身高，泰半是因為腿變長了，而不是因為身軀拉長造成的。）這種改變的原因不明，但一般認為與孩童的營養攝取有關。總之，過去幾十年，開始發育的年齡一直慢慢在降低，男女生的發育起點，比十九世紀末的孩子早了兩年。

至於貴子女的發育時間，女生七至十三歲時，應該就可以看到發育的初徵了（若是非洲裔人士，可提早至六歲），男孩則在九至十四歲之間。這個範圍差不多可以涵蓋所有孩子，不過基因對發育早晚也有影響，如果孩子的親人很早或很晚才開始發育，孩子可能也一樣。營養與其他環境因素也有影響，營養不良的女孩，如厭食症者，發育往往較遲；而較肥胖的女生，常發育較早。有個理論認為，女生體重到達45公斤時，不管她幾歲，就會來初經了，因為體重會讓女生儲存足夠的熱量，供她懷孕。

青春期的各種變化通常會遵循一定程序，但也有不按牌理出牌的孩子。例如，大多數女生乳房開始發育後，才長陰毛，有些人卻剛好相反。另外，發育階段的轉換時間也因人而異。但若能了解一般的進程，你和孩子才能先做好心理準備。就外觀來講，發育順序通常是，女生先長乳房，然後長出陰毛，快速抽高，接著才來月經。男生則是睪丸變大，長出陰毛，陰莖變粗，射精與夢遺，然後身高才開始邊增。

一暝大一吋

來看看孩子進入青春期後，會有的各種改變。首先談談長高與皮膚的問題，再個別討論男女生所經歷的特殊變化。

茱莉的兒子查克跟父親住在美國另一頭，雖然母子每週都會通話，但茱莉從聖誕節後，就沒見過兒子了。她很期待陪兒子過十四歲生日，一起共度暑假。茱莉早早便到了機場等查克了，旅客紛紛從飛機上下來，人群逐漸散去，卻不見查克的蹤影。他沒搭上飛機嗎？如果沒搭到飛機，應該會打電話給她呀。接著有個聲音對著她耳朵吼：「喂，老媽！」她轉過頭，看到兒子站在身後大笑。「他剛才從我旁邊走過去，我竟然沒認出他。他六個月前還跟個寶貝一樣，這會兒竟一副大人樣了──嗯，也不算大人啦，只是他長高好多。」

嗯，快速長高。一分鐘前你還低頭看著兒子，下一分鐘就換他低著頭看你了。這是所有服裝店的夢想──青少年長高的速度，快到連流行都跟不上他們。孩子一旦開始抽高，通常會持續兩三個月。

孩子滿六歲後，因為腎上腺分泌之故，通常會有一段快速長高期，家長可能誤以為他們開始進入青春期了。不過他們長得最猛的時候，晚點才會開始，等你看見時自然就知道了。女兒可能胸部開始發育後便開始抽高，她的臀部大約也在同期變寬，稍後慢慢會長出更多脂肪與肌肉。你大概沒注意到，在她胸部變大前，已經開始儲存更多脂肪了。等她初潮來時──也是所有女生青春期的重頭戲──差不多就快長至成人時的身高了。女生初經後，通常會再長個五至九公分。男生大概比女生晚兩年才開始抽高，而且長的高度會比女生多。即使青春期似乎結束了，男孩還有可能再長個二到五公分。

沒錯，生長確實是始於足下，然後慢慢往上長。兒子的腳丫會比其他身體部位更早變大，接著是腿部，約莫半年後，他的上半身才會開始苗長。骨頭的成長速度不一，肌肉也沒辦法立刻就調適定位，所以孩子會

有一段時間笨手笨腳，搞得自己信心全無，父母雞飛狗跳。

其他部位的骨頭也會成長，兒子的下巴可能會往前推。我們說過，女兒的屁屁會變寬變圓；但實際上，男女生的臀部都會成長——只是男生的比較不容易察覺罷了，因為他們的肩膀長得更寬。

男女生的肌肉都會變壯，雖然男生拜睪丸激素之賜，看起來更為明顯。先是長肌肉，一年後才長力氣，我們可以先警告你——等你看到兒子長肌肉時，跟他比腕力還有最後一次贏的機會。女生長的脂肪通常比男生多。一般而言，女生有四分之一的體重來自脂肪，而男生只有八分之一。有些脂肪很重要，如果女生的脂肪低於體重的17%，初經可能延遲。不過女生都很討厭身材走樣，老覺得自己太胖。

男生的喉部也會展開快速的生長，使他聲帶拉長、聲音變沉（就像大提琴比琴弦較短的中提琴聲音低），只是變聲期間經常會破嗓。變聲的時間因人而異，通常始於十四歲，差不多一年內就變成大人聲了。（但這不表示他耍賴不肯倒垃圾時，不會發出娃娃音。）他還會長出喉結，喉結是由頸部突生的軟骨所構成的。

最 初 的 煩 惱

他鬱鬱寡歡，張口亂罵，胡亂頂嘴。兒子是考試不及格？還是輸球了？是第一次約會被拒嗎？都不對，情況更慘，兒子長痘痘了。

這是青春期的夢魘，也是藥用肥皂、乳液、蓋痘膏等產業賴以發展的基礎，還有別忘了粉刺。

85%的小孩都會長粉刺，通常始於孩子長腋毛時，持續到孩子長大離家後。

你看過剖面圖吧，細小的皮膚腺體分泌出油脂，堵住毛孔，把細菌卡在裡頭，接著就不妙了——黑頭、白頭、丘疹、膿皰、囊腫、結節等一個個冒出來。為什麼會是在青春期？這也得感謝各種主導性衝動和脾氣

的化學物質——青春期的荷爾蒙和睪丸激素。

建議孩子不要用油性化妝品或保養液。要找標示「無油脂」、「不會引起面皰或粉刺」的產品。不斷清潔臉部只會讓皮膚更糟，摳擠會留下更多疤痕。幸好現在的藥品比我們當年好多了，如果孩子擔心以後會留疤，也有除疤的治療方式。

如果你發現孩子長肌肉的那段期間，粉刺變得特別嚴重，說不定他在偷吃類固醇。類固醇能使人長肌肉，但會造成肝臟傷害、睪丸萎縮及生長停滯。女生服用類固醇可能會造成停經。

關 於 女 孩

胸部發育

漢娜回家告訴我，她的朋友曼蒂從夏令營回來時，乳房已經長出來了。我其實也注意到了，但沒什麼稀奇嘛。可是漢娜開始擔心了：「我會變成五年級唯一平胸的女生了啦。」問題來了。
——潔西卡和十歲的女兒

胸部遲早會發育。當女兒剛開始覺得要長胸部時，那硬塊也許只有一粒豆大，或有幾粒小豆子，或兩邊都有豆粒，她說不定根本沒發現；就算有，也不知道那是什麼，得來找你問。即使你也有過胸部發育期，但卻很容易忘掉這個豆粒階段。

若有任何疑慮，不妨帶女兒去看診，讓醫生再檢查一遍。你並不是第一個，也不會是最後一個因為「正常胸部發育」去看診的家庭，所以不用覺得丟臉。

伊詩特記得她剛滿十一歲時參加夏令營，摸到「皮膚下有結塊，就在乳頭附近，我以為自己得了癌症。」不過她沒跟任何人講，因為她很害怕，可是等硬塊越來越大，越來越多後，她才發現胸部開始變大了。

「我有些朋友胸部已經發育了，我知道那是怎麼回事，只是沒想到胸部會是這種長法。」

對大多數女生來說，胸部發育是青春期的第一個表徵。那時卵巢和子宮已經開始成長了，當然這是看不見的囉。胸口的小豆粒很快就變大了，將皮膚往外慢慢推出，這就是所謂的胸部發育（breast budding）。約莫一年後，女生的胸部會變得更圓更豐滿，乳頭和乳暈（即乳頭四周膚色較深的部分）也會漸漸加大變深。再過個一年，乳暈部分會像小丘般從乳房上突起，不過某些女孩不會經歷這種階段。最後，再過個兩年──但有時可長達九年，有時則什麼事都沒有──乳頭不再突起，胸部形狀便臻成熟了。

左右乳房的發育速度可能並不一致，一邊乳房會有一段時間明顯大於另一邊。你可以安慰女兒，再過個兩年，兩邊大小就會很接近了。如果她很在意大小的差異，不妨幫她在胸罩加襯墊，使兩邊看起來一樣。這種做法雖然有自欺之嫌，卻能協助孩子度過尷尬階段。即使在胸部發育成熟後，一邊略大的情形也是十分常見的。

等發現女兒胸部開始發育後，就得帶她去選胸罩了。什麼時候才應該開始戴胸罩？其實沒有「正確的時間」。事實上，大部分女生並沒有必要戴胸罩，除非運動時覺得不舒服，或咪咪太大，會影響正常體態（戴胸罩能給乳房支撐）。戴胸罩的社交功能通常大過一切。

決定戴不戴胸罩，最大的影響就是看其他女生怎麼做了。如果女兒最要好的朋友戴胸罩了，她可能也會想戴。既然戴胸罩沒有一定理由，當然也沒有理由一定不能戴囉。

有時父母會幫她決定，也許家長看到孩子突出的胸部，會覺得不太自在。

「我還沒打算幫她買胸罩，她也還沒準備要戴，可是她陪她爸爸──我前夫──去參加家庭聚會時，我前夫打電話來請我幫她買。」珍妮絲談到九歲的女兒賽薇時說，「我知道他為什麼會這樣講。幾個月前，

賽薇和我去我父母家，大家都變得很安靜，很詭異。我爸媽和我弟鐵著臉，含糊其詞地說『她真的長大好多』或『她長胖了』之類的話，我女兒全聽在耳裡。我想他們真的蠻尷尬的。」

女生自己也許會為類似理由要求戴胸罩，希望掩飾新發育的部位，她們知道戴胸罩後，胸部才不會彈跳得太明顯。另一方面，有些女生討厭戴胸罩，嫌不舒服或太熱。

珍妮絲跟賽薇討論買胸罩的事，「她聽了非常興奮，那是大人會做的事。我們就順便去購物，她試了三種少女胸罩，挑了一款喜歡的買兩件。回家穿了二十分鐘後，賽薇表示不喜歡胸罩。現在她在家裡偶爾會穿，但出門便不穿了。她說班上還沒有女生穿胸罩。」

有些女生不見得想穿胸罩，她們不希望別人注意到自己的身體變化，只用寬鬆的衣服遮藏。桑妮雅已經開始發育了，但她沒跟任何人講。「我姊姊的舊胸罩還擺在抽屜裡，所以我就拿了一件。我若覺得胸罩顏色不會透出衣服，便會穿一穿，有時就不穿。記得有天老爸因為在誇獎我，拍了拍我的背，我嚇死了，好怕他會拍到胸罩的肩帶，結果老爸什麼都沒說。」

如果令嬡發育得遲，說不定在她開始發育前，就已經很想穿胸罩了。女生的自尊取決於胸部大小，是嗎？當然不是。家長若硬要她發育前就穿胸罩，反會助長這股歪念。不過還是得看你怎麼處理。如果女兒因為好友們都穿胸罩，而令她無地自容，不妨順應民情讓她穿吧。但話又說回來，如果她不在乎自己尚未發育，堅持叫她穿胸罩或塞胸墊，反而會讓她不自在。

坦妮亞的雙胞胎女兒看起來很不像姊妹，因此當愛菲姐胸部開始發育，而卡堤娜卻毫無動靜時，大家並不覺得奇怪。可是坦妮亞絕不會因此讓卡堤娜自覺矮人一等。因此雙胞胎十一歲生日時，坦妮亞告訴女兒，她們很快就要變成少女了。她說，她們的發育階段未必會同時開始。接著，她帶兩姊妹到百貨公司去買第一件少女胸罩。「買胸罩還算

小陣仗哩，」坦妮亞發現，「現在我煩惱的是，看將來有沒有辦法讓她們一起出門赴第一次約會了……」

毛髮與除毛

她很受不了腋毛，在游泳池時覺得超不自在，便問我能不能刮掉。我建議她再等等，因為一旦開始除毛，就得持續下去。我聽到她跟朋友談這件事，內容大致是：「茱莉，妳開始長腋毛了嗎？」茱莉說：「噢，還沒耶。」莎拉：「我已經長了耶。」茱莉：「好慘喔。」莎拉：「還好啦。」
——薇瑞莎跟九歲的女兒

她求我讓她刮腿毛，我希望她再等一等，可是她真的很苦惱，就坐到浴缸裡，要我幫她刮腿毛，她幾個妹妹全都在問，她們什麼時候也可以刮。她開心得不得了，覺得驕傲極了。
——泰絲與十二歲的女兒

如果你女兒的胸部已開始發育，陰毛大概很快也會長出來了，大概在胸部生出硬塊後六個月內開始，不過也有可能再晚些，或先長陰毛再發育胸部。其他腋毛、腿毛等毛髮，大概要等陰毛長得差不多後，才會開始冒出來，不過當然還是有人例外。

伴隨體毛而來的是除毛、蜜臘脫毛等問題，這也是一種愛美與習慣。就醫學而言，女生並沒有刮腿毛的必要，世上到處是不刮腋毛、腿毛，照樣開心過日子的女人。可是顯然許多美國女性都會除毛。家長會發現，等你準備要跟女兒討論此事時，她早就跟朋友學會了，或藉著觀察你和別人，自己無師自通了。

月經週期

完整的月經週期,是由各種腺體和器官,一起像嚴謹排練過的芭蕾舞般,各自正確地分泌出荷爾蒙所完成。真要講解細節,可以花上幾堂生物課。以下是基本的狀況。

月經週期維持二十二至三十五天,通常從月經第一天出血開始算起(也就「經期」本身),到下一次經血來之間,但不包括下次月經剛出血的那一天。這裡先從週期過幾天後,經期剛結束時開始說起。

濾泡期(Follicular Phase)

女孩出生時,便具備這輩子擁有的卵子數了。未成熟的卵子個別棲身在繭狀的濾泡中,濾泡則儲放在其中一顆卵巢裡。濾泡期一開始,兩種荷爾蒙會刺激其中一顆卵巢的濾泡發育。發育的濾泡中,有一顆會逐漸凌駕其他,其餘濾泡則退回。最大的濾泡成熟時,會分泌出大量的雌激素,刺激子宮內層成長(稱之為子宮內膜)。這個階段會持續十至十七天,月經週期的長短差異,通常與濾泡期的差異有關。

排卵(Ovulation)

垂體腺所分泌的荷爾蒙,會促使濾泡破裂,釋出卵子,並在連接的輸卵管中纖毛的推動下,往下方的子宮移動。某些婦女在排卵期間會感覺腹痛或刺痛(稱之為經期間痛〔mittelschmerz〕),但大部分人則沒什麼感覺。

黃體期(Luteal Phase)

剩下的濾泡變成一種叫黃體(corpus luteum)的器官,分泌黃體酮和雌激素,兩種荷爾蒙一起促進子宮內膜增厚充血,以便支撐並供應養分給受精卵。黃體酮會造成體溫升高,你若想知道自己何時排卵,量體溫便可以知道了。

這段期間就是受孕期了。性交時,會有三億隻精蟲射入陰道裡,精子在幾分鐘內游過子宮頸的黏液,在半小時內,可能已經有幾十萬隻精子游

入子宮頸了。有些精子會立即鑽入輸卵管內，其他則先休息，幾天後
再繼續前游。精子能存活七十二小時，甚至五天。卵子在排卵十二到
二十四小時後都可能受精，因此，如果女生排卵時，輸卵管中已存有精
子，受孕的機會最高。卵子通常在輸卵管前端受精，受精卵沿輸卵管而
下，兩三天內抵達子宮。於受精後六至七天，在子宮壁上著床。

如果受精卵在剛增厚充血的子宮壁著床了，在這段妊娠期間，黃體便一
會直存活下去。若是未能受孕，黃體在排卵後十四天左右便會萎縮。

月經週期（Menstrual Phase，或稱經期〔Menses〕）
若是未能懷孕，黃體便開始萎縮，不再分泌雌激素和黃體酮，子宮內膜
失去所有刺激，也跟著萎縮，最後血液、組織和粘液會開始剝落，形成
所謂的經血（menstrual flow）。平均而言，經期會持續四至六天——對
女兒來說，這是意義重大的四到六天，尤其是初經時。

初潮與月經

我永遠忘不了初經來的那天。當天稍早我被狗咬了，還以為自己被咬到
內出血哩。我不該亂闖狗狗住的地方，所以不敢跟媽媽講流血的事，後
來我總算搞清楚是怎麼回事了。

——茉莉亞，兩名孩子的母親

請把衛生棉準備好！

女生胸部開始發育後兩年（如果胸部發育得早，也許要等三年左
右），通常就會來初潮了，也就是第一次月經。「人們談到難以忘
懷的記憶時，」娜塔莉·安吉兒（Natalie Angier）在《絕妙好女子》
（Woman: An Intimate Geography）中寫道：「會提到甘迺迪被刺，或挑
戰者號爆炸時，自己身在何處。可是女生真正記得的，卻是她的初潮，
這個伴隨著強烈情緒的記憶，深烙在女人的腦海裡。」

初潮平均發生在十二歲，大部分女生在十至十五歲就會有月經了。初經之前的幾個月，女孩的陰道可能會排出少許或透明，或乳白的分泌物，而且無臭無味。這是來自子宮的正常液體，就算是月經來臨前最後的警告吧。如果妳還沒跟女兒討論月經的事，也應該跟她談了。

子宮頸內膜已經在發育了，但得到青春期尾聲才會完全成熟。稚嫩的內膜對性病的抵抗力較弱，因此青少年遇到某些疾病時，較易受到感染（詳情見第十一章）。

認識衛生棉、衛生棉條與衛生海綿（給老爸看的）

衛生棉（又叫衛生護墊）由層層的長方形棉花，或其他具吸收力的材質製成，側邊會加上防漏的塑膠內襯，大小與以前的板擦差不多，只是更為扁平。大部分衛生棉都有背膠，能黏固在內褲上，棉質面朝上貼住女生的陰部。衛生棉有各種大小厚度（例如量多型護墊），女孩視月經日期及流量，會需要不同厚度的棉片。許多女生會先從使用衛生棉開始，因為她們還不太會使用衛生棉條。

衛生棉條是用壓成圓筒狀的吸收性材質製成，可以直接置入陰道中吸收經血。女生可以用手指將棉條塞入體內，大部分棉條都附有導管，插入時不覺得痛就行了。如果覺得不舒服，就表示放得不對。若想抽掉棉條，只需拉扯垂掛在陰道外的棉線即可。

衛生棉條跟棉片一樣，也分大小，視舒適度與流量來用。大部分女生應先從小號的棉條開始使用，如果因陰道乾澀而難以置入，可以使用潤滑劑。許多女生最後都覺得棉條比棉片舒適方便。家長得跟女兒討論一些與棉條有關的迷思。

迷思一：有些女生擔心衛生棉條會「掉在身體裡」。不會的，它能跑到哪？唯一的開口是子宮頸口，但頸口非常小（只有生寶寶時才會擴張）。同理，棉條也不會隨便掉出來——除非女生坐在馬桶上用力擠

──因為陰道的肌肉會將它包在裡面。女生搞不好還忘了自己有用棉條，尤其是棉線跑進陰道時。其實沒有棉線，也能輕易拉出棉條，只要把手指伸進陰道裡取出來就行了。

迷思二：有些女生認為使用棉條，自己就不算處女了。棉條有可能會撕裂或撐開完整的處女膜，但不一定會。許多女生不在乎這點，但你女兒若不想使處女膜受傷，就用衛生棉吧。如果棉條不易置入，不妨用手指將處女膜稍稍撐鬆，否則還是使用衛生棉最方便，要不就等她有性經驗再說吧。

衛生海綿跟棉條相似，都得置入陰道內，但海綿可以重複使用，使用前務必仔細清洗。目前衛生海綿並不普遍。

無論女兒使用哪種產品，都應該幾個小時更換一次，尤其是流量多時，這也是為了避免中毒性休克症候群（toxic shock syndrome）。

中毒性休克症候群是因細菌釋出的毒性物質遍及全身所造成的，症狀包括發燒、肌肉痛、嘔吐和腹瀉，因此一開始看起來像是病毒引起的。可是在兩天內，患者會開始頭昏、長出像曬傷的皮疹、眼睛紅癢、尿量減少、關節腫脹。如果出現這些症狀，就應立即帶女兒就醫。

即使月經沒來，還是有可能得中毒性休克，就算從沒用過衛生棉條，甚至是男人，也都有可能會得。不過一般認為，使用棉條會提高罹患率，因為置入過久的棉條容易滋生細菌。

這種症候十分罕見，最好的避免辦法就是定時更換棉條。有些人還建議使用低吸收量，未添加香味的棉條。睡覺時使用衛生棉也是個不錯的做法，這樣棉條就不會留置一整夜了。

初潮時雖會流出經血，但排卵的模式還未固定，初經後約一年，卵子便會固定每個月釋出、成長並萎縮，往後幾十年也都會持續這樣的過程。但這不表示初經來臨後的一年內不會懷孕。這邊所舉的都是一般狀況，有些女生會較早排卵。

月經週期剛開始時會不太穩定，經血可能量少或量多，時間有短有長，兩次月經可能間隔甚久。壓力、旅行和生活的改變，都會造成女生

月經沒來。（雖然月經沒來蠻常見的，但女兒若有懷孕的可能，最好還是做驗孕。）大部分女生在初潮後一兩年，月經就會比較規則了。

經血量通常從幾茶匙到半杯不等。如果女兒的經血量不正常，應就診看醫。

很多人說，女生月經期間應限制各種活動，這是錯誤的。女兒只要覺得舒服，做什麼事都無妨。如果她覺得月經期間頭昏昏的，或身體較虛弱，可以選擇不做劇烈運動，但通常來說無此必要。

因此，哪天你聽到緊閉的浴室門後，女兒怯生生地喊著：「媽咪？」時，大概就知道是怎麼回事了。但願在這天來臨前，她已具有月經的基本知識了。

凱西十一歲時，在衣櫃上層的架子找到一盒衛生棉，那是媽媽擺上去的。凱西的月經還沒來，可是已從朋友那裡學到衛生棉的用處。「我媽媽從來不好意思跟我談跟身體或跟性有關的話題，我問她衛生棉是做什麼的，她告訴我說，反正總有一天我會需要就對了。」

凱西的初潮終於來時，打電話給好友汪達，汪達跑到她家教她用衛生棉。「其實不難啦，但是第一次需要有人示範。先把背膠撕開，黏到內褲上面等等之類的，一開始難免手忙腳亂。」兩個小女孩後來終於決定嘗試衛生棉條了。「我們兩個剛好都來月經，可是又很想游泳。」

她們在藥局挑了最小號的，因為覺得小的棉條比較容易使用。她們買到沒有導管的棉條。「沒有導管的棉條絕不是新手的首選。」兩人擲銅板決定誰先試。「汪達在浴室裡試著把棉條塞進去，可是卻塞不了。後來換我試了，那東西超難用的。我的肌肉變得好緊張，痛死了，我根本不知道自己在幹嘛。」凱西把棉條塞得差不多了，汪達看了以後又試了一次，這回她成功了。

「然後我們就跑去游泳了，露在我陰道外的一小截棉條吸水膨脹起來，在泳衣底下明顯地鼓成一包。現在說起來很好笑，但當時一點也不好玩，我嚇壞了。後來我們才知道有導管這種東西。將來我一定要把女

兒該知道的事，一字不漏地告訴她。」

卡爾是單親爸爸，從朋友那兒學到該跟女兒說些什麼。「我在女兒月經來之前，就把該知道的都告訴她了，還教她用衛生棉。我一學就上手了，也知道一些內行人才懂的事——例如她應該在書包裡準備幾片衛生棉及備用內褲。」不過卡爾不打算傳授女兒一切，「等她想使用衛生棉條時，我妹妹會過來幫忙。我想，到時女兒真的需要跟有第一手經驗的人談。」

關 於 男 孩

男生的青春期不僅比女生晚，而且家長和孩子都不太會注意到。男生的身體發育沒有女生明顯，大約九至十四歲之間，男生的睪丸會開始變大，那是發育的初徵。

你家兒子大概比較會注意到自己的陰莖變大了，但一開始很多孩子依然不會察覺。男生的陰莖通常在十到十四歲間開始生長，先是變長，然後變粗，顏色加深，約莫三年的時間，才長得完全。男生將會注意到陰莖有何功用——或能為他們做什麼了——這點稍後細談。

凱蘿發現兒子卡特的青春期已經開始了，因為兒子在浴缸裡大叫：「媽，我長了一根陰毛！」這個初徵很難忽略。一般來說，男生十二歲開始長陰毛（通常在睪丸開始變大後一年），不過當然還是因人而異了。最早陰毛會長在陰莖根部四周，而且通常變直的。剛開始連幾根都數得出來，但不久後，陰毛便密到沒辦法算了，而且會變得更捲更厚，朝肚臍方向及陰囊、大腿方向蔓生。

搭帳棚

維妮塔跟兒子有一套起床儀式，她叫兒子起床上學，兒子哀求老媽再讓他賴五分鐘，維妮塔會讓他再睡一會兒，然後盯到他起床。這招向來

奏效。「我是賴床剋星，不達目的絕不罷手。」她壞壞地笑著說。

「有一天他賴了五分鐘床還死不肯起來，我便扯下被子作勢拉他下床，結果看到他的小雞雞頂在內褲底下。我從沒想過這檔事，趕緊把被子扔回去，很糗地說：『好吧，再給你五分鐘。』兒子上學前告訴我，有時他會需要久一點的時間，然後衝我咧嘴一笑，意思是沒關係啦。」

第一章談過，男生在出生前就會勃起了。可是等兒子步入小學尾聲，便常會因性吸引而勃起。隨著陰莖成長，這種情況將越加明顯，他自己和親人都會注意到。某些男孩很在意勃起的事，非常不想讓別人知道。

第一次射精（spermarche）

我夢到一本立體書，書裡有個男的有根立體陰莖，那陰莖在書上忽躺忽立。我翻過書頁，看到更多立體雞雞，接著我就射精醒了。一開始我還以為自己尿床，可是那感覺棒透了，於是我明白過來了。老爸以前就說過我以後會這樣，我是說，他跟我談過夢遺的事，不是那些立體雞雞啦。

　　——山姆回憶十三歲時說

髒衣服越堆越多，你知道該輪到老婆洗衣服了，可是怎麼辦？要不就自己動手，否則明天上班就穿襪子。於是你將白色與深色的衣服分開，把要乾洗的放到另一堆。白的、綠的、白的、白的、牛仔褲、白的、白的、白——呃？兒子的內褲上有個硬硬的白漬，你立刻會意過來了。好久不見啊老友——那是夢遺。

你是不是該說點話？兒子知道那是什麼嗎？你老婆跟他講過了沒？

你應該用冷水還是熱水洗？

青春期間隨時會發生第一次射經，若有哪件事能讓兒子確知自己已進入青春階段，就是這個了。並非所有男生都會夢遺，一般男生首次射精都是在他清醒地自慰時發生的，通常在十三至十四歲。男生第一次射精

時，裡面的精子還不是很成熟，就像女生初潮後一年的排卵情形一樣，還不必太擔心避孕的問題。

艾列克十二歲時衝到老爸房間，老爸西爾登正在看報，他抬頭看到兒子一絲不掛地一手抓著自己的陰莖，一手捧著他的「排出物」。

西爾登沒想到兒子如此大方，接著才發現原來兒子十分害怕，他以為自己在流血。後來西爾登很納悶：「他怎麼會以為血是白色的？」同時又心疼兒子如此受驚。

西爾登早就跟兒子講過射精的事了，事後父子倆談起來，西爾登才了解兒子對他的話根本一知半解。他解釋過寶寶的由來，還熱心地補充說，睡覺時可能會射精，如果艾列克想要的話，也可以讓自己射精，可是兒子想不透怎麼會有人想那樣做，所以西爾登也就沒多想了。

「這回我解釋得夠清楚了，我告訴他，用手搓揉陰莖或在床單上磨蹭，會讓人很舒服，若是舒服到了極點，便可能射精。第一次告訴他時，我沒講太多細節，因為我不習慣跟人討論這種事。」

事先告知射精的事，可以減少爾後孩子的疑慮。男生有各式各樣的擔憂，因為他們常覺得這是不可告人的事，也許根本不會來問你。在兒子初次射精前跟他討論，孩子才會知道射精是正常的，是他變成男人的一個徵兆。

萬一你兒子不像艾列克對他父親那般坦承，不妨把該教的教完後，就別再盯他了。不用逼問他到底射過精沒，只要讓他知道，需要人問時，可以來找你談就好了。

割草皮

對男生來說，學習刮鬍子是另一件大事──另一項正式承認自己進入青春期的專利。

鎖上房門

以前我常在淋浴時自慰，後來有天我停不下來，那時差不多十三歲，我一直搓呀搓，像著了魔似的，接著就射精了，那感覺真是太妙了。我突然全懂了，原來這就是所謂的射精。

——傑米回憶青少歲月時說

查理覺得給兒子隱私是天經地義的事，「他到一定年齡後，就會進房間鎖住門，在裡頭待好幾個小時了，門都是鎖著的。我不會去聽裡面有什麼動靜，但我會很慢很慢地走過去，不過什麼都聽不到。我朋友家也有同樣情形，他們到底關在裡頭幹嘛？」

善用隱私權是青春期的另一項產物。青少年比小學生更喜歡獨處。隱私帶給中學生的好處是小學生無法體會的——這是青少年處理強烈情緒的建設性方法。也許你覺得女兒不像以前那樣喜歡讓你進她房間了，因為她正在練習用新的能力照顧自己，這是她以前所不懂的。

有時剛進入青春期的孩子，會躺在床上做白日夢或聊天打屁。有時會聆聽能貼近他心情的歌曲。有時則是在自慰。

這個年紀的孩子窩在房裡探索他們的身體，看看什麼能帶來快感。他們照鏡子，或看著裸男裸女的照片。他們閱讀流傳於國中生之間的色情刊物。可是他們也會寫功課、上網和閒晃。

第四章談了很多自慰的事。青春期來臨時，會有更多孩子加入自慰的行列。由於性器官日益成熟、性慾漸強，加上性幻想，青少年會發現自慰的快感更甚以往。這些改變使得他們對自慰有了不同的解讀。

「小學時我問我媽，她明白地跟我表示自慰是件好事。」蘇珊娜說，「可是等我上了高中，開始頻頻自慰時，卻覺得罪惡感很重。自慰變成我年輕時一個不為人知的大祕密。」

激烈的快感和自慰時的性幻想，變成蘇珊娜的罪惡感來源。她說：「或許是因為除了我母親外，都沒人提過這件事吧。大家好像集體共犯一樣地保持沉默，連性教育課本裡都沒提到這檔事。我開始懷疑，老媽只是

在安慰兒時的我，所以才說自慰是正常的。

沉默了幾年後，十七歲時，我終於跟最好的朋友坦承我會自慰，這實在是天大的事，我全身發抖，因為從來沒把這麼可怕的事告訴任何人。」

蘇珊娜如釋重負地發現，「原來我好友也有做。」

蘇珊娜的媽媽能不能想點辦法，來減輕女兒的焦慮？

「我很小時媽媽雖然都跟我說過了，但她若能再提醒我一下也不錯。」

孩子進入青春期後，你可以提醒孩子，性慾和自慰都是健康正常的：

「有些小孩會，有些不會。有的人會跟你說自慰是錯的或危險的，由於大家都不太談這件事，所以我希望你知道，我覺得自慰是OK的。」

里格斯不太注意兒子的成長，直到有一天女兒自願幫吉米的臉「割草皮」時才留意到。其實兒子臉上根本沒啥毛，倒是比較像幾根從沙地上冒出來的雜草，可是里格斯已經準備行動了。

就像老婆形容的：「我老公迫不及待地想教吉米刮鬍子，這是他期盼已久的事。他去買了刮鬍刀和刮鬍膏回來包成禮物，他很慎重看待此事。我想，大概是因為他沒什麼機會跟兒子親近吧。吉米對運動沒興趣，功課都是我在幫他看，現在終於有一件父子可以一起做的事了。」

從某個角度而言，兒子第一次刮鬍子，跟女兒的第一件胸罩的意義相似。鬍子在陰毛開始生長後約兩年冒出來，最初幾次或許可刮可不刮，但家長若能陪孩子一起練習，會讓他覺得你欣見他長大。

某些家庭因宗教因素而禁止刮鬍子，但男生還是得學習打理自己的嘴毛。當然了，男生並不需要宗教來鼓勵他們蓄鬍，但如果家長硬要禁止，可能會引起家庭糾紛。

拿貝比的兒子為例，他在下巴正中央留了一道十公分長、五公分寬的鬍子，兩邊還留有鬢毛。當時貝比的兒子是唯一留這種鬍型的人，「你問我喜不喜歡他的樣子？我怎麼會喜歡嘛。可是我能說什麼呢？半句話也沒吭。兒子的作業乖乖寫，晚上按時回家，又很有禮貌。除了那個怪

里怪氣的鬍子外，其他每樣都一百分。所以啦，如果他的叛逆僅止於此，我已經算很好運了。」她想想又笑說：「而且我敢保證，幾年後我把這些照片拿給他女友看時，他一定會丟臉死。」

胸部發育

嗓子破了，長幾顆痘痘，這些似乎都沒什麼，大約有一半到三分之二的男生，還會有單邊或雙邊胸部組織發育的問題（通常大約只是一小粒豆大的硬塊，有時則大得多），通常這是因為雌激素在體內循環造成的。輕微的胸部發育一般會在一兩年內消失，但孩子可能因此遭到嘲笑，或自我懷疑。

輕微的胸部發育是很正常的，如果身邊的成年男子也有類似經驗，讓孩子知道，能使他更安心。假若孩子很胖，胸部發育也許會更明顯，也維持得更久（因為睪丸激素轉化成脂肪細胞中的雌激素，因此他的雌激素較高）。如果胸部組織令孩子十分苦惱，不妨找醫生討論治療方式。

我 美 嗎 ？

十三歲的女兒反鎖在浴室裡，為了今晚去購物商城，她已經在裡頭打扮兩個小時了。遇到這種情形，一般做父親兼司機的，都會晃著車鑰匙，大聲抱怨女生出門真麻煩，然後丟下她不管，自己離開了。

可是你只是坐在那兒翻著報紙，抵死不肯像上一代的父親犯同樣的錯。你跟女兒很麻吉，此時，你很願意讓她拿著心愛的少女雜誌，抱著一堆化妝品關在浴室裡畫臉。

門開了，樓梯上傳來腳步聲。

你拿起外套緩緩走向樓梯，準備好好稱讚女兒一番，不管她打扮成什麼樣子。

女兒亮相了。她的頭髮往後梳，且閃閃發光，她嘴唇豔紅，身上穿著

一件貼身無肩黑洋裝，左腕還戴了條銀鍊子。女兒看著你，他是你女兒沒錯，怎麼看起來會那麼⋯⋯性感。

你大聲倒抽一口氣。

等你發現自己幹了什麼好事時，女兒已滿眼含淚地奔回房裡了。

你坐在樓梯口，腿上擱著外套，垂頭想：「媽的，做老爸的就是這種死德性。」

別喪氣，不管你覺得自己有多麼古板，但當爸爸的未必就是這個德性──「父親」其實是個充滿成長機會的初階職位。不管你再怎麼善於應對，家中只要有青少年，免不了會歷經一番掙扎。青少年對自己的外貌是相當敏感的。

他們當然要在意啦！身體突然變成這樣，怎能不憂心，他們多怕自己沒長對啊。隨便拿起一本青少年雜誌，翻到最受歡迎且永不退流行的專欄「我最尷尬的時刻」，便能掃到一堆跟身體有關的恐怖經驗：我石門水庫沒關！我的裙子掀起來了！我沒刮腿毛！我的裙子有塊血漬！我朝他打噴嚏！我吐了！我放屁了！每個人都看到／知道／聽到／在笑我！我寧可死掉算了！

在身體劇變的年紀，穿著是孩子在外觀上可以控制的一環，也是掩飾缺點的必備品。意思就是說，孩子在選擇想穿什麼時，你最好放他一馬，半句批評都別講，或在非講不可時，設法說些不具刺激性的話：

「你穿那件襯衫沒問題嗎？我們要去的地方很冷哦。」

「我知道你很喜歡這條褲子，可是你如果想買新的就告訴我一聲，這褲子破洞的地方挺怪的。」

有時要講得不慍不火，還真需要一點功夫：

「你頭髮染得很漂亮嘛，這顏色叫什麼，黃綠色嗎？」

單獨就醫

女兒進入青春期後,她的家醫、護理人員或其他醫師,應該會告訴你,以後每次就醫,應該讓她私下看診了。

獨自就診,孩子才能學習負責看護自己的健康——讓她自己去描述症狀、發問,並遵照醫師的建議做預防或治療。這是孩子成長的表現,她得自己做決定,自己照顧自己。最重要的是,她才能和醫生討論不敢在父母面前談的健康問題。性的問題就是前幾項。

如果兒子的醫生沒要求家長離開,不妨跟醫師討論,何時才能讓孩子獨自就診。你也可以在問完問題後藉故離開,鼓勵孩子自己看診。

各州的法規都不一樣,但孩子的醫師在談到性問題、治療性病,以及提供避孕法時,多半都能保密。在極為罕見的情況下,醫師會覺得有必要說出來——例如會危及性命時——這時醫師會事先警告孩子,並解釋原因,然後再給孩子機會自行告訴家長。

由於醫院帳單上會詳列提供的醫療項目,無法保密,因此家長可以告訴醫師,帳單上不必詳列服務內容。青少年和醫師都需要一定的信心,才能做到這點,家長也必須夠堅定,才能忍住不去查看孩子的就診內容。

有些父母很難接受被請出診療室,如果你也這麼想,請別忘了,你最好奇的事,也許正是子女最需要私下跟醫師商談的。例如青少年出現性病徵兆時,在告訴爸媽或拒絕就醫之間,往往選擇後者,反而造成惡化和不孕等併發症。

有些少女罹患性病時,會找藉口拖延,說是害怕做骨盆腔檢查(pelvic exam)。

青春期發育後,女兒遲早得做第一次骨盆腔檢查,醫生才能評估他的生殖系統有無異常,並篩檢性病、做抹片、檢查癌症。

醫師通常會建議青春期的女孩,在第一次性交的一年內做骨盆腔及抹片檢查,並每年檢查,連續兩年。如果這些初期的抹片結果都正常,醫生會建議每兩到三年再做一次,有的則建議青春期間,應持續每年檢查,因為性病的罹患率真的很高。如果女兒沒有性經驗,一般會建議她十八

歲再開始做骨盆腔及抹片檢查，不過現在有的醫師覺得等大點才做也無妨。

女生做骨盆腔檢查時，家長通常不會在場，雖然女兒可能希望你能握住她的手陪她，至少第一次如此。第一次檢查，即使醫師輕手輕腳，還是會不舒服。孩子可能會害怕，所以最好事先跟她討論檢查過程。如果事後女兒懷疑性的感覺就是那樣，你也不必訝異。告訴她，那根本是兩回事，不喜歡骨盆腔檢查，不表示她會討厭性交。

最後，請記住一點，許多擅長對付兒童的醫生，也很懂得對付青少年，但有些則不然。有些醫師不習慣跟病人討論性——如果孩子的醫師無法自在地討論，或草草轉移話題，最好換個醫師。因為孩子必須能坦然地跟醫生討論性問題才行。

事實上，父母很難永遠不動聲色，最讓人吃不消的，大概就是看到女兒臨出門前，身上穿得少之又少。

乍見孩子的性感穿著，父母也許會受不了，或感到生氣，甚至害怕。你家的性感少女，在遭到始料未及的揶揄後，只好躲回房裡了。你知道嗎？我們訪問十和十一歲的女生，她們胸部發育時，誰最愛嘲笑她們？第一名竟然是她們的父母！這些爸媽其實不是故意沒神經的，可能只是不知如何面對女兒身體的變化罷了。

在雙方都緊張的局面下，當你覺得孩子的打扮過於曝露時該怎麼辦？

「女生在舞會上的打扮真的很風騷，她們都穿露胸露肩的衣服。」珍妮的女兒狄娜十五歲，珍妮語帶保留地說，「差不多三年前，她們就全都開始那樣打扮了。」

（注意我們談的是女生的打扮，而這個年紀的男生，愛穿垮褲和襯衫，大概是較容易脫吧。不過這是青少年的流行，搞不好這個句子還沒寫完，流行又翻了兩輪了。）

「剛開始我真的很不喜歡。」珍妮回憶狄娜十二歲時，看到一件紅色

小可愛，當時狄娜直嚷著說要試穿。不久，珍妮才鬆口氣地發現，小可愛在女兒的學校根本不算什麼，狄娜還不夠格當壞孩子呢。

「我發現所有女生都那樣打扮，也就是說，狄娜是有樣學樣，才不會引人側目。我不想讓她在學校覺得格格不入，就幫她買了她想要的衣服。」

珍妮和老公發現，「在中學裡，若不按江湖規矩打扮，你就完了。」這實在挺矛盾的，對七年級生而言，露肚臍反而是種掩護身體的方法。如果你擔心自己的長相，想在公開場合保持低調，該穿什麼？當然是能融入環境的衣服。

當然了，孩子的打扮說不定相當「鶴立雞群」，假如他選擇異於別人，不妨想想孩子到底要表達什麼，以及對誰表達。有些孩子藉打扮向同學宣告，自己無意跟他們結黨。有時女兒的打扮若令你看不順眼，也許是因為她想故意氣你。

有機會不妨探問一下。趁孩子打扮正常時去談，孩子會比較沒有戒心。只要用一點小技巧，便可探究原因，同時又不會批判孩子的穿著：

「昨晚你決定穿那件衣服，是不是希望能引起別人注意？」

「如果我跟你說，我有點被嚇到，你會不會很驚訝？」

「別人大概會覺得那件衣服有點暴露／囂張／奇怪，那是你的本意嗎？」

你若能小心謹慎，表現出誠懇與體諒，還是可以問問女兒，那天看見她打扮得千嬌百媚，而忍不住驚呼出聲時，她為什麼會哭著衝回房間？

心理學家戴維絲（Jodi Messler Davies）的老公偶爾也會遇到這種情形。戴維絲在近期一篇文章中，談到先生必須去女兒房間，卻又不知該說什麼的恐懼。

戴維絲說，他很勇敢地敲門走進房間，幾分鐘後，父女倆又開始有說

有笑了。

他到底做了什麼？

「我只是跟她實話實說，」他老公表示，「我說從沒見過她那麼美麗──就像大人一樣──害我一下喘不過氣……（我告訴她）我很喜歡她的打扮，可是我需要一點時間去適應。」

那女兒怎麼說？

什麼也沒講，他告訴老婆，女兒什麼都沒說，「不過她露出最美的微笑。」

天 啊 ， 你 長 大 了 ！

青春期另一項驚人的身體變化是，有些孩子會長得很強壯。

身為青少年是很奇妙而嚇人的，你會發現身體的新變化，賦予你昨日所沒有的能力。昨天你還能神不知鬼不覺地進出房間，第二天卻招來所有人的注目禮。這對家長來說，也是很興奮的事。

也許你會發現才十六歲的女兒，已懂得撒嬌混進pub裡，或有辦法叫遊樂園裡的男生讓位給她了。當兒子捲起T恤的袖子時，女服務生會對他特別親切。孩子在往後幾年，會慢慢學習使用自己的性魅力，現在也許他們還不太懂，但遲早總會知道。

當然了，不是所有孩子都具備這類的吸引力，沒有的人也許會嫉妒，覺得不公平。有些男生努力在學校健身房健身，當然這很好，能提升自尊或有益健康。但某些孩子會服用類固醇來增加肌肉量，女生則是拚了命減肥。

然而對自我印象低落的孩子來說，同儕之間批評與競爭，可能使這段青春歲月變成一場殘酷的打擊。稱讚臨出門參加派對的女兒很漂亮，雖然無法改變她們的世界，卻可以讓女兒稍微好過些。

早 熟 或 晚 熟

　　有人總是衝第一，也有人總是墊後。孩子的發育若異於同儕，會有以下情形。

早熟的孩子

　　早發育的孩子很辛苦，尤其是女生。如果女兒是學校率先長胸部的女生之一，很可能會受到嘲笑。小男生也許會去拉她的胸罩，大男生則投以異樣的眼光，女生也會說些五四三的。如果女兒缺少年紀較大的朋友，同齡的友人裡，大概就無人能與她分享感受了。

　　她的發育也會影響成人對待她的方式。家人、老師和陌生人對早熟的孩子，態度會不一樣。大人或許認為孩子在性方面也會表現得較早熟，其實卻沒有，或者會期望孩子的情緒和智性發育，能與生理的發育同步成長。可是她的身體看起來雖像個大人，社交技巧卻還很生澀。說不定你自己也會期望她比以前表現得更成熟隱重。

　　因此較早進入青春期的女生，在步入成年期時，往往比同年紀的女孩適應力差。這些女生涉入各類危險行為的可能性較高，包括不懂避孕與吸毒。

　　當然了，對這些早熟孩子所做的研究，提出的只是一般影響。你只需把自己的女兒照顧好就行了，家長的反應可以淡化孩子所面臨的難題。調整自己的期望值，也許能讓早熟的女兒更自在。

　　「發現女兒已經在發育時，我並沒有很開心。」艾薇莉說，女兒八歲便開始長胸部了。「我真的沒料到會這樣，她是收養來的，我有她的一些醫療資料，可是他們不會跟你講這種事。我自己也算發育早的，但我有個朋友是班上最早發育的，我目睹她所經歷的一切。我告訴女兒，每個人都會輪流變成女人，現在輪到她了。我跟她談了月經及所有生理的變化，可是最有幫助的是，我經常邀她的幾位表姊來家裡，讓她有機會

跟其他人討論自己的變化。我覺得那方法很有用。」

早熟的男生通常會成為大夥嫉妒的對象，不會遭受嘲弄。他們低沉的聲音和健壯的肌肉，讓他們在同儕間享有權威地位，很少會覺得有必要隱藏自己的發育。大家會覺得他們比較有能力了，雖然他們的社交技巧未必比同齡者成熟。有些研究發現，這些男生在初高中時得到的社交優勢，會隨著年紀越大而漸漸勢微。

晚熟的孩子

晚發育的男女生也有他們的煩惱。

帕蒂十七歲時才來初經。「我還以為自己身體有毛病。我所有朋友的月經都來了。最初我慢了一年，後來變成慢兩年，我心想這是怎麼回事？偏偏又沒人可問。

我絕不可能跟爸媽談這件事的，我知道練芭蕾的人月經往往來得很遲，我小時學過芭蕾，所以覺得那應該就是問題所在。」帕蒂的父母什麼都沒表示，帕蒂也很少去看醫生。當她的月經終於來時，帕蒂興奮極了。「終於來了，我心想，我大概算正常吧。後來我才知道，我爸那邊的女生都是到十七、八、九歲才來月經的，可是從來沒有人跟我講過。」

晚發育的男生，問題可能跟女生一樣多。他們會覺得自己個頭小、聲音尖，「不夠MAN」，更衣室裡其他男生也會這麼覺得。但就我們所知，等他們開始發育時，大部分男生都適應得不錯。

「我好像沒注意到自己發育比較慢耶，」馬歇爾絲毫不以發育遲緩為恥，「我也沒看過其他男生的陰莖，我知道自己比較矮，沒有別人壯，我看得出別的男生在成長，可是我並不知道自己將來會跟他們一樣，也不覺得自己比人遲，只是不一樣而已，我還以為比較弱的男生都像我這樣。」

早熟與晚熟的就醫

「你看！」佩莎指著陰毛說，之前我都沒發現。我說：「噢，那很自然啦，你的身體在發育了。」我心裡想，「這到底是怎麼回事？她才七歲啊！」之前幾個星期，佩莎特別笨手笨腳，還鬧頭痛，害我擔心她是不是長了腦瘤。我帶她去看醫生，醫生說小孩子的發育速度不一，但他希望能確定孩子健康無虞，便幫佩莎做了掃瞄，還做了骨齡X光鑑定。佩莎很緊張，可是檢查結果都正常。佩莎現在覺得很安心了。我們一起讀了幾本跟青春期有關的書，一切都很好。

——艾琳談及八歲的女兒說

我們建議青少年每年做檢查，有任何異常的青春期現象，醫生才能檢查出來。不過你若有任何疑慮，不需等足一年，請隨時預約赴診。

科學上對何時算早發育尚有爭論，不過基本上，非洲裔的美國女生六、七歲前便開始發育胸部長陰毛，而白人女生七、八歲前開始者，便算是性早熟了（precocious puberty，或稱早熟性青春期）。大部分早熟的女生不會有身體疾病——只是很早發育而已——但她們可能會有荷爾蒙的問題或其他疾病，因此如果女兒的發育時間異常，最好帶她去看醫師。如果她已生出陰毛，但胸部還沒發育，通常沒什麼關係；但若她已開始長高、陰蒂開始變大，或冒出粉刺，胸部卻還沒發育，就應該就醫了。

男生跟女生不同，早發育的男生身體較容易出現需要治療的問題，如腫瘤，因此請找醫生檢查有無癌症。如果兒子的陰莖或睪丸很早便發育了（你可能沒注意到），或長得比其他男孩快，最好去看醫師。如果他在九歲前長粉刺，或十歲前長出陰毛，家長也許比較容易注意到——兩種情形都應就醫。

如果女生到了十三歲，胸部還沒有動靜，或胸部發育後四、五年還沒來月經（或在十五歲前尚未初潮），就算是青春期延遲了。男生的睪丸在十四歲前尚未變大，或睪丸開始發育後五年，睪丸與陰莖看起來還不像成人的，也算青春期延遲。

睪丸怎樣才算太小？如果到十四歲，睪丸還不到2.5公分長，他就得找醫生檢查了。你可能看過兒子在量陰莖，但他大概不會拿尺去量睪丸吧，猜想你也不會費心定期去量。陰毛是比較容易看出來的指標，如果兒子十四歲還沒長陰毛，或比同學還晚熟，不妨聽聽他的醫師怎麼說。

大部分晚熟的男女生只是單純的晚發育而已，沒別的問題，而且最後結果也都跟大家一樣。我們稱之為「體質性遲緩」（constitutional delay）。許多青春期間體質性發育遲緩的孩子，即使在青春期前，也是矮個子。

疾病也能造成發育遲緩，有些是可以治療的。慢性疾病可能會造成青春期延緩，也許是因為疾病耗掉了青春期間所需要的體力吧。女生中，芭蕾舞者和其他運動員的青春期可能會有遲緩現象，因為她們把體力都消耗在運動上了，使得體脂肪下降。不過原因可能比我們目前所知的還要複雜。醫藥與環境中的毒素也會造成青春期延遲，而營養不良和厭食症也是原因。

　　某些研究發現，人們常認為發育較遲的男女生，責任感比發育較成熟的同儕差，依賴性也較強。做家長的應小心避免這種誤解。你家的小個子，在其他較不顯眼的地方，也許比其他人早熟很多哩。

期 待 青 春 期

由誰來談？

　　許多雙親家庭的家長都會想，發育的事，女兒方面是否該由母親來講，兒子則交給父親？答案是肯定的，不過你們也可以混合交談。假如你對兩性青春期的改變，懂得比配偶多，何不由你出面？更理想的是，你和配偶可以一起跟孩子討論，不過最好別讓孩子像聽審似地，獨自坐在桌子一頭，聽另一頭的父母訓話。

談話目的是讓溝通保持暢通，如果兩個人在一起比較自在，那就讓這兩人一起談吧。之後再試試別的組合，因為孩子聽到的觀念越多，對他越好。

話題何時會蹦出來很難說，也許是某天老公出門買東西，你在家陪小孩時，兒子突然問你為什麼女生有月經，男生卻沒有（也許下回他想知道何謂口交，那麼出門的人最好是你）。

要讓孩子知道可以跟你們任何人提問，他可能會偏愛你們其中一人、其他家庭成員，或外界人士，尊重他的決定。孩子最需要的是，有明理又了解他的大人陪在身邊。

其他資源

醫師、性教育老師、宗教諮詢、祖母和孩子最喜歡的叔叔，都可以幫助你。上網搜尋，可以找到跟前青春期及青少年相關的最新優良書籍和網站，這些資源會提供各種資訊，家長必能從當代觀點中，找到一些能符合你價值觀與文化背景的資料。

我們最喜愛的兩本書是Robie Harris與Michael Emberley合著的《It's Perfectly Normal》，以及Ruth Bell等人所寫的《Changing Bodies, Changing Lives》。前者是我們之前提過的青春期圖文書，非常適合想了解青春期的學齡兒童閱讀，對青春期中的青少年而言，亦十分詳盡；後者是給國高中生看的全面性指南。

該說什麼？

青春期的事，該跟孩子講多少？何時開始談？是對他長篇大論，要求他寫筆記呢？還是等他自己來問？嗯，大概都要吧。建議家長在青春期開始前，先給孩子一點概念——對大部分家長而言，八歲開始應該算很OK的——之後再重複教過的內容，並隨著青春期迫近，補充更多細節。

有的孩子什麼都想知道，有什麼感覺、什麼時候會發生等等；有些則好奇心較低，或至少看來如此；還有的一聽到衛生棉條，或要他們坐下來閱讀青春期入門手冊，就會開始抗拒。當然了，你最了解自己的孩子，因此最好由你來選擇跟孩子分享哪些內容。我們認為有幾個要點，是所有前青春期孩子都應該知道的。

女生一定得知道月經。家中若有婦女來月經，應該很容易切入這個話題。孩子應學會每月的週期過程，有些孩子知道的超乎你想像，有些則不然，因此發現女兒胸部開始發育時，應確定她已理解月經是什麼了。她得知道實務面，如衛生棉或棉條的使用法。她也會想知道自己為什麼會有月經，詳細解釋月經週期，可幫助她了解懷孕與避孕的觀念。讓她知道，從陰道排出的透明或乳白色的正常分泌物是什麼。

告訴她，胸部要開始發育時，會有小小的硬塊。等一段時間後，她也許會想知道胸罩的事。

男生從嬰兒時就會勃起了，但現在他們的意識更強，也更在意了。告訴孩子，男生勃起是很正常的。

對男孩來說，射精大概蠻嚇人的。事先告訴兒子，等他進入青春期後，就會開始射精了，免得到時慌張失措。要詳細解說夢遺和自慰造成的高潮。

視你的文化觀點而定，有些人會教孩子除毛和避免體臭。萬一你忘了，看到沒刮的毛髮，聞到飄出的體臭，自然就會想起。

如果你有女兒，也許你會略過男生的部分不提，反之亦然。其實孩子若能了解異性的發育過程，對雙方都有好處。

如何談？

不需要一次全部講完。我們討論過，性和青春期的教育，不該只教一次。掌握任何機會，當孩子問衛生棉條是做什麼的？他何時會開始長鬍子？看到公園裡的小狗在交配時，都可以趁機教他一些。

盡量將青春期描述成自然美好的過程。也許朋友告訴你，這年紀的小鬼會穿鼻環舌環、情緒擺盪得厲害，還有人為了買鼓而賣掉狗狗，但請你努力把這些傳聞拋開。十歲是很難過的年紀耶，想到以後還有漫漫苦路要走，你要他心情好到哪裡？

　　你可以坦白告訴孩子，接下來的變化會需要適應，但請保持樂觀。這是一段發現之旅，是智性與體能的增長過程，也是學習變為成人的必經之路。好吧，光憑這些話大概無法打動孩子。那就試試另一招吧。告訴他們，青春期是通往開車、看限制級電影、擁有投票權的必經過程！

叛逆期

　　最後還有一種情形，不管你多麼努力、多麼關心，就是很難，甚至不可能跟孩子討論青春期的事。

　　愛莉很期待與女兒分享成長的心得，她想像自己為女兒做當年母親沒幫她做的事：教她用衛生棉條、刮體毛、享受母女的長談。從吉兒開始發問後，愛莉就有問必答，來者不拒。吉兒知道寶寶是怎麼來的、性愛是什麼感覺。愛莉在浴室教她月經的事，後來在電視上看到時又教了一遍。可是吉兒一進入青春期後，「青少年的叛逆全來了。」

　　愛莉發現吉兒九歲時胸部開始發育，特地安排跟她一起到植物園散步，想對她解釋女生的身體發育，以及將來的情形。母女倆單獨坐在池邊，但吉兒什麼都不想說。「她大步離去，我已經夠開明了，還是無法跟她討論，她根本不想面對問題。她的朋友還沒有人開始發育，所以她覺得自己很奇怪。」

　　愛莉後來才知道，吉兒已經開始有月經了，因為她在浴室有聞到氣味，後來在抽屜裡找到一個用衛生紙包好，使用過的衛生棉。愛莉知道吉兒過去幾年學得夠多了，對月經已有基本的認識，也知道月經對女人的意義。可是她很想參與女兒的成長。「我的美夢泡湯了，可是我必須尊重她的隱私，只能接受這是她的事，不是我的事。所以啦，我告訴

她，如果想討論隨時來找我，並教她，用過的衛生棉應該丟到垃圾桶，而不是塞進抽屜裡。」

後來愛莉終於找到跟女兒討論的辦法了。吉兒有個朋友的母親去世了，那位朋友來家裡時，會問愛莉一連串的問題。愛莉對她知無不言，吉兒也能順便聽到許多資訊，不用自己開口問。愛莉認為，讓吉兒知道她最好的朋友很尊重自己媽媽是件好事。幾年之後，「青少年的叛逆期過去了，」母女倆又能無所不談了。「我的朋友和我認為，無論怎麼用心，所有青少年都會有兩年的叛逆期，父母是躲不掉的。」

是的。青春期的身體變化，有著錯綜複雜的細節，但最難搞的莫過於青春發育開始後，孩子一旦「跨到另一邊」，就再也回不了頭了。他們有著青少年的想法，腦袋瓜可能會產生一些驚人的念頭——而改變你們的親子關係。

青少年的身體，確實能創造驚人的變化，但他們的心智——創造愛的能力——才是躍向下一步重要階段的推手。

第 七 章

愛情來了

調 情 、 約 會 和 其 他 青 春 期 的 傷 心 事

輕柔低語
你談及，愛，
共處時光匆匆，
如船隻流逝，
卻是離別恨早。
——《低語》，歐登・納許／詞；柯特・威爾／曲，1943（"Speak Low", Ogden Nash and Kurt Weill）

噢，不要！我不想當唯一沒有男朋友的人！
——九歲的莎拉

「甜心，你若不想去派對，真的不必勉強。」

十二歲的兒子坐在床沿——他才剛選定穿哪雙鞋看起來比較成熟——他很勇敢，但你知道他其實怕得要死。雖然他已非當年那個驚見一屋子小朋友和小丑時，緊抓住你大腿狂哭的小鬼了。

「我覺得我應該試試看。」他說，你真的很愛你們家這位小男人。

於是你們一起默默開了十五分鐘的車，在長長的車道盡頭下車，陪他走到七年級春季派對的穀倉——這是你兒子第一次參加舞會——學校把穀倉布置成舞廳的樣子。

樂聲震響，貼著鏡面的燈球將片片彩光打在人群上，角落的機器噴出乾冰，女生們……女生們打扮得跟音樂錄影帶裡的人一樣。她們群聚而立，穿著露背裝，塗著豔麗的口紅。你家兒子是裡頭最矮的小孩。

　　「你知道我的手機號碼吧？」你在震天價響的節奏聲中吼道。

　　「嗯。」他的眼睛泛著晶光。

　　「我會去買點東西，如果你想早點回家，就打電話給我。」

　　「OK。」

　　幾分鐘後，你在大賣場時手機響了，有個小小的聲音在另一頭喊道：

　　「SOS！」

　　「我馬上就來。」

　　你匆匆結完帳，衝回派對，發現兒子向你的車子奔來。媽咪來救你了。

　　他臉上掛著笑意，「媽，我沒事了。」

　　「什麼意思？」

　　他示意要你坐好，然後坐進車裡，悄聲說道：「我剛剛請一個女生跳舞，她答應了耶。」

　　兒子留在派對了。

　　你站在車道尾端，望著寶貝兒子衝回笑聲洋溢的舞會，樂聲傳到草坪上，一種奇異的情緒悄悄爬上你心頭。這種介於焦慮與悲傷的感覺，究竟是什麼？

　　難道是……被拋棄的感覺嗎？

　　你坐回車裡，繫上安全帶，想像自己猛抽一口長煙，然後自顧自地說：「也就是說，接下來兒子就要拋下我了嗎？」

說 得 沒 錯

孩子進入青春期了——從開始發育算起，到經歷過苦惱，最後擺脫純真的兒童時期這段期間——他將開始做些青少年會做的事了。

順利的話，他也差不多在這段時期開始探索愛情的世界。

你大概可以預料到，孩子開始約會戀愛後，爸媽必然會遇到一些情緒和管教上的問題。年少的愛侶易感易怒，能翻起情感的驚天巨浪，但在成人眼中，並非所有情緒都是良性的，尤其對他們的父母而言（看看亞當、夏娃和上帝的例子）。

本章只是個起頭，我們會細說孩子在情路上跌跌撞撞時，親子的心路歷程會有何變化？孩子需要從父母身上得到什麼？為什麼你會對孩子抱持不切實際的期許？我們會探討家長在面對孩子的初戀時，會有什麼反應？由於這些戀情均發生在孩子情緒與智識大幅躍進的青春期，因此家長在指導孩子探索神祕的愛情世界時，最好能修正自己的管教方式，以適應他的新需求、新能力和新慾望。

一個充滿歡喜、憂傷、熱情、背叛及狂喜的新世界，正等著你們親子加入。兒子開口邀人共舞的那個下午，第一次發現了這片天地，不過，再進一步探討青春期的兩情相悅之前，我們先拉回到最初的青澀階段。

似 愛 非 愛

> 我原本有個男友，不過他好像忘了有這回事。我以前很喜歡他的，後來就各走各的了。現在他看起來好像笨笨的，而且有別的男生送我戒指，我經歷了很多事情，可是他卻還是……嗯，他說話時會噴口水哩。
> ——吉莉安，九歲

三十多歲的修回憶說：「讀三年級時，我朋友和我只知道世界上有個

女孩叫卡蘿‧安妮。」她是班上的金髮小美女，綁兩條辮子，長得超可愛，班上男生都很愛捉弄她。卡蘿有件招牌橘色帽T，她媽媽在衣服胸口幫她繡了個C字。「大概所有人都覺得她太漂亮了吧，我們就說那個C是死的意思，『危險哦，危險哦！』每次看到卡蘿我們就故意狂叫，『死卡蘿來囉，千萬別讓她碰到你！啊！！！』」

你有沒有幹過這種事？

如果有，那是因為你跟現在的十歲小鬼一樣，都知道中年級的男女生之間有一道高牆，跨越那道圍籬，是非常刺激好玩的。

全世界三歲左右的學步兒，若逮到機會，都會莫名其妙地選擇跟同性的孩子一起玩。年紀漸大，選擇的自由越高，男女生就分隔得越遠，這種情形在八至十一歲時到達顛峰──尤其是會被其他孩子看到的公開場合裡，學校操場、鞦韆架等，都成了男女生各自群聚的場所。男生自認比女生厲害，女生覺得男生很沒水準，若在老師或家長命令下，而不得不有所互動時，也都一副如臨大敵的樣子。

這並不表示男女生對彼此沒有什麼用處，事實上，不與敵國交好的禁忌，反而使得碰觸、親吻，或（這可是禁忌之最）喜歡異性，變得刺激無比──遇到適當時機，小孩子一定不會放過。

「我們那個年級，有兩個人同時喜歡上一個人，」好動的七歲葛雷解釋說，「戈登和大衛都喜歡雅莉安娜，大家傳來傳去，每個人都知道。所以就有一大群人打賭大衛和雅莉安娜會變成一對，真的非常非常好笑唷！噢，對了，你不可以把名字寫出來哦。」

不准說出去，不准講誰喜歡誰，那太好玩／太糗／太奇怪／太噁心／太有趣了，不過我還是會把一切告訴你啦。最初期的男生愛女生（如果可以算愛的話），都含有這種意圖。因為他們既想被異性喜歡，又覺得很噁。喜歡與討厭很難分得清楚，因為都混在一起了。她好可愛啊，死卡蘿！

女生也許比男生大膽些，願意與異性交友，但也是有限度的。舉九歲

的吉莉安為例，講完自己必須擺脫「前男友」後，吉莉安偷偷看爸爸在讀什麼小說，瞄了一下後，突然捧著肚子癱在沙發上大聲作嘔。

「怎麼了？哪裡不對了？！」

她嘔到一半停下來，指著書上一段話：「他緊抓住她，深深吻住她的唇。」

九歲的女生可以暫時將某個男生當成「男朋友」，可是叫她去吻男生，想都別想。

小學男女生這種「欲拒還羞」的遊戲雖然有趣，卻使他們無法輕易克服對異性的矛盾感受，於是這種遠離異性的誇張遊戲形態，會持續下去，直到一切起了變化。

兩 性 共 處

「去年男女生還分得遠遠地，今年就會彼此交談了，而且不會被亂傳。」成熟的十二歲柯林想到自己從六年級升七年級的情形時說，「去年如果男生跟女生交朋友，就會被說什麼男生愛女生，今年就不會這樣了。」

變天啦！

其實一向就是這樣的。大約自五年級初到七年級結束的這段期間，全國各校壁壘分明的男女生開始不再對峙了。促成這場革命的原因，有青春期的啟動、智識的增長、情緒的日益成熟，以及從小學升上中學的這件事實。當新的秩序終於產生時，也開啟了男女生互動的大門。

課後男女生玩在一起，不會再被亂扣帽子了，孩子會開始鼓起勇氣與異性來往。可想而知，經過多年的男女分隔，大部分五年級生都不懂如何接近異性，因此最初的嘗試，無可避免地幾乎都從群體接觸開始。一群群的男女生也許會在操場上群聚，有一搭沒一搭地講講話，或逛街巧遇時，聊個幾分鐘後再各走各的。不久他們便會開始邀異性參加他們的

派對，然後派對又變成了舞會。

　　孩子如何進入男女共處的階段？

　　「有人邀我跳舞，」柯林說，「我不知道怎麼跳，但覺得應該可以搞定吧。我原本連手要怎麼放都不懂，不過現在我敢邀女生跳舞了，現在常有機會學習與女生相處了，因為我們班很多人都會找男女生一起行動。」

　　於是事情就這樣開始了。男女生在眾目睽睽之下彼此碰觸，兩人隨著音樂擺動，小聊幾句，然後慢慢的就變得有意思了。當然了，並不是每個孩子都會善用跳慢舞的機會。

　　柯林接著說：「有些人還不太習慣七年級的互動模式，一開始我也是這樣，後來就習慣了，可是我有個朋友還沒跟上來，這樣蠻可憐的，舞會時他寧可在一旁坐冷板凳。」

　　柯林其實無需擔心，反正遲早會輪到他朋友的。而且在女生眼裡，他們兩人大概都一樣幼稚吧。

　　比柯林高一個頭，同樣是十二歲的雅莉桑德說：「我沒辦法跟班上的男生談話，他們實在太一幼一稚了，老在女生旁邊做些蠢事，又不肯跳舞，還自以為很酷。」

　　事實上，男生們是興奮到不知該如何是好。

　　中學的男女落差，當然都是青春期引起的。女生的發育比較快，這很重要，因為異性相吸，是青少年鼓起勇氣跟異性談話的主要動機。沒錯，雖然是女生邀柯林共舞的，但柯林其實很期待受邀。

　　「最近我覺得很有意思，因為我開始慢慢懂得什麼叫吸引力了。」柯林說，「我會去注意班上女生長什麼樣子，也開始喜歡看她們了。」

　　還有別忘了青少年多麼熱愛舞會。柯林跳了第一支舞後，「跳完後我好開心！而且我跟女生跳舞時，不知這樣講會不會太……嗯，胯下常會有種……又麻又癢的感覺。我是不是不該講出來？」

　　啊，是的，當愛情在撥弄少年的心弦時，性慾亦緊隨而至。

柯林跳過第一支舞後的兩個月，我們又問了他最後一個問題。他覺得自己什麼時候才會開始跟喜歡的人「約會」？

「有件事我蠻確定的，」他說，「我現在還沒有約會的心理準備，也不知道什麼時候才會準備好，就讓時間來決定吧。」

好吧，不過可能比柯林想像的還快。

脫離尷尬期

大家都覺得十三歲交男朋友很正常。我男友亞當昨晚很生氣，因為有別人說他們喜歡我，亞當非常嫉妒，而且有些女生也說我對那些男生擠眉弄眼。亞當很氣那些女生，覺得她們是故意想挑撥我們兩個。之後亞當的一個朋友跑來找我，想確定我沒有生亞當的氣。可是我覺得他是來告訴我，亞當想把我甩掉！

——莫妮卡，十三歲，紐約時代雜誌

度過在異性面前不知所措的時期後，有些中學生就開始試著約會了。先說明一點，稍早幾年，雖然有所謂的「男朋友」和「女朋友」，但如同九歲的柯莉塔所言：「我們只是這樣稱呼而已，其實根本不會出去約會，你只是比較喜歡他們而已。」可是上中學後，男女朋友就會真的「約會」了；雖然在成人眼中，這年紀孩子的約會根本不成氣候，而且真要說起來，中學生的約會，多半只是嘴上說著好聽而已。

中學的孩子大多無法維繫浪漫的親密關係，因此所有對異性的好奇，全轉換成對約會的嚮往、談論、邀約、告訴朋友自己在約會、分手、嫉妒等事項上。曖昧可以搞很久，等變成一對後，不久就告吹了。

莫妮卡接著說：

所以我就離開他了，亞當覺得我在生他氣，後來我們終於見到面，還一

起跳了舞。他說他永遠不會甩掉我，他從來沒有那種念頭，還說跟我約會很棒，我也就同意了。後來一切就都很順利。

有時這種關係確實能維持一段時間，例如幾個月。若是如此，這些「情侶」就會變成眾人的話題，在學校不斷引起討論，張三李四都來發表意見。再隔幾年，大一點的青少年相戀時，通常會擺脫朋友，擁有較私密的親密關係，但這時期，男女生的交往還是在公開情形下進行，且多半繞著一個主題打轉——「我們算是在交往吧？」

七年級的小鬼談起約會，僅限於動嘴巴，而且真的很能耍嘴皮子。

「十三歲時，我很喜歡一個叫亨利的男生，」現年十五歲的卡莉娜說，「我們在網路上很能聊，可是一想到要跟他本人講話，我就快昏了。」

「我們只是網路上的關係而已，因為大家都很在意別人的想法。」卡莉娜的朋友蘿倫補充說。

「等後來見到他本人，」卡莉娜倒抽一口冷氣說，「只覺得，我的媽呀！」

從卡莉娜和蘿倫的話可以看出，她們誇張的調情動作背後，其實非常害怕知道男生對她們的看法。十三歲的孩子自我印象非常薄弱，沒什麼信心。從這些青少年的反應，便不難理解女兒為何要不斷問你：「我漂亮嗎？」。想像在深山裡，靠樹皮和打獵活了四十年，突然有人把鏡子塞到你面前——面對第一個被你邀出來的男生，看到他對你的反應，感覺就是那樣。

難怪你女兒只肯透過MSN跟男生互動，因為在網路上可以修正自己的反應，也能得到其他線上朋友的暗中支援。也難怪你家兒子會被他姊姊斥為「劈腿男」了。因為非常時刻，要用非常手段嘛。

經過刻意的掩飾與生怯恐懼後，終究有人會按捺不住，鼓起勇氣跳出來說話。

卡莉娜表示：「我在學校就認識亨利了，可是我只跟他在線上聊天。講電話比較困難，我四個月後才敢打電話給他。在愛上他四個月後，我覺得終究得告訴他吧。因此我打電話跟他告白，然後隨便找個藉口，速速掛掉電話。」

事情進展如何？

「電話上他什麼都沒說，等我掛完電話後，發現他已經上線了，然後我們又聊了五個小時。」

然後呢？

「嗯，我們好像喜歡不同的人。」

他們說，就醬而已。

假如你認為與情人漫步巴黎街頭，烏雲罩頂時一起躲進咖啡館裡吃蘋果塔，然後攜手步入沁涼的夜色中才叫浪漫……那麼你真的離十三歲很遠了。各位啊，對他們而言，接下來要說的才叫有趣。

真 愛 定 義

這得看你怎麼定義啦，不知道耶，我覺得我真的……我不知道自己是什麼感覺。我真的很喜歡這個人的內外在——該怎麼說呢？心靈上的嗎？就是指一個人的舉止、氣質和外貌。我是真的很喜歡，可是我還是無法感受到那種會讓人想結婚的愛。不過誰知道呢？

——傑洛德，十二歲

誇張的化妝、奇怪的電子郵件、如何打扮的煩惱，以及各種猜疑，到頭來都會值回票價，因為有了——愛情。

網路世界的安全問題

青少年開始探索網路愛情世界時，家長大概很懷疑，孩子掛在網路上安不安全？一提到網路，家長最擔心兩件事，一怕孩子受到成人煽動，二怕孩子上色情網站。我們來看看這兩種可能。

網路誘騙與侵害

孩子上網受到誘騙，而與大人發生性行為的情形，雖會發生，卻不常見，遠比被家人性侵或約會強暴的機率更低。1999至2000年針對美國1501位上網青少年調查的結果發現，沒有人遭受過網友的性侵害。

不過被陌生人問要不要做愛的情形，倒是常發生。研究中，十至十七歲的孩子，20%的人表示至少遇過一次。年紀較大的孩子、愛掛在聊天室和跟網路陌生人聊天的孩子，比其他人受誘拐的機會大。某些孩子會覺得受到騷擾，尤其是年紀較小，下線後還會接到誘拐者電話的孩子。

令人失望的是，研究指出，家長常用的監督法，似乎無法減低被網路性騷擾的風險。例如把電腦擺在公共空間、篩選軟體、查看螢幕、檢查孩子的網頁瀏覽記錄，詢問孩子在網上做什麼等，似乎都無法減低被誘拐的可能。沒有資料顯示，家長的監督和規定，可以有效扼阻孩子和網路色狼在外碰面的機會——雖然這種情形很罕見。

家長若無法保護孩子免於誘拐，至少可以幫他做心理準備。我們不建議家長禁止孩子上聊天室，因為他們可以從中獲得許多樂趣、支持和資訊。但孩子一定得知道，網路上自稱十五歲的人，實際上可能已經五十了，他為了誘騙你，故意說些小孩愛聽的話。警告孩子，若遇到陌生人發送即時訊息，想約碰面做愛或聊天，只要不予理會，不給對方住址或電話號碼等個人資料就好了。叫他們封鎖對方的即時訊息，而且一定要告訴你。

鼓勵孩子只上少數幾個有操作員監控的兒童網站聊天。

誘拐未成年上網者是犯法的，你可以報警或上www.missingkids.org網站，這是全國性的失蹤及受虐兒服務，他們會將受拐案件遞交給執法單位。

（台灣可查詢：失蹤兒童少年資料管理中心www.missingkids.org.tw；勵馨基金會www.goh.org.tw。或洽當地縣市政府「家庭暴力暨性侵害防治中心」，或撥打全國保護專線113；緊急報案專線110。）

網站的過濾機制

如果孩子有上網管道，又對性頗為好奇，遲早會上色情網站。

你大概已經知道，可利用網站過濾（filter）來防堵這種情形，大型網路服務業者都內設過濾功能，只需啟動，便可以過濾跟色情相關的資訊。這些程式也可以個別購買安裝，大部分會阻絕跟「性」等關鍵字連結的網站。

這類程式的缺點是，不該過濾的也濾掉了，它們雖然切斷孩子接近色情的多數通路，卻也無法連結某些極具價值的網站。有些公立學校使用的過濾程式，連獨立宣言和《福爾摩斯歷險》都濾掉了。連最強的過濾程式，也無法連結有益的性資訊（更別說是乳癌了）。

重要的是，為了上色情網站而謊報年齡的孩子——男生通常在十五至十七歲間（約有四分之一的孩子會謊報年齡）——也是最可能利用色情網站去學習性與其他敏感議題的孩子（大約也有四分之一的孩子會這麼做）。因此，封鎖色情網站會阻斷他們上網學習禁慾、安全性行為及其他健康議題的機會，其實並不值得。

總而言之，孩子偶爾都會碰到色情網站——若不是在家裡，也會在同學家。與其千方百計地防堵，不如協助他們判別訊息。也就是說，注意他在逛哪些網站（看什麼電視節目、電影，以及聽什麼音樂），並一起討論那些訊息所代表的含意。問問兒子，覺得網站上對女人的描述是否切實，並表達你的意見與理由。你若反對孩子上這些網站，請解釋清楚，必要時加以勸阻。若覺得無所謂，也要確定孩子了解幻想與現實的差異。（第十章會詳談色情資訊）

如何才能知道孩子有遵守規定？你可以去查兒子的上網記錄，找出他最近看過的網站名稱（除非他刪除了）。檢查瀏覽記錄（browser history）跟偷看日記其實很像，都是監督孩子舉動的取巧辦法，也都跟

隱私有關，因此家長會想去探查。你若決定查看瀏覽記錄，最好先警告孩子，讓他有個底。不過何不乾脆問他在電腦上做什麼，用更直接的方式徹底滿足你的好奇心。

最後，十一歲的拜里說了一個發人深省的故事，供你做參考。

「去年我和朋友朱利安用他老爸的電腦上網，想找舞蹈網站，結果不小心點到色情網站了，我們好怕他爸會發現，就想從瀏覽記錄裡刪掉，結果記錄裡有更多數都數不完的色情網站！我們實在不知道那些網站是怎麼來的，只好匆匆閃人。」

就像那句老話說的吧，「玩蛇的人，總有一天被蛇咬。」

所有孩子都會感受到愛，例如，孩子在學會打出一段像話的簡訊之前，就已經愛你很久了。不過新的愛──浪漫的愛情──遲早要登場亮相，而你們的家庭生活，也會產生另一次轉折。

什麼時候會開始啊？

嗯，浪漫的愛有點像所謂的中年，很難說始於何時，可是發生時，你一定知道。

你若問孩子何時初戀，會發現一件怪事。八年級生會告訴你，他們的初戀大概在十歲，高一生則說是十二歲，高三生卻說是十四歲。到底怎麼回事？這些孩子難道忘了小時候的感覺了嗎？答案可能是，孩子小時，便初嘗到成人的戀愛滋味了，只是隨著日漸長大，感受也漸漸變得濃烈而複雜，使得幾年前的戀愛相形失色。

「八年級時，我跟愛莉莎約會了三個月，後來就分手了。」現年十六歲的喬書回憶說，「我很苦惱，但還不到傷心的地步。我並沒有真的準備好要談戀愛，只是覺得有個女朋友好像很酷。但我從沒真的考慮要交女朋友。」

這位自認目前很認真在談戀愛的少年認為（結果又是跟愛莉莎），以

前兩人之間的情愫，只是在模仿大人而已。

「當時我知道她喜歡我，我也沒交過女友，就覺得試試也好。我有幾個朋友剛開始對女生很感興趣，覺得那樣很屌。我們之間的感覺並沒有那麼強烈，也還沒有什麼愛慾。大概接吻了幾次吧，這樣可以跟朋友吹噓。」

兩人分手一年後，喬書和愛莉莎又在夏令營碰面了，而且發現他們將來要上同一所高中。兩人常跟著其他朋友一起行動。後來喬書和她就越走越近了。

「我們的友情越來越好，我開始對她有感覺了，那時我比較成熟了，知道喜歡女生的心情。我常跟朋友討論女生的事，就是——怎麼說呢——我的身心都開始改變了，變得對女生感興趣。」

於是八個月前兩人開始約會。

結果呢？

「難以置信，太神奇了。感覺上好像可以一直繼續下去，我們在一起很久了，感情也越來越深，現在我大部分時間都跟她在一起，比較少跟其他男性友人廝混。一切都是那麼的美好。」

也許是愛吧

年少時的戀愛，就像突然來到奇幻國度裡一樣。纖細易感的少年情感一旦決堤，連對外界的觀感都變了（「噢，天啊，那首歌寫的就是我們！」），所有理性盪然無存（「她就是我的真命天女！」），所以最好別交辦他重要事情。

現在他全心全意只想著腦子裡的大型秀，由於要承受這種難以負荷的情緒狂潮，青少年會將自己關在房裡，聆聽夢幻而低緩、配合自己各種心情的音樂，將愛人的名字寫滿整張計算紙，不停地談著他們的感情，雖然不一定是跟你談。

坦妮莎最近去看她那位剛談初戀的青少年姪子，小男生才談一個月的戀愛，卻是超誇張的一個月。「他會帶著一臉痴笑走過來，說些『我的心都快爆了！』還有『感覺好像整個人都飄起來。』之類的傻話。」

熱戀中的人真是令人嘆為觀止。「他對戀情的投入雖令我動容，但他似乎沒察覺到房裡有我這個人，即使明明是在跟我講話。」

這讓我們想到一件有趣的事，真正的戀愛與十三歲的死黨約會不同，只容得下兩個人。愛是建立在彼此的相守——從小倆口的觀點來看，當然是這樣的——但愛也代表分離。每次孩子愛上一個人，就離他人的愛遠一點。就像展開新的關係，是遺忘上一段情傷的辦法。

可是如果這是兒子的第一位女友呢？為了愛，兒子會先拋下誰？

你說呢？

中 年 觀 點

茱莉擔了好幾年心，怕女兒貝絲不懂得約會。「我真希望她能談場戀愛，」茱莉解說，可是貝絲卻毫無興趣。到底哪裡不對勁啊？是她逼得太緊嗎？還是貝絲隱瞞了同性戀身分？茱莉逛遍所有當紅的家長網站，直到貝絲上大一後，才終於交男朋友。

「而且這男生很不錯唷！」

茱莉開心地和老公派崔克開車去看女兒和她的男友萊斯，眾人一起度過愉快的下午，一切都十分順利。當派崔克載兩人回家時，心滿意足的茱莉睡著了，結果她做了一個夢：

「整個世界被核爆毀滅了，再也沒有法律，男人肆無忌憚地強暴女人。一開始我好怕自己會被強暴，接著我才知道他們是要強暴我女兒，我想到唯一能保護兩個女兒的方法，就是把她們兩個都殺了。」

好吧，也許這次探訪並沒有想像的完美。

茱莉的夢，是潛意識裡的血腥畫面，是她不想公開討論的心事。「顯

然我對女兒交男友的事不高興，」茱莉說，「所以才會在夢裡殺掉她。」

茱莉不是唯一有這種反應的人。許多家長發現孩子談戀愛時，會感到訝異與不安。詫異是因為爸媽應該希望孩子快樂，而愛情正是通往幸福的大道；不安，是因為不管孩子多麼開心，她所走的路，會令你想起自己的一生。

你已習慣去呵護孩子了。看到她衝去接電話，轉身對話筒柔聲細語，你彷彿從她身上看到自己年輕時的寫照。你的過去一一湧現，摻雜了當時的種種美好，以及錯失良機的悔恨。

「孩子讓你想起過去。」摩根嘆口氣說。他帶七年級的兒子麥斯去參加派對，「我自己討厭跳舞。所以一直跟他說，『你不一定要留在舞會裡。如果你想回來，打個電話就好了。』我知道麥斯這孩子，在舞會裡應該會很不自在。」

可是他沒有，事實上，他玩得可瘋了。

「那時我才了解，」摩根說，「我自以為是在保護麥斯，事實上卻揭露了自己少年時期的焦慮——我老覺得自己是個大怪胎，與別人格格不入。我在不知不覺中，把麥斯的事移情到自己的青春苦惱。等我想清楚後，就不再干涉他了。」

可是做起來還是挺難的。

「我對七年級的記憶很深，因為那年我們住在巴黎。看著麥斯班上的女孩時，我突然想起1959年，巴黎的七年級女孩，一切彷彿只是昨日！我想起她們身上的香味，隆起的胸部，以及自己的臉紅心跳。」

啊，巴黎，愛之都。記得杜瓦諾（Robert Doisneau）的攝影作品，那兩名在熙來攘往的巴黎街頭忘情相吻的年輕愛侶嗎？十幾歲時看到照片，你會想：「我將來會那樣嗎？」二十幾歲看到時你又想：「我們就是那樣！」可是年近四十，見到這幅在人潮洶湧的法國BHV百貨公司前拍攝的情侶照時，你的反應就跟高普尼克（Adam Gopnik）在《巴黎到

月球》（Paris to the Moon）中所寫的一樣了。「任何去過BHV的人都知道，他們會吻成那樣，不是因為熱戀，而是因為很高興能活著從百貨公司走出來。」

親愛的朋友，這就是中年對你的影響。你看見兩名心醉神馳的愛侶，覺得他們會如此忘情，是因為剛買到一台超讚的數位相機。

幸好諷刺並不會隨年紀消減，對愛的辛辣觀察，是唯一能讓你保持冷靜的辦法。若再涉入一些，你就會想起稍縱即逝的青春，感嘆歲月催人老了。

可是萬一杜瓦諾的情侶在你家客廳笑成一團——而且是在晚上呢？你會不會失去冷靜？驚覺自己可能再也無法體驗轟轟烈烈的愛情，而難過不已？

你聽過「青少年是父母的煉獄」這句話吧。以前你總覺得，那是因為孩子進入青春期後，會變得超級難搞。其實那只是一部分原因。

養育青少年之所以艱難，還有一個討厭的隱性原因，也許多年來它一直啃噬著你的心靈，或當你在某個晚上望著浴室鏡子時，才恍然醒悟。青少年常使家長吃盡苦頭，是因為此時你剛好步入中年。

也許你的中年生活過得稱心愉快，跟伴侶的愛——與性生活——一年好過一年。也許你離了婚，也許又談戀愛了，只是這回談得更順心。你的家庭生活也許十分幸福，事業飛黃騰達，對未來充滿樂觀。若是如此，圓滿的生活會讓你覺得，孩子的青春期是種美好的賜福，親子可藉此一起分享新的經歷。

然而你對中年的感受若如作家海倫・辛普森（Helen Simpson）在《Getting a Life》中所寫的一樣：「中年用它的肥臀，一屁股坐到你身上。」大概就會比較難過了。

噢，看啊！孩子長得亭亭玉立啦，她變得更聰明了（聰明到看得出你的缺點），她前途無量，美好的愛情等著她去體驗。

然後你在商店櫥窗裡瞥見自己，驚覺自己的長相怎麼跟想像中落差這

麼大。你再也不是十七歲了，你的另一伴也是。

而你家的青少年雖然還生怯稚嫩，卻突然開始會堅持要這要那了。

「你憑什麼以為今晚可以再出門？」

「大小姐，你根本沒在聽我說話！」

「沒錯，我知道那樣不公平，可是人生本來就不公平！」

難怪家長要跟青少年吵了，當孩子發現生活裡充滿各種美好的可能時，你卻偏要跳出來唱反調。當然了，孩子若能明白歲月不饒人，做家長的當然會覺得很安慰。但青少年與中年人的衝突本來就是痛苦的——因為你必須放棄一部分希望，將它們轉嫁到孩子身上。

離 你 而 去

輕柔低語

你談及，愛，

我們的夏日

消逝太匆匆，太匆匆。

——歐登·納許與柯特·威爾

「大概一年前，她十四歲時開始的吧。」蓋莉談到大女兒時說，「一開始她先是挑一些小毛病，我的髮型、我都不化妝等。最近我發現我們一起出去時，我若笑太大聲，她就會轉開身。她嫌爸爸笨，嫌我們的牛仔褲過時，我們邊走邊吃，她就說：『你們兩個好噁！』」

「那實在很傷人，」蓋莉說，「因為她以前非常崇拜我們。」

等孩子談了初戀，第一次跟家庭以外的人相戀，而不再崇拜你時，又將刺傷你的心。這也是沒辦法的事。

孩子用理想去建構自己與愛情。小時候，他們將爸媽理想化，認為爸媽無所不能，爸媽越好，他們就越覺得自己受寵。孩子畢竟屬於你們，

當父母最欣慰的一件事，就是接受孩子的崇拜仰望。但父母必須從高台上退下來，孩子才能離開你，去追尋另一種愛。於是孩子開始挑剔你。一位受訪的母親表示，「後理想化」時期的青少年，會讓自己覺得「很受傷」。

當然了，孩子還是得模仿「偶像」，才能維繫他們的自尊。但現在她生活裡的偶像，變成她的朋友或最愛的明星了。她學習他們的衣著談吐，想跟他們在一起，而不是你。然後她找到一個人，將他理想化，不只是去模仿，而是全心全意跟他在一起。她找到初戀的對象了。

我們說過，孩子愛上一個人時，便不再愛另外某個人。第一次的那位某人就是你了（至少你會那樣覺得）。這跟分手一樣，得過一陣子才能平復，尤其你從沒料到孩子會為了一個大一學生把你甩掉。

「跟貝絲和萊斯共度週末後，一想到她愛別人甚過我，就好沮喪。過了一陣子後，我才覺得自己太奇怪，太不健康了。」茱莉說，「我真的覺得失去女兒了，後來我跟其他幾位媽媽談到，她們也都有同樣的心情。她們說：『噢，我從來不敢把這個祕密告訴別人。』」

茱莉總算調適過來了。「我發現冒出這個新男友後，你得用丈母娘的心態去看他。也就是說，對女兒的依戀中，要把他也包含進去。最近我們去健行，萊斯非常關心我的感受，我心想，好吧，就隨女兒去吧。這也是新體驗。」

事情就是這樣。幾年前，你還是孩子眼中的卡通英雄，你是白雪公主，邊晾衣服邊開心地唱歌，身邊是一群愛慕你的小矮人。

現在你唱著另一首歌，啁啾的小鳥和小兔子已經不見了，魔法森林被一般的客廳所取代，你不再是美麗的童話公主，而是坐在沙發上看報，等待女兒夜歸的中年婦女。突然間，女兒從門口跳進來，「嗨！」了一聲後就躲回自己房間了。

你心想，女兒嫌你吃飯樣子難看，那又如何！青少年本來就很挑剔。她不再吵著要你抱了，你們以前也有過更嚴重的爭吵啊。你把報紙扔到

一邊，抓起一張CD，調低音調，開始　大聲跟著唱：

> 愛是火花
> 消失在黑暗中
> 太匆匆，太匆匆……

好 聲 好 氣

或者你可以試著跟孩子談談。

跟孩子討論初戀得很小心，就像穿著軍靴，躡手躡腳地踩過春季花園的苗圃，每一步都很可能把嫩苗踩壞。孩子在愛情上投注的柔情，已夠令他害臊了，他也許會避而不談，就算你試了，孩子也惜字如金，若是被逼急了，甚至還會生氣或不高興。

但除此之外，青少年經常表示，跟父母談話對他們幫助極大。以十五歲的萊絲莉為例，她對所有家長的建議是：「無論如何，一定要保持溝通管道的暢通，我們小孩子會希望無論發生什麼事，都可以跟爸媽商量。如果爸媽不在身邊，會覺得非常孤單。」

蓋莉謹守這項要點，不理會女兒的吹毛求疵。「前幾天我才跟她談到，找男友得看哪些優點，吸引力並不是重點。」

你說這番話，對她有任何意義嗎？

「意義可大囉。我看得出她有在聽，雖然十四歲的小孩都會把媽媽的話當耳邊風。我沒理會她的鬼臉、白眼和不屑。我看得出她聽進去了。」

青少年得經過一番抗拒，才會採用你的建議。一方面，就像萊絲莉說的，女兒需要你的支持；另一方面，她又需要與你劃分界線，也就是說，她認為父母不盡然全懂，自己和朋友可以做出更好的判斷。因此當你在表達意見時，孩子也許會裝出一副沒在聽的樣子，有時也真的是左

耳進右耳出。

身為青少年的家長，你的智慧可能不受重視，你的愛情觀甚至會受到挑戰，因為他們想獨立。但請牢記孩子需要你，你對孩子永遠重要，這是當父母的職責。你是親子關係的守護者，就算孩子想挑釁，還是需要你去捍衛、保護這份關係，因此當她在下星期，又想當你的乖寶貝時，你還是會在那兒守護著她。

約 法 三 章

萬一孩子絕口不跟你談他的祕密戀情，有幾件事還是非討論不可。有些決定得做，例如晚上幾點前必須回家？可以單獨和女友待在她家中嗎？若成績下滑，或因戀愛而不顧家事呢？萬一你覺得他交往的女孩並不適合他呢？

這些都是青少年的戀愛參數，家長遲早得訂出規則。等你最大的孩子升上中學時，你已經有十幾年訂定規則的經驗了，你知道怎樣才能讓孩子乖乖寫功課、吃飯、幫忙做家事——簡言之，你知道如何讓他們活得像個文明小孩。也許你打算複製過去的成功經驗，用一是一，二是二的方法，來解決青春期的管教難題。

萬萬不可。

以克萊兒的例子為鑑。克萊兒發現十四歲的兒子丹尼爾想跟一名高三生出遊，便出面阻止。結果母子倆大吵一架，丹尼爾怒罵克萊兒無權干涉，克萊兒則堅稱自己是母親，這是她家，做兒子的必須聽話。此時的丹尼爾已不再是個小男生了，比他媽媽高出一個頭，因此吵架時，克萊兒要求兩人一起坐下來，因為「我不喜歡比他矮的感覺。」反正事情鬧得非常僵。

克萊兒和丹尼爾的爭執，是青春期典型的衝突，這些爭執都有一個很容易理解，但未必能輕易避開的原因。簡單說，孩子進入青春期後，會

希望擁有更多控制權。初入青春期的孩子渴望自由，家長卻還是傾向保護孩子、安排他們的生活。

在家長認為需要改變之前，為了爭取控制權，憤怒的爭執幾乎天天上演，並在中學初期到達高峰，直至高中時才漸漸趨緩。等高中畢業，爸媽終於交出控制權後──或發現怎麼管也管不住時──一切才恢復平靜。每個孩子的時間表都不一樣，家長若能隨著青春期的進展，因應孩子（及自己）的需求，不斷調整管教的方式，應能大幅減輕緊張的關係。

當心性騷擾

早上打扮得好好地，結果在走廊上，常會碰到男生講些噁心的話，害你心情變得超差。他們想讓朋友以為你跟他們有一腿。好討厭哦，因為你不並想被誤會。

──黛妮兒，十六歲

這年頭青少年的性騷擾行為，從廁所牆上的色情粗話（或網站──等同於二十一世紀的廁所文學），到直截了當的示愛、罵人、跟蹤、拉扯和掐捏，通通都有，而且還蠻常見的。大部分青少年──男女生都一樣──都有被性騷擾的經驗。女生受騷擾的經驗似乎比男生多，而且事後感覺也更差。

學校應依照法律，正視性騷擾的呈報，必要時提供孩子保護。不過你也許不會想等學校查明事態嚴重時才出手。

青春期一旦啟動（或甚至在這之前），家長偶爾便可問問孩子，有沒有人在學校欺負她。在學校受到騷擾的孩子，只有少部分人會主動告知家長，因此萬一孩子批評自己的身體或穿著時，最好探問一下。如果她太難堪，無法誠實回答，至少可以從你身上得知，性騷擾是無法接受的行為。如果她回答有，跟她好好討論。若只是稍微或很少受到欺負，可以協助孩子決定如何處理。她可以選擇相應不理，期望騷擾會自行平息。

或許她想反擊欺負他的同學，或請你將問題交給學校處理。

如果孩子不斷受到欺侮，尤其變成動手動腳，或令孩子害怕時，就去找校長，要求學校出面阻止。至少學校會調查你孩子的話是否屬實，並管教那些男生，通知他們家長，盡量隔開那些孩子。

民主權威式管教

記得第二章介紹的民主權威型父母嗎——既高度要求孩子守規矩，又對孩子的需要給予關切和支持的管教方式。跟其他孩子相比，民主權威型父母調教出來的孩子自尊較高，比較不會沮喪焦慮，習慣也較良好，較成熟自立，成績甚至更佳。

民主權威方式似乎是管教所有年齡孩子的利器，但我們要提醒你，孩子進入青春期後，若想跟他在戀愛上約法三章，有兩項原則應該很好用。

首先，民主權威型父母很懂得培養孩子的獨立觀點。規矩雖然是父母訂的，但他們有訂規矩的方式。他們會跟孩子解釋規矩背後的邏輯，並取得孩子的理解。這種做法在技術上叫「歸納」（induction）。

第二，民主權威型父母懂得用民主的氣氛帶動討論。做了決定後，他們會詢問孩子的意見，如果孩子反對，且理由充分，民主權威型父母會修正他們的規定。若不修改，也會明白表示尊重孩子的意見，然後解釋為何他們要採取不同的做法。

歸納與民主使孩子的道德感與心理健康獲得提升，並在青春期來臨時，強化家長對孩子的影響力。

孩子小時候將父母奉若神明，他們的知識有限，你說多吃一份甜點對身體不好，他們就聽你的（好吧，也許他們還是會偷吃，但他們還是相信你的話）。青少年則不然，他們已經知道父母也會犯錯了，所以父

母需要證明自己說的是對的。由於十六歲的孩子已能做抽象推理了，他們會質疑你干涉他的個人選擇是否公平，如穿著打扮，房間該如何整理等。從他的新觀點來看，家長若用「我說了算」來解釋新規定，他會認為你在強詞奪理，而加以反抗。

我們發現，以「強勢鎮壓」來鞏固優勢地位的家長，在孩子進入青春期後，權威反而削弱。反之，懂得適度放手的家長，比那些凡事都要管的父母，更能影響孩子的決定。對青少年，你得先放棄權力，才能獲取權力。

記住這幾個原則後，再來看看如何應付孩子約會後遇到的難題。

盲 目 的 愛

假設你不喜歡女兒的男友，很抱歉，你能做的恐怕不多。雖然這對你和女兒都是個難關，但戀愛這檔事，你應該（在一定限制內）讓孩子自己去受傷犯錯。

跟她所愛的男生「爭寵」，你絕對立於必敗之地。越是禁止她跟男友在一起，她就越想要。她會緊緊依附著他，為了你所討厭的男生疏遠你，結果親子關係每況愈下。萬一你真的阻止成功了，也許要付出女兒失去自主意識的代價，同時失去良機，培養她尋獲真愛的能力。

阻止孩子談戀愛的風險真的很高，除非確信對方會危及孩子——例如他有暴力前科或酒後開車的惡名——否則千萬別用這個方法。

風險較低的狀況，如男友並不危險，但實在很顧人怨，不妨跟孩子表明你的反對立場，但給她跟男友在一起的權利——如果她堅持的話。

至於其他看走眼的情形，建議你還是支持孩子，然後默默祈禱他們的戀情盡快結束。這個辦法未必總是被動的，繼續跟孩子保持緊密的關係，別因為生氣就不管了。注意她的活動行程，有機會就參與，邀請他們一起參與家裡的活動。確定女兒在生活中，至少有一份溫暖、關心而

輕鬆有趣的人際關係——也就是跟爸媽的關係。

然後耐心等待，用這句話安慰自己：他們大概撐不了多久。十五歲少年的戀愛，平均壽命是三到四個月。

成績直直落

> 凱爾交女友三個月了，我覺得她人還不錯，但很擔心凱爾，他變得跟以前都不一樣了。他跟娜拉交往之前，心思都在田徑隊上，也練習得很勤，現在卻經常翹頭。他似乎只想跟女友說話，一天到晚都在通電話。我擔心他不再關心以前在乎的事了。
>
> ——凱倫談十七歲的兒子

也許你還蠻喜歡兒子的約會對象，但不喜歡約會對兒子造成的影響。當孩子為了戀愛，而鬆懈自己的責任，的確令人憂心。是的，即使被愛沖昏了頭，該做的事當然還是得做，但你也該調整自己的期望了。孩子肯乖乖上課當然好，但學習去愛也很重要啊。

兒子若是罔顧重要的活動和人際關係，要求他跟你談談，最近他最在乎什麼？他的新戀情是否跟他的朋友們、社團活動有衝突？討論他所忽略的責任，一起決定哪些是非做不可的。

然後一起擬定實踐的計畫。例如，他的數學不該只拿六十分，因此要求他提出提高成績的辦法，也許少出去約點會。你還可以設法減輕他的負擔，騰出時間讓他談戀愛，例如，答應他可以少做點家事，或不用參加週五的家族聚餐。這個年紀把時間用在戀愛和課業上，也許比較好。

關於門禁

孩子開始在晚上與朋友出遊後，應該限定他們回家的時間。記得第二

章講到監督時間及去向嗎？家長若有監督孩子的去向、跟誰在一起，以及何時會回家的習慣，孩子較不會喝酒抽煙，成績較優，在學校也較不會有紀律問題。跟那種放牛吃草的孩子相比，他們會等年紀較大後才發生性關係。對十五到十八歲的孩子來說，規定門禁時間，是不可或缺的監督方法。

門禁時間的維持及商議方式，比時限本身更重要。家家規定不同，從晚上九點以前到凌晨兩點都有，而且不僅因年紀而異，也因社區的規範而有差別。設定青少年回家的時限，是實踐家庭民主作風的好機會，邀孩子一起擬定合理的時間，設定每週的夜歸時間，週末或許可以玩晚一點。然後再決定如何執行（違規時應避免嚴懲）。

門禁時限應有些彈性，情況特殊時，可以重新設定，並事先約好，萬一遲了，孩子得打電話告訴你，以維繫家庭和諧。

好想獨處

「前陣子貝卡問我們，能不能讓她喜歡的男生放學後到家裡來，但那時我們兩個都還沒到家。」琳恩說，她和老公奧蘭多下班回家都很晚了，她不知道十五歲的貝卡在獨處的幾小時裡想做什麼。

她是不是覺得跟他一起待在家裡比較有安全感？

還是想跟他親熱，看他是不是她想要的那種男生？

或者她在要求父母允許她胡來？

「我們說：『不行，我們如果在家，他來可以，可是他不該單獨跟妳待在我們家。』」

「貝卡揚著眉，頗不以為然，『你們以為我們想幹嘛？做愛嗎？』」

「我說：『我不認為你們會那樣做，問題是，你們這個年紀的人適不適合這樣獨處。』」

孩子要求與男友獨處時，你也許會想，**到底**什麼才是她這年紀該做

的？你該不該任他們獨處，而讓他們有機可乘，甚至是默許他們胡來（因為她知道，你很清楚獨處代表什麼意義）？

在思考該給孩子多少隱私權時，請記住，監督有時會造成反效果。合理的監督能使孩子延緩初次性經驗的年紀，但嚴苛的監督可能會造成抗逆。為了反抗父母而做愛，實在不是做愛的好理由。

那怎樣才叫嚴苛？

第二章談過，這得靠父母來實驗。最好的做法就是讓孩子發聲，協商他需要的隱私程度，同時觀察他對監督的反應，父母若覺得自己太緊迫盯人，就稍做讓步。

「我覺得貝卡有權要求一定的隱私與探索。」琳恩說，「我不知道自己是怎麼跟她溝通的，我覺得她跟男友在一起無妨，但絕不准做愛。我相信她已經知道了。」

她怎麼會知道？

「嗯，她知道我不在時，男友不准過來，那不就表示不許他們有性關係了嗎？我不太清楚她對這事的看法。」

或 許 她 也 不 清 楚

孩子雖然揚起眉、冷冷地瞪著你，跟你頂嘴，但她其實跟你一樣，面對這些恐懼與誘惑時，也非常迷惑。找幾個青少年一起聊愛情，他們會問一大堆問題，或根本啥都不問，只是不斷地講自己的事。

聽聽他們在想什麼，「我喜歡他嗎？」、「這就是愛嗎？」、「我們該怎麼辦？」他們對愛情世界探索得越深，就越會繞回一個特定問題，那也是你家青少年面對的下一個大問題。

十二歲的約瑟說：「你根本搞不清什麼是『對』，什麼是『錯』。比如說吧，什麼時候開始做某些事才算適合？跟性有關的事，哪些可以去做或想？尤其扯到性交的時候。例如，我常會想到這個問題，我可以想

要性交嗎？」

十三歲的班尼：「我覺得自己根本還沒準備好，但我已經開始會去想那檔事了。我想做嗎？我確實有精蟲衝腦的時候啦，可是一想到性所涉及的事——想到性的意義，以及自己親身上場——我就覺得完全沒有準備，我想我五年之內都還不會準備好吧。」

十五歲的溫蒂：「我很討厭那種非打扮不可的感覺，就像比瘦或比美，比來比去都沒人能贏。我不喜歡別人用特定眼光看我，可是到頭來，我還是屈服了。真沒意思，因為我希望擁有的，是真實而充滿愛的關係，男生卻只有在女生穿上緊身牛仔褲，把頭髮吹得美美的時候，才會去注意你。如果我不打扮，根本沒有機會。」

十五歲的妮兒：「我覺得有個男生超性感的，可是他已經死會了。他跟女友剛好在吵架，而我跟我男友也在冷戰，因此我朋友便決定把我們送做堆。除夕夜時，我們邀他到派對，彩球落下時，我們兩個接吻了。我不確定我吻他是不是為了想讓男友吃醋，還是因為他真的很迷人？他的女友對我大擺臭臉。我們還不夠熟，所以我不清楚他的動機是什麼。我也搞不懂自己為什麼會幹這件事。不過他真的很帥。」

十五歲的喬治：「我最擔心的是，事後我會不會懊悔？還有就是，我這樣做對嗎？我會不會傷害到她？」

十五歲的莉莉：「你才高一而已，如果他喜歡你，你也喜歡他，那就好啦。又不是要有性關係，只是接吻而已嘛，只要兩個人都喜歡，就無所謂了。」

瑪隆，十六歲：「我覺得我會等結婚後再發生性關係，我無法保證啦，不過我是那樣計畫的。」

十六歲的愛莉莎：「我對喬書大概比對任何人都誠實，我們一起去參加夏令營，那個夏天等於是同居了，對彼此了解也多更多了，如果我們可以一起做那件事，就什麼都可以做了。」

喬書，十六歲：「一開始，性好像是一大門檻，現在我就不確定了。

我們只是覺得彼此非常相近，沒有什麼事需要再用力去證明了，我們對彼此完全坦誠。」

性代表什麼意義？跟愛又有什麼關係？我們該不該做？

孩子開始去愛，去約會後，這些問題便會開始在心裡打轉。大部分青少年高中畢業前，便能找到答案了。但願你的智慧和關懷，能賜給孩子答案。接下來的一章，將幫助家長找出辦法，迎接這項挑戰，至少現在你已盡力了解問題背後那顆驛動的心了。

孩子毅然離開你，轉而親近他的理想情人。因為他需要這樣的人，才能脫離父母的大愛，找到屬於自己的新愛。

於是你感到慌張而悵然。他何時變得這麼高了？你問。我們為什麼不能再像從前一樣地玩耍？難道他忘了嗎？

時光何以一去不復返？

愛 神 輕 觸

我覺得

無論我往何處去，

明日已近，

明日已至，

明日總是來得太過匆促。

——歐登·納許與柯特·威爾

這就是父母與青春期子女的關係寫照。

孩子一邊談著初戀，你也一邊思考愛情為你帶來什麼。你對愛情頗有洞見，女兒卻是個不折不扣的情場新手；你不知道該如何教導她，她卻有如初生之犢勇往直前，相信自己絕對不會跟你犯同樣的錯。

納許與威爾為音樂劇《愛神輕觸》（One Touch of Venus）所寫的曲子

〈低語〉，正是本章的背景音樂。這齣喜劇裡的愛神雕像有天活了過來，生平第一次體驗到愛情的滋味。故事中的維納斯調情了半天，瞥見人們平凡無奇的市郊婚姻生活後，嚇得快斬情絲，飛回奧林匹斯山去。

聽到這個故事後，我們很難不去想，那些覺得中年爸媽挺丟他們臉的青少年，在初嘗愛情滋味後，一定相信自己的愛情會完全不一樣。他們的愛情裡沒有任何不完美的事，只有純真的愛。

聽到如此光輝燦爛的誓言，咱們這些成天在柴米油鹽裡打轉的家長，怎能不覺得自己「庸俗」？

琳恩回憶某天晚上，母女倆吵完跟新男友獨處的問題後，琳恩陪老公一起清理廚房。她在洗碗，奧蘭多站在門口哄狗兒大便，貝卡坐在廚房桌邊聽收音機邊寫功課，那是貝卡喜歡的電台，聲量在夜間聽來稍大了些。收音機播了一首狄斯可老歌。

「奧蘭多想去轉收音機的調鈕，貝卡說：『爸，等一下！』她不想讓爸爸將收音機關掉。

奧蘭多將聲量調低，我抬起頭，他從我手上接過一疊盤子。

『來吧，寶貝，咱們來跳舞。』他說，我們兩個便跳起來了。

貝卡白了我們一眼，『唉喲，媽。你不覺得老爸很白目嗎？你怎麼受得了他？』

我們繼續跳舞，『他才不白目呢。』我說，『你男朋友要是邀你跳舞，你一定不覺得他白目。事實上，搞不好還覺得很酷呢。』

『媽——！』」

琳恩和奧蘭多在廚房裡咯咯笑著舞了一會兒，最後奧蘭多一個沉步後，又將琳恩拉上來，輕柔地吻了她。貝卡看得臉都紅了。

我們也許會告訴琳恩，貝卡還不夠成熟，但有了父母的愛與指導，加上一些耐心，不久她就會再從奧林匹斯山飛下來了。

在這段期間裡，咱們這些平庸、經常犯錯的中年爸媽，只好繼續跳舞囉！

第 八 章

愛的初體驗

禁 或 不 禁 ？

女兒要去戲劇夏令營，你正在幫她打包。去年夏天你很捨不得她走，而且你已經知道自己會很想念她。真不懂你的朋友為什麼都巴不得把孩子送走？

「你覺得我該不該帶那件紅線衫？」女兒還沒離開，「我怕把線衫弄髒，可是我真的很喜歡那件衣服。算了，我決定帶了。」

「好啊。」

「今年我打算試演大型音樂劇，不再演古裝戲了。你覺得怎麼樣？」

「很好呀。」

「而且還打算練習長跑。」

「很不錯啊。」

「噢，還有，我想我和丹尼這個夏天應該會做愛了。」

為什麼你這個「挺好的」，會說得如此⋯⋯虛弱？

該 攤 牌 了

據我們推測，你會焦慮地先翻到這一章，大概是想知道：孩子準備嘗試性行為時，你該怎麼辦？

該阻止他嗎？是不是過了某個年紀，父母就該放手讓孩子自己決定了？

前面幾章談下來，你應該已經知道，處理孩子的做或不做，並非一翻兩瞪眼的事。多年累積的討論、經驗、警告、示範和協商，都是在為最後這項決定做鋪陳。

而且天曉得這是不是孩子的第一次決定？待會兒會解釋，性是接續的，孩子的字典裡，貞操、禁慾等字眼，只是些無意義的詞語。

但此時此刻，我們先考慮一下令嬡的狀況，她正在做或不做的關卡上猶豫，這是大多數父母的真實體驗——也是人生的大事。你可能會知道其中的細節，也許不知，但你對此事絕對會有意見。

但會是什麼樣的意見？

你 想 要 什 麼 ？

本書一開始，有位父親問我們：「我該如何讓女兒有健康的性態度，又不跟別人上床？」他的問題道出了許多父母的窘境。

你大概很了解這傢伙為什麼會這樣問吧。

亞德列對這件事很有他的看法。「我並不希望女兒結婚時還是處女，我覺得那樣並不好。很多人為了強大的性壓力而結婚，其實並未真正了解對方，也不確定兩人是否合適。我希望女兒能確定自己跟對方很合。想到女兒若要嫁給一個沒跟她上過床的男人……我就覺得無法想像，非常煩心。」

女兒十六歲的葛絲也抱持相似的態度。「我不認為大家應該把貞操看得太嚴重，這樣壓力太大了，貞操只是過程的一部分，會發生就是會發生。」

其他人則喜憂參半。卡爾和貝蒂被十五歲的女兒警告，也許她很快就會跟男友上床了，夫妻倆雖很想表示支持，因為做愛是美好的經驗，但又不敢相信女兒已經準備好了。

「我們為什麼反對？」貝蒂問，「因為那是人生的一大步，一大改

變。我希望她再多些人生歷練，等她能夠拋開種種情緒包袱後，再去做這件事。」

問題又來了，你怎麼知道女兒何時做才不會受傷？

「明年吧。」卡爾笑說，「一定是這個答案。不管她何時問我，都回答明年就對了。」

許多人的答案甚至更直接：結婚才准做愛！

桑娜很清楚她對女兒的期許。「我希望她婚後才可以有性行為，這點沒得商量。」桑娜第一次做愛是何時？「噢，高中畢業舞會之夜，可是我不希望她跟我犯同樣的錯，我要她再等一等。」

海嘉也一樣。「是的，我希望她能等到新婚之夜。我希望她在太平洋輕拍的夏威夷海岸體驗她的初夜。我的願望能成真嗎？也許不會，不過至少我希望她能耐住性子。」

為什麼你對孩子的初夜有所保留？最簡單的層面來說，你會擔心懷孕和性病的問題，不確定孩子能否處理性交後的情緒問題，因為你當年的懊悔仍歷歷在目。

也或許你非常重視道德及宗教問題。

那麼你在閱讀前幾章時，心中必然有個陰影：你怎麼也無法想像孩子有性慾，或接受她已變成大人了。

你也許很不以為然，但父母當年的叮嚀，仍深烙你心。安妮解釋說：「六〇年代初我們還小時，一個人只要炒過飯，名聲就毀了，會被說成蕩婦。我媽要我切記這點。我覺得凱莉若跟男友發生性關係，名節就不保了，朋友會離她遠去，還得面對眾人的指指點點。」

但安妮接著又說：「教養女兒使我變得更務實了，我發現爸媽的憂慮我都有，可是我的擔心對女兒根本不具任何意義。她有的朋友已經有過性經驗了，有的還沒。對她們來說，名聲根本不是問題，時代不同啦。」

啊，是的，一點都沒錯。

時 代 不 同 了

有些父母不了解到底有多不同。

幾項調查家長對子女性行為了解程度的結果，頗令人驚愕，原來家長常被蒙在鼓裡。其中一項研究問家長，他們十四至十七歲的子女是否有性行為時，34%的家長表示有；但我們去問他們的孩子，卻有58%的人說有。天啊。

美國1999年的統計數字，50%的高中生有性經驗，男生又比女生高（52%對48%）。可以想見，這些數字因年級而異——從九年級的39%到高三的65%——因此等孩子高中畢業，幾乎三分之二都有性經驗了。

有些孩子很小就有性經驗了，8%（男生12%，女生4%）的人在滿十三歲前，便有第一次性經驗。

高中畢業後，百分比跳得更高。一項針對十九歲未婚男性所做的調查顯示，84%的人有過陰道性交；另一項研究中，二十至二十四歲的未婚女性，83%有性經驗。

如果你認為有性經驗的孩子一定是其他地方的人，資料告訴我們，各地的孩子都有。在最具代表性的幾州中，有性經驗的高中生，比例最低者為夏威夷的41%，最高是密西西比的60%。

狀況是否跟你小時很不同啊？是的話，也沒什麼好訝異的。

五○年代中至末期，8%的女生在十六歲前有過性行為，28%的男女生在十八歲前有性經驗，二十歲前的有61%（別忘了那時的人結婚得早，因此並非全是婚前性行為）。到了七○年代，十五歲女孩不到5%，男生約20%有過性經驗。八○年代高中生的百分比漸次提高，但到了九○年代又開始掉下來。

我們將這些數據視為實證，孩子確實有性行為，甚至那些等高中畢業後才做的，通常也都不會等太久。為什麼會這樣？

差距加大

首先，性發育的成熟與婚姻之間的差距在拉大。

過去孩子在性發育成熟不久後便結婚了，後來兩股趨勢改變了這種情況。歷史學家告訴我們，青春期的平均年齡，比一百年前早了兩年，而初次結婚的年齡比從前遲了好幾年。

結果是，性成熟後，到結婚之間的等待時間拉長了許多——長到讓許多人都不願再等了。

人們為何晚婚？原因之一是工業社會需要受更多的教育，因此延長了青春期。如今婚前性行為已成為普遍現象，早婚的壓力變小了，所以成為一種常態。

人們普遍晚婚，社會也較能接受婚前的性行為，婚前性行為又使得人們不急於早婚。當然了，有個叫「性革命」的小運動對這種循環也發揮了推波助瀾之效。

除了特定團體外，你已很難期許人們會等到婚後——或甚至假裝在婚後才有性行為。美國多數男女結婚時都已非處子之身，尤其是過了青春期後才結婚的人。

假如你不再認為婚前有必要守貞，那麼新的標準會是什麼？

除非愛上一個人，否則別做愛嗎？那也可以啦，不過你怎麼知道自己何時會談戀愛？強烈的喜歡和性興奮算不算愛？愛的定義有時會隨著夜深情挑而快速改變唷（加上酒精的助力）。

上大學前不准有性關係呢？好吧，可是這個規定的邏輯是什麼？該如何跟孩子解釋？她高中生涯的最後一週，跟剛上大學的第一個禮拜，就不一樣了嗎？萬一她沒上大學呢？

婚姻與性的分界，有其背後的歷史、宗教及傳統的淵源，還包括私生子的問題。孩子可能覺得你訂出來的時間點，失之武斷。

為何禁慾

當然了，有些孩子會等到婚後，或至少等二十幾歲後才有性關係。這些青少年為什麼肯等？

有些孩子認為那樣符合道德，有些是害怕懷孕、性病或其他不明原因。有的認為這對自己的名譽很重要，還有的只是不感興趣，或尚未準備好。

對某些孩子而言，童貞代表純潔，有些則認為能使他們免於焦慮。童貞可以是高度的自尊、對宗教教義的遵循、留給另一半的獻禮，或嫁入豪門的必備條件。

許多社會將貞操奉為珍貴的物品，而讓女生背負沉重的歷史、宗教及文化傳統包袱。但男生可能也覺得這樣是對的，願意尊重女友的意願。雖然有的男生不怕女友懷孕（「又不是我的問題」、「孩子絕對不是我的」），但並不表示別的男生不會在意。我們很容易忽略初夜對男生的衝擊，在虛張聲勢背後，往往躲著一個膽怯的孩子。他也許會擔心自己的表現，害怕自己在床上犯錯，或以後會遭人嘲笑，也許他會聽到臉上的每顆痘痘都在大喊：「你好遜哦！」

當然了，有些孩子之所以能保有貞操，純粹是因為沒有機會失去罷了。家長也許覺得難能可貴，但青少年卻感到羞愧或憂心。

為什麼不禁

老實說，青少年不願等待的理由，數都數不完。例如，兒子想跟女生炒飯，是為了對自己和朋友證實他是真正的男子漢。或者，女兒跟心儀的男生約會，因為她怕若不跟他上床，男生便會離她而去。這些似是而非的理由，家長最好在馬落懸崖之前，及時予以矯正。

可是孩子的理由也許不止這些。

青少年也有性慾，炒飯的機會又多，負面後果感覺上還很遙遠……而且肉慾又似乎主導一切。

加上他們真的很好奇。大家老是拿性在吹噓做文章，除非他們真的試過了，否則很難理解大家到底在嗜呼什麼。

「我聽說有個人被巴士撞了，後半輩子都得坐輪椅。」畢夫回憶少年時，解釋自己為什麼決定不再等待。「那個人永遠無法體驗真正的性愛了。當時有個女生對我很感興趣，我其實不覺得自己準備好了，也想過要把初夜留給所愛的人，可是那時我很怕自己永遠沒有機會了，又很想知道那是什麼感覺，所以我們就做了。」

孩子為什麼不肯等？原因很多，但全都與做愛本身無關：

他們想知道大家在大驚小怪什麼。

他們想要親密感。

他們戀愛了。

想取悅對方。

因為對方送他厚禮，而覺得自己有義務。

想證明自己能把別人弄上床。

想變大人。

不敢拒絕。

想證明爸媽無法阻止他們。

覺得沒理由不做。

問一群九年級男生性的問題，他們的反應很能說明一些事。問：「你跟一名女生約過幾次會了，她想跟你做愛，但你並不太想。你覺得最後你做愛的可能性有多高？」

他們的回答通常是「我幹嘛不做？」、「她是花痴嗎？」、「我不懂這有啥好問的？」、「呃，難道你要我們當gay嗎？」

問題似乎在於「我什麼時候會做愛?」而不是「我該不該做愛?」

還記得第七章的十六歲小情侶,愛莉莎跟喬書嗎?

喬書覺得與愛莉莎如此親近,令他狂喜不已,這是他第一位真正的女友,是他吻過的第二個女生,他很想進一步與她親近,性是小倆口唯一的禁忌,他們很想去打破。

而且他們真的非常心癢。愛莉莎解釋說,青春期開始後,她就渴望有性了。「開始喜歡男生後,並不只是想交朋友而已,我變得很好色耶!有個癢處我很想去搔。」

但愛莉莎並未跟那些男生做愛,直到她愛上喬書後,才想進一步偷嘗禁果。為什麼?因為癢處還在,再加上其他原因。愛莉莎認為性能表達她對喬書的愛與信賴,帶給她以前所難以想像的幸福。

愛莉莎決定把她和喬書的計畫告訴父母,大衛和瑪莉索,問問他們的看法。

我們先回頭看看大衛和瑪莉索。對他們來說,事態似乎更複雜些。在探討如何處理孩子做愛的問題前,我們先指出一點,性交不會是家長唯一必須面對的問題。

性 的 界 定

莫妮卡‧陸文斯基(Monica Lewinsky):我們沒有性關係⋯⋯

琳達‧翠普(Linda Tripp):那麼你們做的算是什麼?

陸文斯基:我們只是在調情。

翠普:哦。

陸文斯基:不是做愛。

翠普:嗯,是嗎。我覺得如果你們有──有高潮,那就算有性關係了。

陸文斯基:不對,那不算。

翠普：是的，那算。

陸文斯基：不，不算，那——

翠普：那不算是有——

陸文斯基：要有性交才算有性關係。

翠普：噢，妳跟他在一起太久了……

——1998年10月3日，《每日新聞》

「性」其實沒有那麼容易界定。

萬一兒子說他跟某女生沒有「性關係」，只是接吻而已，你大概不會罵他說謊。但話又說回來，如果他跟女生性交，你就會認定他跟她有性行為了。

至於落在這兩極端間的各種動作，就很難判定算不算性關係了。1998年，一項對西部某大學所做的調查顯示，人類性學課程中，半數以上的學生認為，男人不會把口交視為做愛，女人也不認為舔陰算是性交。若是口交或舔陰時都未達到高潮，認為口交不算性關係的學生人數就更多了。所以是不是沒有高潮，就不算性關係？規則是這樣訂的嗎？（這麼說來，好像很多女人都沒有性關係，就已經生寶寶了。）

若問學生，一對男女若有過陰道性交，算不算「性伴侶」？超過80%的學生說「算」。同樣問題，但只有口交，半數學生認為男的會把女的當成性伴侶，而64%的人認為女的會把男的視作性伴侶。

如果你家少年不確定什麼是「性」（老實講，我們也沒那麼篤定），那麼禁慾呢？

下回若有朋友說，希望她的孩子能禁慾，問問她究竟指什麼意思。她八成會答了一半又停下來，因為實在無法確定，還可能會出現以下的對話：

「你知道嘛，就是不能有性關係。」

「哪種類型的性關係？」

「不能有性交啊。」

「口交沒關係嗎？」

「當然不行。」

「互相手淫呢？」

「嗯……不知道耶。」

學校方面提供的禁慾課程，未必會釐定禁慾的意義，有些連特定的行為都不提，更加讓人搞不清到底要禁什麼。負責上性教育課程的老師，對禁慾的看法往往莫衷一是。有些健教老師認為互相手淫就算禁慾的做法了，有些卻不這麼想。有些人（某研究指出十人中有三人）認為，口交也可以算是禁慾的做法。

家裡的情況也好不到哪裡去。家長要孩子禁慾，得視家長在乎什麼而定。如果你最在意的是保守貞潔或避免懷孕，最後一道防線大概就是不許有陰道性交吧。若擔心的是性病，就會要求孩子別四處亂搞。如果你重視的是心理上是否已能接受親密的肉體關係，那就什麼都可以禁了。

聽起來跟語義學很像，但語義是很重要的。

當你建議女兒等婚後再有性行為時，得說清楚。

學校教孩子每次做愛都應該使用保險套時，也得講明白。如果肛交不算性交，那表示孩子有聽沒有懂。

我們在第三章鼓勵家長，教學步兒認識身體部位時，要使用精確的語言。這裡我們也要鼓勵你做同樣的事。

「性」有太多意涵，禁慾尚無明確的界定，即使處女一詞也已經落伍了。傳統的處女，指的是從未有過性經驗的人，而所謂的性經驗，則指陰道性交。可是大多數人都沒想到，女人可以有固定的口交或肛交行為，仍自認是處女。

處 女 平 時 都 做 什 麼 ？

（我被）摸過、吻過、搓過、刺過、揉過、愛撫過、吸過、舔過、咬
過……什麼都有過。
——塔拉・麥卡錫《處女回憶錄》（Tara McCarthy，Been There,
Haven't Done That）

他們總有辦法的。1995年，一份頗具全國代表性，針對十五至十九
歲未婚男性所做的研究發現，45%的人被列為處子（尚無陰道性交經驗
者），但他們也不是都乖乖坐在家裡沒事幹的：22%的人曾讓女性打過
手槍，15%由女性幫他們做過口交，12%做過舔陰，而1%跟女性有過肛
交。

我們沒有全國性的處女性行為研究資料，但有地區性的資料。一份對
洛杉磯郡學區所做的調查發現，1992年，九至十二年級的處女，約三之
一的人在過去一年，曾與男性從事過與性器官相關的性活動。十分之三
的人曾幫同伴手淫，十分之三的人被同伴手淫過，十分之一的人做過口
交（並讓男生射精），十分之一接受過舔陰。處女幾乎都沒做過肛交，
或與同性有過性活動。

男生方面的研究結果差不多一樣。最近一份對紐約郊區高中生所做的
調查也發現，處子會從事口交。這不單是美國大城才有的現象，保守的
鹽湖城所做的一份研究也有類似情形。

口 交 成 年 禮

記得以前成年禮時，我們都會把花和紀念品放到水杯裡，然後在上面滴
上燭蠟，做成紀念杯嗎？現在他們做的是口交。
——艾梅，十歲及十三歲男孩的母親

就在千禧年將臨，有人預言天會塌下來時，傳來一則讓家長覺得天確實塌了的消息：中學的孩子竟然在口交。《紐約時報》、《今日美國》和《華盛頓郵報》均報導說，不僅高中生盛行口交，連中學生也跟著流行。報導談到派對中臨時起意的口交，並引述青少年的說法，他們覺得口交跟親臉頰一樣，沒什麼大不了。其中一篇報導指出，舉行成年禮的男孩讓邀來的女生做口交，做為賀禮。（不知這些男生的母親有沒有叫他們寫感謝函。）

這些報導似乎都只提到吹喇叭，派對上似乎不太流行舔陰，而且看來好像沒人想到要用保險套，大家都覺得口交是零風險的性行為，或根本不算性行為。口交不會懷孕，不會得病（至少他們這麼認為），甚至連衣服都不用脫，只要進廁所或躲到車庫裡，吹個管，然後再回派對，跟熱吻沒啥兩樣。

真的嗎？真的是在流行口交嗎？

我們不知道。中學生的性生活資料非常欠缺，但我們有高中生的資料，他們確實有口交行為，所以很可能從初中就開始了。

我們知道至少某些地區有這種情形。喬治亞州在一次為初中生篩檢腦膜炎時，無意間發現有些孩子的喉嚨感染淋病。喉嚨會染上淋病，只有一個途徑，而且絕不是從馬桶座上得來的。

家長不僅擔心年輕的孩子口交，也憂心他們口交的場地與環境。據報導，女生會與幾乎不認識的男生進行口交。她們也許會將陰道性交留給特別的那位，卻覺得口交「沒什麼」。

「我真搞不懂。」四十三歲的卡門有個十四歲的兒子。「我不是在假正經，我以前也有很多口交經驗，但那是在有性關係之後的事。我一直到上大學後才知道口交是什麼玩意。對我來說，口交是比性交更親密的行為。」

男生的家長，往往將早熟的女生描述成花痴，說是她們倒追不知「吹喇叭」為何物的天真少年。女生的家長則說，女生想在同儕間建立權

勢，唯一的辦法就是藉助無趣而偶發的性行為。總之沒有人感到開心。

聽聽這位冷淡的九年級生溫斯頓怎麼說吧。「有些團體會做，有些不會。」什麼團體？「壞學生和運動員會口交，女生會幫他們做。」在派對上嗎？「在學校廁所裡啦。派對大概也有吧，不過我不會去他們的派對。」愛玩滑板的那群小鬼好像也不打算口交，至少玩滑板的溫斯頓沒有。

為什麼現在口交會大行其道？沒人知道，但學校與家裡都教導青少年，口交罹患HIV的風險比陰道性交低很多，孩子會覺得，這是另一種不會懷孕或染病的好選擇。

實際上也是如此——差不多如此。口交確實較無風險，如果女兒幫男友吹簫，絕不會懷孕，但她還是可能染上淋病或其他疾病，甚至感染HIV，雖然HIV經由口交傳染的比率較低。所以，口交雖然比陰道性交安全，仍是有風險的。

同 儕 力 量 大

什麼因素會影響孩子的選擇？

要回答這個問題，得先回到傳統上對性與禁慾的認知。多數研究青少年性習慣的調查，都以陰道性交來定義。我們來看看研究結果中較實用的部分，尤其是幾項會讓孩子決定一試或禁慾的因素。

先從同儕談起。朋友和同學對孩子極具影響。孩子越大，影響可能就越大。如果朋友和手足的性行為頻繁，孩子會早早跟著仿效。更重要的是，孩子是否相信朋友的認可和作為。孩子若相信同學誇大的性經驗，便可能去極力追趕。「她爬過我家窗戶，求我讓她成為女人。」聽到剛變聲的十三歲小鬼講這種話，你大概不會相信，但他的朋友卻深信不疑。

另外一個因素你可能想不到了。孩子若有很要好的朋友，比較不會有

性行為。青少年若有一票和睦融洽的好友，通常是件好事，而且比較不會與人上床。因為孩子從朋友身上，已經獲得性伴侶可以帶來的親密感與陪伴了。

書呆子效應

聰明、功課好、對未來有計畫，如上大學或有事業心的孩子，較不會有性關係。長久以來，大家都認為優等生會延後性行為，是因為他們專注於未來的目標，也更清楚意外懷孕會造成什麼損失。

然而，優等生似乎連接吻與愛撫的情形也比較少，因此可能還有其他原因。或許是他們較無機會（讀書得花時間精力）；注重子女功課的家長，較不鼓勵他們約會；或者約會較難成功的孩子，轉而將心思投入在課業上。當然了，性活動也很耗費時間力氣，而且可能使成績下滑。

最近一份研究的發現更有意思——智能較低的孩子，初嘗禁果的時間也可能延後。

看來，夾在中間的大多數普通孩子，性活動最為活躍。也許是智能低的孩子較不被同儕接受，性交機會少，或是他們的家長監督與保護得更嚴密吧。

也有研究發現，讀私立學校或管教嚴格的學校（也就是較好的學校）的孩子，性交時間也可能延後。

不僅是課業，熱心參與課外活動的孩子——無論校內或校外活動——性行為也來得較遲。游泳、樂團及其他活動占據了他們的時間，提供一定的監督作用，並給他們交友的機會。那些鼓勵孩子參加足球隊的媽媽們，搞不好別有用心。

宗 教 信 仰

> 我們家從小就教導孩子許多價值觀，我們每星期都上教堂，他們也知道
> 婚後才能有性關係。如果好好教誨孩子，他們便會明白是非對錯。
> ——凱西，三名男孩的母親

宗教也許會影響孩子的選擇，尤其在婚前性行為這一項。但宗教的效果並沒有想像中強。從反對婚前性行為的宗教家庭出來的青少年，只是「可能比較不會」偷嘗禁果而已。

某些孩子的貞操觀念非常強，有些則相形薄弱。關鍵在於孩子對宗教的內化程度，以及父母是否能身體力行。即使孩子奉守教規，一遇到性的問題，也有可能暫時失憶。我們就常遇到未婚少女跑到診所，擔心自己懷孕或得了性病。問她知道要用保險套嗎？知道。有沒有用？沒有。為什麼不用？因為違反宗教信仰。青少年跟成人一樣，都會選擇性地遵守規定。

在一份全國性調查中，重視信仰與祈禱的孩子，會較晚初嘗性事，但很多人還是在婚前便偷吃禁果了。另一項研究顯示，宗教信仰與參加宗教活動，跟男生延後性行為有關，卻與女生無關。這些男生可能因宗教觀而決定慢慢來，但也可能是因為宗教活動跟其他活動組織一樣，既能發揮監督作用，又能讓孩子從事喜愛的活動。還有，篤信宗教的家長，管教通常較嚴。

因此，家長的性教育若以宗教為出發，可能會影響孩子，但請勿只依靠宗教的力量。

守 貞 宣 誓

> 我一直認為，要等到婚後才做愛。我從八年級起就一直這麼想，現在我

高二了。沒錯，誘惑真的是無處不在！這個星期六，我的「守真戒」儀式就要舉行了，我好興奮啊！有很多女生（朋友）也都發過誓了——還有少數男生。這件事對我非常重要，因為我很多事都不擅長，我不會唱歌、運動，也不是很聰明，但守貞可不是每個女孩都辦得到的（這點我很清楚）。

——愛莎。刊於「真愛需等待」網站。

有一種守貞方式，由宗教傳統衍生而來，讓青少年公開宣誓婚前保持處子之身。守貞誓約（Virginity Pledge）首次在1993年宣誓，由「真愛需等待」（True Love Waits），一個源自南浸信會團的節慾團體所發起。據估計，2001年止，已有超過兩百五十萬的青少年發過誓了。

守貞運動提供的不只是誓言而已，還有卡片和戒指。有宣誓網頁，有宣誓產品（帽子、T恤、印有「寧可分手也不願背棄神」等標語的馬克杯）、聊天室、夏令營，甚至還有宣誓音樂劇。

有些孩子信得比別人虔誠。珍妮在高中畢業後幾年，回顧她的守貞誓約時說：「我以前上女子學校，她們逼我們發誓，我發誓是因為，嗯，我能怎麼辦，說不嗎？簡直是笑話嘛。」

堤娜的態度較正面。「那跟我無關，反正我有過性經驗了，那也沒什麼不好，可能有些女生真的很看重誓約，對她們會有幫助吧。」

一項針對誓約所做的調查發現，發過誓的孩子平均較未發誓的孩子，延遲十八個月才發生性關係。若將宗教信仰、家庭社會地位和收入，以及家庭結構（單親或雙親家庭）等因素納入考量，差異則更大。十七歲時，65%的發誓者仍是處子，未發誓者則只剩一半。

若只有一名青少年發誓，往往無法收效。孩子成團立誓，彼此才有支持。可是如果團體或學校中，超過30%的孩子發過誓，誓約的效力也會減弱，顯然是孩子覺得人太多，就不特別了。而且發誓對十五、十六歲的孩子較有效，對十八歲的孩子較無作用。

節慾教育

你大概會想，學校的性教育對孩子的決定究竟有何影響？答案得看他們學到的是哪種性教育。

目前的性教育課程有兩大類，學校可能教授其中一種：貞潔性教育（abstinence-only education），或全人性教育（comprehensive sex education）。

貞潔性教育告訴青少年，婚前守貞是唯一安全且符合道德的做法。就算課程談到避孕，也是強調與其去避孕和預防性病，不如堅守貞潔。

支持貞潔教育的人認為，性教育的目的是杜防婚外的性行為，並減低學生懷孕及感染性病的風險，而鼓勵孩子守貞是最實際的辦法。他們認為，教孩子懂太多性愛，或其他降低風險的方式，只會鼓勵青少年偷嘗禁果，那是危險，甚至是錯誤的。

全人性教育（又稱節慾式性教育）的課程也教孩子守貞的價值，但增加了安全性行為的內容（包括避孕及性交的替代方法）以及其他議題，如決定要或不要、性愛的各種表達方式、墮胎問題等。

支持者指出，儘管學校教孩子守貞，有些青少年還是不會遵守。若想降低孩子的風險、保護他們的健康，就得教他們其他的性知識。知而不教，無法防止孩子偷食禁果，只是讓他們對性更無知而已。

這些相左的論調，研究基礎其實都很薄弱。大部分守貞課程的效果都未經檢測，少數做過的幾個研究，也看不出課程是否能達成目標──意即延緩青少年性交的年紀，減少性交的次數。不過這些研究都有漏洞，所以要論斷這些課程完全無效，仍言之過早。新的研究應該可以讓我們更了解實況吧。

有關節慾式課程的研究做得較為透徹，結果並不像有些人所想的，會使孩子提前性交、提高次數，或有更多性伴侶。事實上，有的課程還收到相反的效果──延後第一次的性經驗、降低性交頻率、減少性伴侶人數。有些課程提高學生使用保險套和其他避孕法的比率，有的課程對孩子的性生活有一些影響，或毫無影響，或只對部分行為有影響。

基於這些研究資料，2001年時，醫師通常建議學校採用全人性教育課程。美國醫師協會及美國兒科學會也如此建議。

2000年，一項家長對性教育意見的全國性調查指出，大多數美國家長也都同意採用全人性教育。

這使我們回到一件事實——即使發過誓，很多青少年還是會在往後幾年發生性行為，而且事發時，比那些沒發過誓的孩子，更不懂得使用保險套——這很正常，因為大家都認定他們要守貞嘛。由於一直強調守貞的重要，而忽略避孕的必要，因此發過誓的孩子違反誓約時，安全意識較低。更有甚者，他們的第一次性經驗常是一時興起的，因此也沒有機會去尋找避孕的資訊。

從健康觀點來看，放棄貞潔而不懂得使用保險套，確實令人擔憂。雖然強調貞潔能將性行為延後十八個月，成效算相當不錯了，但離結婚還是有一大段距離。針對守貞課程所做的研究指出一個事實，許多學習守貞的孩子，第一次性行為的時間點雖然延遲幾個月或數年，但多數人最後還是未能守到婚後。除非孩子絕對不需要避孕，否則最好教教他們安全的性行為。

保 持 清 醒

談到禁慾，我們至少得提一下酗酒和吸毒的問題，孩子初次性交時，常涉及這兩項行為。

許多青少年在頭腦混沌思路不明時，糊里糊塗地做了愛。有些人故意喝酒壯膽，或讓自己第二天能有藉口——「我醉到不行了，根本不知道自己在做什麼。」有些孩子則是被想占他們便宜的人灌酒或餵毒。

並不是所有孩子做愛前，都會蓄意使用所謂的「迷藥」。他們有可能

一次做足幾種「成人」的行為：喝酒、抽煙、做愛。有一種被稱為「強姦藥」的羅眠樂（Rohypnol）較為特殊，吃了之後會不省人事，任由別人為所欲為。

家長應教孩子一件事：如果他不想要性交，就不該喝酒或使用毒品。如果他不聽你的建議，最好請一位朋友盯著他──不僅能防範別人欺負，也能保護他不醉酒開車，或從事其他危險行為。

受 到 逼 迫

年少時的性行為，有時是出於勉強或被迫。

一份對男女所做的全國性調查指出，十八至二十二歲的受訪者中，7%的人至少有一次非自願的性交經驗──女生比率是12%，其中幾乎半數人的經驗發生於十四歲前。

家長總是擔心女兒受到逼迫，照上面的數據看來，男孩也會。

被迫的性行為所造成的恐懼和羞恥，程度反差極大。女生可能會低估事後的影響，需要的輔導也許多過她所要求的，如果孩子同意，帶她去看醫生，能幫她減輕事後的情緒衝擊。

醫師可建議她去看強暴心理治療師。若是發生不久，應帶她去看醫師，做性病檢查及驗傷。醫師可查看有無犯罪者的生理證據，做為法律途徑用。家長的心理可能也會受創，與心理醫師談一談會有幫助。

如果你考慮採取法律途徑，各州都立有強暴法，明定性交自主的最低年限，通常從十二至十八歲不等。

這類事件防不勝防，要求孩子約會時避開毒品和酒，避免跟會吸毒喝酒的人來往。酒一喝，便容易半推半就。

父 母 的 重 要

最後，家長應該很樂於知道，你對孩子的性決定，確實有極大的影響。接下來的篇幅，我們將告訴家長怎麼做。

還記得監督是家長最有用的利器嗎？也就是說，你知道孩子人在何處、跟誰在一起、認識他的朋友和朋友的家長、知道他何時回家。孩子放學後，能有大人看著，是有效監督的要素；打電話看孩子是否一個人在家，效果亦同。受到良好監督的孩子比較不會從事危險活動，性行為也較晚發生。

這些都很合情合理，假如有天你必須工作到很晚，打電話問十六歲的孩子在做什麼，請他幫忙張羅晚飯，那天下午，孩子就不會有機會把別人的肚子搞大了。如果孩子日復一日回到空無一人的家，知道天黑之前都不會有人回來，而且就算爸媽回來了，也不會問他下午在做什麼，或檢查他的作業，這樣的孩子若惹上麻煩，也是可以預料的。

「如果我女兒跟男生出去，我就打電話給男生的父母。」露西塔對孩子看得很緊，「讓他們知道我在盯著，他們才不會亂來。男生來接我女兒時，我一定先讓他進屋子裡，我希望見見開車載我女兒的人，要他知道我很在意，也很警覺。」

別忘了親密關係的力量。第二章解釋過，跟家人很親，覺得受到家人疼愛與關心的青少年，性交年齡往往比家庭疏離者更晚。

還有父母的管教型態，這個議題你已經很熟悉了。民主權威型的父母（關愛加高度期許）對孩子第一次性經驗的時間點，影響力尚有待檢驗，但他們的孩子比其他小孩少鋌而走險，也較懂得保護自己的安全，因此我們認為，一般而言，民主權威型的父母可能會延後子女的第一次性經驗。

現在來談談家長很難改變的事（或不可能改變）。在我們的社會，家長的社會地位也會影響孩子。高收入家庭的孩子，較晚展開性生活；同

理，父母的教育程度較高亦然。我們不認為孩子在做愛前會先檢查爸媽的銀行帳戶，但這些社會階層的指標，是許多綜合特質的標記，能使孩子較易延後他們的性行為。

所有研究顯示的這些影響因素，都是指一般狀況，並非所有高收入家庭的孩子都會延後性生活，也並非所有貧窮家庭的孩子從小就浪跡江湖，還是得看個人。

父母的叮嚀

你一定要教孩子，不許有婚前性行為。任何青少年都可以做愛做的事，但意義卻不大。你若不保留童貞，還有什麼可以留給你丈夫或妻子？
——茱蒂斯，女兒十七歲，雙胞胎兒子十二歲

我擔心女兒的安危，更甚她與人有性關係或違反我的價值觀。如果她想做愛，就一定要做得安全——這才是我希望她明白的。
——史丹，女兒十五歲

家長對子女的性決定可能有影響，問題是，你若將自己的希望告訴女兒，她就會照單全收嗎？假如你擺明了反對她在高中發生性關係，她就會聽話了嗎？答案是，可能會吧。

有關這方面的研究不多，卻發現一些有趣的結果。一項大型的全國青少年取樣中發現，那些父母反對他們有性行為的孩子，會等比較久。

這資料頗令人滿意，而且看來很合乎邏輯。但有時卻很難解讀。

雖然孩子表示，父母的態度會影響他們做愛的時間點，但實際上卻沒有。有意思的是，孩子口中的父母觀點，跟他們爸媽所講的並不一致，因為孩子往往低估父母對性的反彈。因此在這項研究裡，那些認為父母贊成的孩子，可能有性經驗了；而實際上，他們的父母卻持反對態度。

會造成歧異，可能是因為父母沒把話講清楚，否則孩子也許會等一等。若是如此，我們的建議就很簡單了：把你的想法告訴孩子。

另一種可能是，爸媽把醜話都講明白了，孩子也都聽懂了，可是卻被把持不住的小鬼篡改史實，以求自圓其說，自己揣測爸媽不會怎麼樣。若是這樣，那我們實在無建議可給。

至於我們的想法？我們認為兩種狀況都有可能，由於家長的意見或許能發揮一點影響，我們還是鼓勵家長把話講清楚──而且要不斷叮嚀。

家 長 的 沉 默

問十六歲的女孩：「你爸媽有沒有跟你談過性的問題？」你八成會得到這種答案：「從來沒有。」、「哪會啊。」、「想都不敢想。」、「他們沒法談啦，我想他們搞不好連性是什麼都不知道。」

若去問女的母親：「你有沒有跟孩子談過性的問題？」回答也許會不一樣。「當然有，我們兩人都跟孩子談過了。」、「常常在談啊。」、「我們談得很愉快哩。」

是小孩有健忘症嗎？還是家長太會幻想？

也許兩者都有一點吧，如果我們猜得沒錯，孩子的話應該比較可信。孩子對任何性的實質討論，多半會很興奮，應該很難忘記。反之，父母則急於交差了事（「男生女生的事，學校都教過了吧？」）短短幾句就打發掉，或甚至沒說出來，卻記成是完整的談話。

不與子女談性，似乎是爸媽的通病，可稱之為「否認」心理，或是想抓住孩子童年的尾巴，總之，都不是好的做法。我們說過，父母和青少年避談私人性生活的細節是很合理的，但我們也認為，教導青少年第四課：性道德與性的安全，是很重要的。

進行這一課之前先暫停一下，思考你為什麼不希望孩子有性關係。

不希望孩子太快長大

　　有些家長因為不希望孩子太快長大，所以不敢跟他們討論性。這點我們可以理解。學習性愛，是邁向成人之路的里程碑，家長總覺得孩子就要變得獨立成熟，離你而去了。可惜的是，時間不會等你，孩子也不會等你，無論你肯不肯跟孩子談，他們終究會知道性是怎麼回事。你若能參與豈不更好？

不想鼓勵性行為

　　也許你怕跟孩子討論後，孩子會以為你贊成性行為。這是常見的問題。建議家長跟青少年談性時，要講明你對此事的態度。重複提醒也有幫助，為了確定孩子沒有誤解你的意思，可要求他重述你的話。

　　如果你在跟孩子討論避孕方法時，有這方面的顧慮，第九章應該很有幫助。

不知該何時談

　　趁早談。第二章提過，性道德及安全問題的教育，應始於十二歲前，而且要多談幾次，讓想法能夠成形。孩子年紀越大，就越可能偷跑，或仿效別人的經驗。家長最好事先灌輸孩子正確的性知識，因為等孩子越大，會越難討論這種私密的話題。

　　至於時間的選擇，就各憑直覺了。很多人選擇邊開車邊討論，因為夠隱密，孩子也逃不掉，而且你們不必彼此對看。

　　如果你發現自己在拖延，不妨設個期限。卡拉在每個月的橋牌聚會中，達成了協議。

　　「凱蒂剛剛讀到一篇文章，說家長必須跟孩子討論保險套的事，我們的孩子全都上國中了，卻沒半個人跟他們談過避孕的事。我們決定下次打牌前，每個人都得跟孩子討論，而且一定要用『陰莖』兩個字。」

談話訣竅

把握時機

跟孩子一起生活，必然有無數的討論機會，問題是：家長要懂得把握。以下是一些不錯的時機點：

1. 電視正在播最新的偶像劇，兩名劇中人正在討論做愛的事（如果你的孩子看青少年節目，這種機會應該會有，嗯，大概每十分鐘就有一次吧。）節目進廣告時，問孩子覺得他們該怎麼處理。

2. 兒子在看的書也可收到同樣效果。問他《紅字》（The Scarlet Letter）到底在講什麼，或他認為羅密歐和茱莉葉到底想追求什麼。

3. 以家族親人做為教材。當女兒嘲笑戀愛中的表姊時，問她認為戀愛關係是怎麼樣。有些家庭以為小孩不懂意外懷孕，不懂同性戀叔叔有新男友。不過孩子可能不小心聽到你們的談話，可趁此教育他們。

練習

如果突然要女兒陪你一起練習，女兒大概會以為你醉了，除非你平常就這麼熱絡。不妨以本書做藉口，一起批評本書也行，我們不會介意的。

1. 一起上網查看提供性、病和避孕資訊的網站，並一同學習。

2. 交換角色。問孩子，他若是父母，會跟孩子討論什麼議題，如果你是孩子，又想問什麼問題。

3. 新聞經常出現性的話題，例如去年突然爆增的是哪種性病？保險套的最新研究發現了什麼？把報紙拿給孩子看，問問他的想法。

開場白

你若不知道如何開口，試試以下的開場白吧。

1. 「你們的性教育課程上得如何了？現在在討論什麼主題？班上同學的反應怎麼樣？」

2. 「國中生有時會開始談論約會的事，你們學校的學生也會談嗎？」

3. 「我正在讀一本寫給家長看的書，書上說我應該跟你討論性的問題。你覺得其他人的爸媽也會跟他們談嗎？」

結果呢？

「結果很順利啊，真的很棒。大家都很高興我們終於談了⋯⋯如果凱蒂的兒子邀我女兒出去，那就太完美了，因為我知道他會做好保護措施！」

我怕太尷尬

喂，你是家長，又不是性心理醫師，當然會覺得尷尬了，而且很多問題你大概也沒有答案。不過你要知道，你若真的很努力，孩子也會很寬容的。

不久前，珍希已不再害怕自己會犯錯了。「我一直想當個完美媽媽，永遠知道該說什麼，可惜事實不然。我會犯各種錯，說出違心之論或不該講的話。但我犯錯時會道歉，並在下次改進。」她的孩子乖得很。

私下問孩子時，他們都表示很看重父母對性的想法，這點對家長或許有些幫助。十至十五歲的孩子，五人中有四個孩子認為母親很了解性問題，以及孩子面對的狀況；約四分之三的人認為爸爸很了解；跟爸媽討論過性的孩子裡，87%的人認為爸媽提供的幫助很大。

努力去做的家長常表示，過程其實沒那麼糟。當然了，你可能會遇到很害羞的時刻，或講出一些自己的私事，還擔心被孩子看輕。套句尼采的話，凡沒讓我掛掉的，都使我更堅強。目前我們還沒看到家長因談話而掛點的報告。

他就是不想跟我談

大部分青少年都希望擁有隱私，即使孩子肯大方地跟你討論性，卻未必想跟你談他私人的性生活。若是如此，家長得找出一種不會讓孩子感到受侵犯的討論方式。你們可以談其他人——他的朋友、電視人物——做過什麼，或該做什麼，讓他能自在地聽取你的意見。孩子在場時，跟你的伴侶或朋友討論性，也蠻有用。

如果你們不夠親近而無法討論，請先解決根本的問題再說。如果連晚餐吃什麼都沒辦法好好討論，就甭想談性了。親子得有堅實的關係基礎，才有辦法開始談。

在解決問題的期間，不妨拜託能跟孩子談話的人。鼓勵他的阿姨跟他討論性，你也可以去跟你的姪子娓女談。

不知道該談什麼

答案就在這裡。以下要點，就是第四課的內容。

性 的 推 演

家長可趁青春期的最初幾年，幫孩子整理她遲早要面對的問題，並釐清她的想法。在你的鼓勵下，她可以盡早思索，免得哪天與男友在昏暗的地下室裡，一時間不知如何決定。

事先與孩子推演各種情況。當她跟男生出去時，會想進行到什麼程度？她想不想有進展？她覺得她的朋友都在做什麼？對朋友的決定有何看法？

讓孩子整理思緒，鼓勵她講出贊成與反對的理由，問她何種狀況會有做愛的壓力，以及接受或拒絕會有什麼後果？假如她真的與男友性交了，會發生什麼事？若是沒有，又會如何？或許她已經有答案了，因為她都跟朋友討論過了，或者她從來不曾檢視自己的想法。

「如果我不跟男生做愛，男生大概就不會想約我出去了。」、「我絕不會跟別人一樣，為了壓力才去做愛。」、「我想我大概會說好吧。」不管她說什麼，都要仔細聆聽。

然後再表達你的看法。

你也可以用這些談話來整理自己的想法，不必事前就全部想通。你希望孩子大一點再做愛，但又不知道何時才算恰當，那也沒關係。只要承

認自己的疑惑，大夥一起集思廣益來解決問題就好了，對孩子來說，這比不懂裝懂更可貴。

這些決定真的不好下。家長的目標不是讓孩子在第一次談話時，就做出「正確」的決定，而是要讓他了解，將來他得靠自己決定，並幫助孩子培養必要的推斷技巧。你若確知什麼對他最好，請給他一點空間去訓練判斷能力吧，不必把什麼都倒給他。萬一覺得孩子的想法有誤，風險太高，不妨表達你的看法。風險若不是很高，就讓他從經驗中學習吧。別忘了，最後要下決定的那一刻，你可不會在他身邊啊。

雙 方 同 意

前面談過被迫發生的性關係，還記得那份統計吧？所有青少年都必須了解一點，做愛做的事，一定要雙方同意才行。就這點調查來看，男生尤其需要學習接受對方的拒絕，女生也應學習這點。

第四課的這個段落，家長可以講得更仔細，並點出其中的曖昧之處。有些人會欲拒還迎，嘴上說不，行為卻熱情如火。警告孩子，黃燈跟綠燈畢竟不同。對性既想要又不敢要的人，也許會在催逼下同意接受，但事後卻懊悔不已，反過來控訴對方占他便宜。

你也可以教孩子，明確地向對方說出自己的想法。我們前半部所談的，就是讓孩子想清楚，以便精確地表達出來。

告訴孩子，他們可以劃清底線，又不失之冷漠。兒子的約會對象若一直吵著要獨處，意圖非常明顯（但他還不想那麼做），兒子大可不必讓步，他可以建議一起去看電影、喝咖啡，或到兩人不會獨處的地方。

最後，孩子必須了解，有時無論他講得多麼清楚，有些人就是聽不進去。問他若遇到這種狀況會有什麼感覺？想想該如何反應？也許他決定大聲而堅定地拒絕或躲開對方，或乾脆起身離去。

性 的 安 全

這部分相當重要，家長得在孩子發生性關係前，教他避孕方法，以免造成意外懷孕或感染性病。家長一定要說清楚，任何陰道性交和肛交，每次都得使用保險套，另外再輔以荷爾蒙法（如口服避孕藥）或女性防護法（如子宮隔膜）。還可以建議口交時，使用未加潤滑劑的保險套及口腔護膜（dental dams）。家長也許寧可讓孩子用口交代替陰道性交，以降低風險。第九章會談到這些建議，以及如何勸說孩子。

快 樂 與 恐 懼

無論家長認為性應該保留到婚後，或應鼓勵青少年探索自然的性慾，你應該都希望孩子長大後，能擁有健康的性生活吧。如果是這樣，即使強調性的安全問題，也別忘了稱許肉體之歡以及性愛之樂。

一味的批評性關係會讓人懷孕、染性病、受傷或敗德，卻從不討論兩情相悅帶來的快樂，可能會對敏感的青少年造成衝擊，而以自己的慾念為恥，更別說是性行為了。更有甚者，「別亂摸，小雞雞會掉下來」的恐嚇，絕非教孩子禁慾的好辦法。

恐懼向來不是最有效的動力，恫嚇雖能收一時之效，但久了便會疲乏。如果兒子約會前，讓他看梅毒患者下疳的特寫照，兒子大概連拉女友的手都會冒冷汗，更遑論跟她做愛了。可是一個月後，照片就變成歷史了，即使不斷給他看那根噁心的病雞雞，也不會有什麼效果了。

真 實 的 一 刻

女兒告訴我，有次她跟朋友討論性時說道：「這種事我得跟我爸媽討論。」結果被朋友白了一眼，好像她是怪物。女兒說：「我絕對不會沒

跟父母商量，就自行做這麼重大的事。」

——瑪莉索，女兒愛莉莎十六歲

經過一切準備後，孩子也許決定上陣了。如果一切進行順利，你又非常非常好運的話，也許他會願意告訴你。

回頭看看愛莉莎和喬書這對十六歲的小情侶。他們在一起六個月後（加上戀愛前兩人已經認識的幾年），開始覺得彼此信賴極深，又非常親密，唯一能讓他們更圓滿的，就只剩下性愛了。

愛莉莎的父母都為女兒做好心理準備了，他們會利用機會，表達他們對性的看法，教她如何避孕，並探問她朋友的狀況（她們都還沒有性經驗）。愛莉莎知道一些爸媽的性經驗，大衛和瑪莉索坦然表示，家裡可以討論性愛問題。也許這正是愛莉莎跟喬書在進一步行動前，會去找爸媽商談的原因了。

「她跑來找我們，『喬書和我越來越親近了，我們在想……』嗯，她想讓我們知道，他們兩個越來越有肌膚之親了。」大衛意會到愛莉莎想要什麼。「她想得到我們的建議和祝福，她大概是覺得我們能理解並接受這件事吧，因為我們都很喜歡喬書。可是她媽對愛莉莎提出很多很多性行為方面的警告。」

爸媽的反應如何？愛莉莎回憶說：「我媽超擔心我會名譽掃地。」

可是瑪莉索給愛莉莎的是警告，而不是命令。「我二十四歲，自己出來生活後，第一次有性經驗。」瑪莉索解釋說，「我知道我母親不會認同我的生活方式，所以選擇在離家後，才嘗試性經驗。我不希望愛莉莎跟我一樣，我會說，這是我們的想法，可是我們會尊重你的選擇。在整個談話過程中，我們都跟她表示得很明確，我們不認為她已經準備好了。」

經驗教訓

也許你一直在擔心這件事：自己做過的事，如何建議孩子用不同的方式去做？

南西決定與女兒分享自己的過去。「我告訴她，性愛對我來說是件難事，我在高中大學時跟很多男生上過床，當時感覺不錯，事後卻難過不已。後來我遇到她爸爸了，等我們終於上床時，那感覺真是太美了。」她解釋說，「我真的很難跟她說以前的荒唐歲月，實在有損我目前的形象。可是我希望她能明白，我也曾經那樣，該壞的都壞過了——因此當我告訴她，最好等真命天子現身再做時，我真的知道自己在說什麼。」

分享自己的經驗，無論是坦承錯誤，或描述過去的光榮，都會是很有效的辦法。這能打開親子的溝通管道，孩子也比較不會把你的建議當成偏見或耳邊風。

史蓋普就發現，用自己的經驗給女兒建議非常有用。「面對事實吧，我還記得以前自己是什麼德性，我一天到晚只想到性。問題是，現在該如何保護女兒，別讓那些跟我當年一樣的色小子傷害她？我告訴女兒，男生都在打什麼歪主意，女兒聽到後不以為然地哈哈大笑，我說自己以前就是那種男生後，她才開始注意聽。就好像在說，真的，我沒開玩笑，男生真的就是那樣。然後她就肯聽了。」

當然啦，你沒有義務跟孩子招認自己的過去，因為你也有隱私權。如果兒子問你不想回答的問題，不妨反問他，答案若是肯定或否定的，他會如何反應。

你若決定把自己的性史告訴孩子，千萬要意識到一件事實——兒子可能不想知道太多。第二章解釋過，許多孩子不特別想知道爸媽的性事。你要是知道孩子有多麼不想知道你們嘿咻的事，大概會感到非常訝異。

蘿茜的兒子十三歲，「幾年前我載著亞當時，他突然冒出一句：『你和爸比做過兩次愛。』我根本不知道他在講什麼，心想他八成是站在門口偷聽了。可是他指的是只有兩次，就是生下他和他妹妹的那兩次。聽起來很像笑話吧，可是他說得超嚴肅，害我嚇了一跳。」

重點就在這兒。史蓋普發現，讓孩子知道你有第一手經驗，有助於建立可信度，也順便讓孩子知道，即使年過三十歲，還是有性生活的。家長在教導時，請尊重孩子不想涉入父母性事的心情。你只要找到一個雙方都可接受的平衡點就好了。以下是蘿茜的做法。

「我問他，為什麼覺得我們只做過兩次愛，而不認為我們現在還會做。孩子也說不上來，他還很小，正在學習性知識，根本沒想到我們還有性生活。我很快告訴他，性在人的一生中都很重要。後來我不再那麼遮遮掩掩了，其實也不是什麼大動作，就是把避孕丸放在浴室洗手枱上，不會再藏進抽屜裡了。」

那麼大衛呢？愛莉莎說：「我老爸有點緊張。」大衛對性是非常開明的老爸，但他還是會緊張，而且主要是擔心安全問題。「他一直說，一定要注意安全。」事實上，大衛做的比說的多。

「我幫女兒買保險套，告訴她懷孕會有什麼徵兆。」可是他又進一步說，「我告訴她，萬一懷孕了可以去墮胎，如果她不願意，我們會幫她申請社會福利，讓她住到公寓裡，但以後我們再也不會養她了。」

瑪莉索試著幫老公緩頰。

「也許我認為墮胎很合理，但我無法逼她去做。不過我老實告訴她，你若做了那種決定——把寶寶留下來養——我會愛那孩子，但我絕不幫你照顧，也不幫你養，你得自己面對後果。她說：『我真的不想聽這些，我都懂啦，可是我不想聽這麼多。』」

「結果害我壓力大得要命！」愛莉莎說，不過她還是去問喬書：「萬一我懷孕了，你可以接受我去墮胎嗎？」喬書說可以。

愛莉莎和喬書的舞台已經搭好了——安全、父母可接受但不鼓勵的性行為——但大衛和瑪莉索卻還沒完全準備放手。

「他們給我一盒保險套，接著又訂了一堆規矩，讓我更難與喬書見

面。『晚上不許去他家，即使他爸媽在也不行。下午也不許兩人單獨在一起。』我覺得簡直太矛盾了。」

大衛：「我覺得她來找我們，是希望我們能叫她緩一緩，而我們也確實這麼做了。」

但愛莉莎的看法卻是：「我是想讓親子關係更緊密，才會去問他們的，沒想到他們卻把我當成小孩子。所以我只好重施故技，對他們說謊。我到喬書家過夜，騙他們說到別的朋友家。要不是他們那麼大驚小怪，我大概不會去跟他睡了，也算是對他們的一種抗議。」

誰說教孩子很容易？

適 度 規 範

你該不該學大衛和瑪莉莎，為孩子訂定性行為的規範？

「小孩子需要被管，會讓人比較放心。」丹頓有個十五歲的女兒。「我們跟女兒說，必須等約會六個月後，才能跟男友上床。這樣大家才不會焦慮，她不必煩惱什麼時候做，也不必去決定，因為我們已經幫她決定好了。」（給丹頓的話：到時候逼女兒在六個月到期前就跟男友分手，是很低級的。）

丹頓有辦法逼女兒就範嗎？未必。因為丹頓的女兒可以背著爸爸跟別人上床，除非她接受父親的規定，否則規定本身未必能阻止她。當然，這並不表示規定沒用。也許女兒會覺得違逆父親是錯的，或相信父親的判斷而接受規定；可惜不是所有小孩都那麼乖，就連丹頓的孩子也未必個個聽話。事實上，父母最常犯的錯，就是自以為可控制孩子的性生活。

還記得討論過的歸納和民主嗎？第七章我們談到虛張聲勢，會減損父母的權威，希望提高生活自主權的青少年，若得不到自主的權力，便會反抗。就像愛莉莎一樣。可是孩子還是需要父母的引導——甚至規範。

愛莉莎的父母第二天就發現她跟喬書上床了，知道女兒欺騙他們後，兩人如何處理？

他們將愛莉莎禁足。「我們也知道禁止這件事會有風險，」大衛說，「可是她偷溜到喬書家的做法，把事情都搞砸了。」

愛莉莎被罰一個月不許在校外跟喬書見面。

「好難熬哦，因為我們剛剛才共度一晚，感覺如此的自由自在，接著竟然就得告訴他，我不能跟你見面了。可是禁足給我機會從不同的角度去思考這件事，並與父母化解心結。」

禁足結束後，愛莉莎和喬書便隨學校去旅遊了。「我們在旅館共度一夜，非常自由，但我不喜歡完全獨立的感覺，因為覺得不安全。我的朋友都在濫用這種自由，在外遊盪到三點鐘，我卻沒有。爸媽規定我回家時間，是因為我需要睡眠。不過我也不喜歡被關在家裡，我希望能找到一個中間地帶。」

大衛說得對，愛莉莎不喜歡被管束，她希望爸媽能放手。全家磨合了好幾個月後才把問題解決，但終究是解決了。

「旅遊回來後，我告訴爸媽：『我不希望親子關係建立在各種規定上，我希望能彼此互相信任。』最後問題便大而化小了。我對他們說：『我需要更多時間跟喬書獨處。』他們跑去跟喬書的爸媽商量，最後決定可以。」

當孩子回家，表示打算跟某人上床時，就是你發揮歸納、民主、關愛、高度的期許等所有本領的時候了。

如果你尊重孩子，把他當成需要學習去做決定，並為此負責的獨立個體，便會遇到類似這樣的麻煩時刻。如果你把自己的觀點當成法規，不願多做解釋，也不給孩子機會表達意見，孩子便很難聽進你的觀點，就算聽了，也不願遵守。

因此，詢問孩子的看法，給他商榷的機會，如果他的想法合理，不妨考慮修正，或者合議出一套辦法。孩子會乖乖照做嗎？不一定，但是至

少你們可以有討論的基礎。

「現在他們肯讓喬書和我在放學後，趁他們還沒回家前，獨處幾個小時了。」愛莉莎說，「我們知道他很快就會回來了，所以兩方都能接受。」愛莉莎和家人發現，他們要的是讓大家都能安心的適度限制。

「你知道嗎，」大衛談到愛莉莎的經驗，「事情比我預期的早了一兩年，不過我寧可她現在跟一個尊重她的男生做，而不要兩年後跟一個爛人做。我們很擔心這件事會影響我們的親子關係，」他說，「不過其實沒有，那只是另一個階段罷了，她沒有讓事情變得……太傷人。」

教 孩 子 自 己 決 定

朋友問：「我該如何讓女兒持有健康的性態度，又不跟人上床？」我們一直沒回答他。

答案是，別企圖阻止，只要教她就好。從女兒闖入你的生命開始，便教她認識自己的身體、體驗歡愉與責任、教她愛、教她風險，以及社會大眾對性的各種看法。

教她如何為自己著想，並做出決定；孩子做決定後，家長要給予尊重。孩子的決定也許與你不同，她決定向性愛邁進，你卻希望她能避開。或者她的決定，讓她錯過了你眼裡的良機。但那畢竟是她的決定，家長只能把自己的想法告訴孩子而已。經過多年的拉拔之後，她終於成熟長大了，你的目標也慢慢達成──雖然跟大衛和瑪莉索一樣，你會發現，那種完成有時還挺令人心酸的。

不怕小孩問

第 九 章

「真要做的話……」

關 於 安 全 性 行 為

我們已經陪著你們親子，一步步踏向孩子的第一次性經驗了，這裡先暫停一下，因為在孩子初嘗性滋味前，還有一件很重要的事，得花一章的篇幅來討論。

也許你不介意女兒有性行為，也許你巴不得用貞操帶鎖住她。無論如何，你一定不希望女兒染上性病，或意外懷孕。如果孩子婚前可能會有性行為，她應該要懂得避孕的方法。

現在進入性愛的技術層面了。迄今為止，談到約會、愛與性時，你都能憑本能和個人經驗去談。可是談到安全性行為，就必須知道一些資訊。本章將討論如何跟孩子談避孕問題，〈附錄一〉會細談每種避孕方法，提供家長必要的資訊，以便給孩子建議和答案。

「別做！可是萬一要做……」

假如你不希望孩子有性關係，至少目前不要，那麼你應該鼓吹避孕嗎？你會懷疑：「假如我跟女兒講避孕丸，她會不會誤會我不在意？」

如果讓孩子取得避孕用品呢？有些家長擔心輕易讓孩子取得避孕工具，便會打破性的禁忌，使孩子的性行為變得更頻繁。由於避孕並非萬無一失，孩子懷孕或染病的風險反而提高。

送十六歲兒子保險套的史黛拉卻認為：「孩子要不要做又不是全看保

險套，他們遇到機會就做了。如果身邊有保險套，他們還會順便用——但願如此；但萬一沒有，他們也不會拒絕。我希望兒子在機會來臨時懂得保護自己，因為忽略避孕的代價實在太高了。」

就我們所知，教孩子避孕方法，或隨時讓他們有避孕工具可用，並不會鼓勵青少年從事性行為。反而讓他們做愛時，更常採取保護措施。有些科學家甚至相信，學習避孕可以使人理解性行為的風險，而防止部分青少年從事性行為。

可惜這項論點的資料並不明確。例如，我們從高中保險套推廣課程的研究中取得證明，這些課程不僅教青少年使用保險套，也讓他們容易取得保險套，結果，原本就有性行為的青少年，保險套的使用率提高了；但包含一份針對紐約一萬三千名學生做的研究在內，沒有一份指出該課程會提高孩子從事行性為的比率。可惜這些研究很難直接應用到家庭裡，且研究本身有它們的限制。

研究親子溝通避孕問題的結果發現，這些談話不會提高青少年的性行動。由於研究本身的限制，我們無法確定其權威性，但研究的結果非常合乎邏輯，與我們調查的經驗一致，大多數研究人員都能接受。

孩子如何解讀家長的建議，得視家長的談話態度。要訣是，你可以用一種不太贊成，但基於安全考量才提的態度，跟孩子討論避孕問題。你對這種「別做，但萬一要做，千萬要注意安全」的談話也許很熟了。（記得「別喝酒，但萬一喝了，千萬別開車，打電話給我，我會去接你」這些話嗎？）目的是培養孩子成熟的決斷力，成熟的決定通常十分複雜，所以你的建議也不能太簡單。

你不會打算只是扔一盒保險套給孩子，然後熱情地祝他「玩得盡興！」吧。你得將避孕放到更高的層次中去談。我們會用一些篇幅教你如何建議，在介紹保險套的使用法時，可以順便要孩子談談性的意義，他覺得現在適不適合做？性在他的男女關係中，占了什麼地位？以不偏不倚的方式去談，孩子應該不會誤以為你同意他亂來。

你可以說：

「你知道，我覺得你還沒做好性行為的準備，我認為小孩至少應該等高中／大學／婚後／真的愛上一個人後再做。不過我知道你有些朋友已經有性行為了，你可能也會想試試。所以我要確定你懂得如何避孕。」

「我朋友覺得我是在鼓勵孩子，」史黛拉說，「這件事我也想過，可能我說太多實話了吧。我跟他說他年紀還小，天曉得他聽不聽得進去。不過我還是寧可給他保險套，就算會提高他做愛機率好了，也不願做縮頭烏龜，騙自己要是他沒有保險套，就不會去做了。」

哪 個 方 法 最 好 ？

家長若跟孩子討論避孕，孩子會受益良多；甚至願意幫孩子挑選避孕法，孩子更可能做出明智的抉擇。這是很複雜的決定，孩子需要有經驗的人給他建議。他會從朋友、醫生和媒體上學到這些，但有誰會比你更關心他？

重點是選出避孕方法。孩子得選擇一種隨時可用，效果又最好的方法。他要選出舒服的方式，才會乖乖正確使用。即使是最好的避孕法，若只是擺在架子上，也等於零。

這種或那種方法有多難使用？他最好的朋友有沒有試過？會不會影響他的快感？對方的快感？有沒有副作用？會很貴嗎？很難取得嗎？要事先安排嗎？你和孩子在決定採用何種方法時，可以將以上納入考量。

我們先簡化選擇的過程。

避孕的目的有二：防止意外懷孕（若對方是異性的話），並避免感染性病。只有保險套能達成第二項目標。男用與女用保險套，都能大幅降低（但不是消除）性病感染機率，由於女用保險套短期內不太可能普及

（因為較麻煩且昂貴，但還是有它的好處），因此我們的建議如下。

孩子每次性交（陰道或肛交）時，都應使用保險套。

做陰莖口交時，也應使用無潤滑的保險套。口交時使用保險套的孩子（或成人）似乎不多，有些家長寧可孩子口交時不用保險套，也不願他們戴保險套進行陰道性交。可是你若真的希望孩子能將口交染病的風險降至最低，就應該讓男生戴上保險套。

男同志沒有懷孕的問題，因此不必擔心，只要肛交及口交時用保險套就夠了。舔肛時也可用口腔護膜。對女同志來說，舔陰及舔肛時都可使用護膜（也適用於異性戀者）。

至於其他人，光用保險套是不夠的。

由於人們經常使用保險套，用保險套避孕的突槌機率也蠻大的。為了將意外受孕的機率降至最低，孩子應該搭配使用保險套和另一種方法。問題是，還能有哪種方法？

理 想 與 現 實

選擇避孕法時，效果強弱是很重要的決定因素。你若努力尋找，大概都可以找到需要的選擇。

先提醒一點，有些避孕方法的效果高低取決於使用者，還有，有些研究做得詳盡，有些則不怎麼樣。

避孕法若絲毫無誤地**正確使用**（perfect use），效果通常很優。正確使用意指孩子每次陰道性交時都乖乖使用。

可是沒有人是完美的，偶爾忘記吃避孕丸也是常有的事，或發現保險套用完時，僥倖地想：「就這一次而已……」另外，誰知道女方會不會不想殺風景，把子宮隔膜留在抽屜裡？即使平時乖乖避孕的人，偶爾也會有失誤的時候，例如，把保險套戴反了，然後又翻回正面戴上。

因此，了解**一般使用**（typical use）的成功率也非常重要——也就是偶

爾出錯，且未必遵守使用方法的人，他們的成功率如何。

選擇避孕法時，家長和孩子應先決定孩子的個性比較像正確使用者，還是一般使用者。有什麼證據可以證明，女兒每天都會記得吃避孕丸，不會忘記嗎？

例如，她有沒有每天用牙線？

每次坐車都會繫安全帶嗎？

準時繳交作業？

如果她在個人習慣方面的表現不是很負責，最好別用那種每天要記得去做，或必須事先準備的避孕法。

宗教力量

我跟孩子說話時，大多在談論宗教。我們是天主教徒，這是我的信仰，我希望他們知道未婚懷孕是錯的……這點絕對沒得商量。我認為吃避孕藥可以，但墮胎的權利不應該握在政府手上。萬一我女兒懷孕了，我不會完全排斥讓她去墮胎。我是個很務實的人。

——薇勒莉談到女兒時表示

如果家長的宗教信仰禁止婚前性行為或避孕，在處理孩子的性行為時，就又多了一項挑戰。許多跟我們談過的家長，都在「務實」與信仰之間苦苦掙扎，就像薇勒莉一樣。

「我說這話好像很偽善，可是真的有人完全同意教會的一切信條嗎？」吉娜問，「我愛教堂，我每週日都去，但只因為我在婚前有性行為，就變成壞人了嗎？我跟女兒講過保險套的事，因為她必須知道。有時你就是得做點讓步。」

有些家長卻不這麼想。「我不懂我幹嘛要談避孕的事，根本沒有必要。我的兒子婚前絕不會有性行為，我知道，因為他們是我一手帶大的。他們從小就上教堂了，有些事就是不能做，做了就會有惡果。如果他們問起保險套的事，我們會找出原因，並解釋保險套是不對的。」

當然了，也有不用避孕工具的避孕法。第八章談到禁慾，〈附錄一〉也會講到安全期避孕法，不過除了最成熟的青少年外，我們並不推薦。這種方法對大部分關係不穩定，又血氣方剛的孩子來說太難了，而且完全無法防止性病。

避 孕 的 成 功 率

277頁有份圖表，標示出每種避孕法的成功率。每個方法後都有兩個百分比，一個表示一年內正確使用者意外懷孕的比率；另一個是一年內一般使者的結果。這些比率的假設是，一對男女平均每年陰道性交83次，事實上這也是全國所有已婚成年女性的平均做愛次數。無論你家青少年的頻率高或低，孩子可能比一般成人容易受孕，卻較無避孕經驗。我們並不清楚這些數據對青少年算是高估還是低估，不過這是目前拿到最精確的資訊了，而且在比較各種不同的選擇效果時，相當有用。

拿圖表上的子宮隔膜使用效果為例。一年中，正確使用子宮隔膜，且僅以它來避孕的女性，6%會懷孕。假設有一百對夫妻使用子宮隔膜一年，每對夫妻做愛次數為平均數（83），也就是說總共83×100次，或總數8,300的性交次數。在這8,300次中，會有6次受孕，或每1,383次性交中有1次受孕。

但那是正確使用後的比率。若是一般使用，16%的夫妻在一年期中會受孕。為什麼？因為子宮隔膜有時會滑動，但大部分失敗都是因為人們偷懶的關係：包括某些女生表示，雖然有在用子宮隔膜避孕，卻不一定每次都用。

因此你──或者你的女兒，最好問問自己：她每次都會乖乖使用子宮隔膜嗎？她懂得如何正確使用嗎？她是那6%還是16%的青少年？

最後，理想與現實的原則，同樣適用於禁慾。理論上，禁慾的做法（或至少禁止在性行為中，將精液射到陰道附近），受孕率應該是零，但實際上效果顯然不是太好。我們不知道選擇禁慾的孩子，有多少後來還是破戒了——又有多少人懷了孕。第八章談過，原本想禁慾，卻意外有性行為的孩子，避孕的準備做得都不是很理想。

朋友間的避孕方法

1997年，在受訪最近三個月內有過性交經驗的九年級至高三生，大部分在最後一次性交時都有避孕。57%的人使用保險套，17%服避孕丸，13%採陰莖抽離（withdrawal），4%使用其他方法，15%沒有使用避孕法，還有2%不確定自己或對方是否避孕。（如果他們使用保險套及另一種方法，兩者都計算進去；如果他們除保險套外，使用不止一項的避孕法，只計算最有效的那種方法。）

年紀較大的青少年，避孕的比率也較高。大女生較會使用避孕丸，較少使用保險套。性交變得更頻繁固定了，因此服用避孕丸會比較實際。而且大女孩也覺得找醫師開藥比較方便。

因為年紀較大的孩子比較不喜歡用保險套，得性病的風險相對也較高。若兩人關係穩定，且只有單一性伴侶時，也較少使用保險套。然而青少年的「一對一交往」，常常一個換一個，在變換伴侶的空窗期中，會去做性病檢查的青少年（或成人）並不多。

雙重保護

就我們看來，有性行為的青少年若能使用雙重保護來預防性病和懷孕，是最有利的。保險套（每次都要用！）是一項，提供性病的防預與避孕。第二項則可選用自己最喜歡的方法。

為了補強保險套的失誤，我們大力推薦的方法（除了禁慾之外），是荷爾蒙法（如口服避孕藥和其他各種將荷爾蒙導入體內的方式），或女性用的阻隔法（如子宮隔膜或子宮帽），雖然後者較不受青少年的青睞。如下面附圖所示，荷爾蒙法是最可靠的，正確使用的受孕率低於1%，而一般性使用的效果也最好。IUD子宮環也非常有效，但通常不建議青少年使用（在〈附錄一〉會解釋）。我們也不建議用絕育手術，原因大概不必多說了。

孩子找到容易使用的避孕法後，會漸漸上手，因此最好思考哪個最好用，答案得看孩子自己的喜好。子宮隔膜不難置入（雖然有些女生不喜歡把東西塞入陰道），就連有些人覺得不易使用的子宮帽，也可以用得很順。可是除非願意用，否則都不會有效。孩子必須記得隨身帶著，如果性行為頻繁，大概會覺得子宮隔膜很麻煩，也說不定她可以火速就塞好。對於不喜歡用荷爾蒙避孕法（例如害怕有副作用），或不常性交，而不希望在體內裝設固定避孕器的女生，阻隔式的避孕方法最合適。

第一年一般使用及正確使用避孕法後，意外懷孕的女性百分比。		
方法	**一般使用**	**正確使用**
沒有避孕	85%	85%
禁慾（禁絕陰道性交①）	？	0%
男用保險套（未含殺精劑）	15%	2%
女用保險套（未含殺精劑）	21%	5%
口服避孕藥②	8%	0.3%
Depo-Provera（避孕注射針）	3%	0.3%
Lunelle（長效型避孕針，每月注射一次）	3%	0.05%
Norplant（諾普蘭，皮下植入）	0.05%	0.05%
NuvaRing（避孕環）	8%	0.3%

Ortho Evra（避孕貼）	8%	0.3%
殺精劑（spermicide乳霜、軟膜、泡沫 　　或乳膠／栓劑）	29%	15%
子宮隔膜（diaphragm加殺精霜或乳膠）	16%	6%
子宮帽（cap加殺精霜或乳膠）		
之前懷過孕的婦女	32%	26%
從未懷過孕的婦女	16%	9%
陰莖抽離法（withdrawal）	27%	4%
週期性禁慾（安全期避孕法）	25%	
月曆法		9%
排卵法		3%
基礎體溫變化法③	2%	
子宮環（IUD，以下皆為子宮內避孕器）		
ParaGard （copper T，銅T）	0.8%	0.6%
Progestasert （progesterone T）	2%	1.5%
Mirena （LNg IUS）	0.1%	0.1%
絕育法		
女性絕育	0.5%	0.5%
男性絕育	0.15%	0.10%

①或禁止其他精液會接近陰道的性行為
②包括混搭避孕丸及單一荷爾蒙口服避孕藥（progestin-only pills，又稱迷你丸
　[minipills]）
③綜合了子宮頸分泌、月曆及基礎體溫測量法

以上資訊節自哈契爾等人所著的《避孕技巧》（Hatcher, Contraceptive Technology,
18th rev.ed., New York: Ardent Media, 2003）。這是一本非常詳細的優良避孕書。

假若女兒選擇口服避孕藥丸，在火熱之際，就不必擔心身上沒帶或忙著去吃藥了；另一方面，有些孩子會忘記按時每天服藥。當然，如果孩子很少有性行為，就不需要費這種心思了。

請注意，注射避孕針的一般使用及正確使用效果差不多。一旦注射或植入避孕針後，就很難有意外了。雖然還是得記得按時注射Depo或Lunelle（分別是每三個月或一個月一次），但不會比每天記得服藥更困難。對性行為頻繁，又疏於避孕的青少年，我們會建議使用這些方法。

避孕貼片和子宮環還很新，青少年對它們的反應還不明確，不過這些方法只需一週更換一次，也許是介於每日服用的避孕丸，和一個月注射一次的避孕針之間的好選擇。不妨查看一下最新的資訊。

〈附錄一〉會提到，美國最主要的殺精劑成分nonoxynol-9（做成軟膏、護膜、泡沫、乳膠、栓劑和藥片狀），並不能防止HIV，甚至會提高染患HIV或其他性病的機會，尤其經常使用時。我們認為，殺精劑並不適合做為保險套之外的第二層保護措施，不過有還是比沒有好（因為它確實能提高避孕率）。

請參照〈附錄一〉所有避孕法的資料，仔細考慮，同時鼓勵孩子詢問醫師意見，看哪種方法最適合他。

教 青 少 年 避 孕

該談一談避孕了。

孩子可能會問你避孕的事。夏洛的孩子便是如此……應該算有吧。

「我經過雷恩的房間——那時他十四歲——聽見類似這樣的談話『要射之前馬上抽出來，你的動作要是不夠快，她還可以用灌水器。』我將門一推，劈頭便說：『胡說八道，才不是那樣！』我根本還不知道他房裡是誰，結果竟然是我的小兒子喬伊，他才十二歲耶。接著他們立刻掩飾說：『我們在開玩笑啦。』、『我們是在背劇本台詞啦。』」

「媽，保險套破了！」── 緊急避孕法

即使你跟女兒討論過避孕的事，即使她和對方事先都計畫好了，意外還是可能發生。保險套破了、隔膜走位了，還有信誓旦旦說要等明年再做愛的女孩，突然莫名其妙地就失控了。

如果女兒遇到類似狀況，可以使用緊急避孕法（EC），EC是數種陰道性交後的避孕法總稱，一般稱為「事後避孕丸」（the morning-after pill）但這種說法不是很正確。EC不必在第二天早晨服用，也不是單一的藥丸，而且不一定是做成藥丸的樣子（我們會在〈附錄一〉描述EC的種類）。

標準的事後避孕包含服用荷爾蒙藥片（跟口服避孕藥類似，但劑量高出很多）。EC有數種效用，如果你女兒在排卵前服用，便會停止或延緩排卵，使卵子無法受精。如果女兒已經排卵了，EC藥片會阻止卵子或精子在輸卵管中的游動，防止卵子受精或著床。這些藥物並不會破壞或傷害既有的懷孕狀況（也就是已經著床的受精卵）。

女生得服用兩劑藥，相隔十二小時，第一劑藥必須在性交後七十二小時內服用，越快越好。如果第二劑藥服用得稍早或稍晚，大都還好。若是在性交不久後，不想半夜爬起來吃第二劑藥，而先計算好第一劑藥的服用時間，也沒關係。即使性交後超過七十二小時了，藥丸還是可能發揮避孕的作用，然而關於這方面的藥效研究極少。

雖然醫師協會鼓吹美國食品藥物管理局（FDA）將它當作成藥，但EC還是需要處方箋。孩子可以跟醫生要一份處方放在身邊，以防哪天需要做事後避孕。

EC會不會讓孩子更膽大妄為？研究顯示，把EC放在身邊備用的女性，並不會因此少用平時的避孕法。但你還是應該讓女兒知道，EC的成效遠比避孕丸、子宮隔膜或保險套都低，因此我們不建議將EC當成固定的避孕方式，而且EC也無法防止性病。

如果孩子或其伴侶最後還是動用到EC，你們就真的得好好談一談。一起檢討他們的避孕方法為何失敗，或為何都沒避孕。詢問時語氣最好輕柔些（「我相信你們一定很煩，到底發生什麼事了？」或「你們都沒想

過要避孕嗎？」），別急著罵人（「你們到底在搞什麼？」）。

有時青少年真的按部就班做了——保險套也準備了、有效期限也檢查了——但是套子偏偏破了；有時則是在酒精作祟或伴侶催促下，一時昏了頭。總之，等恐懼和副作用都過去之後再談，比較容易有建設性的討論。

匆匆做事後處理時，大人常忽略一種可能。女兒沒有避孕，是不是因為想懷孕或有所猶豫？即使她不打算懷孕，但面臨這種可能時，心情也會五味雜陳。

時間寶貴，孩子若能跟你或其他人討論一下，包括醫師在內，較能釐清自己的想法，畢竟要不要做事後避孕，決定權在她手裡。如果考慮事後避孕的人是兒子的女友，兒子可能也會有類似的感受。

夏洛以前教過國中生。

「我叫他們列張表，把避免女生懷孕的十大方法寫出來，大家再一起討論。我一會兒後回來，單子上的方法包括保險套和避孕丸，那是真正的辦法。我知道這是大好機會，我們很快就把陰莖抽離法剔除掉了。自慰後性交——這樣可以先耗光精子——也剔掉了。他們從沒想過，還有性交之外的其他辦法。他們也沒聽過子宮隔膜或其他避孕法。雷恩相信女生第一次性交不可能懷孕，我們也確確實實地討論了這個問題。」

如果你運氣好，堵到這種討論避孕的良機，千萬別放過，免得以後還得尷尬地故意製造話題。但話又說回來，如果你跟貝莉一樣擔心，就顧不得尷尬了。

「我正在讀一篇青少年得HIV的報導，心想，這實在太慘了，不過似乎跟我的生活沒什麼關係。接著文章提到，那孩子原本想當建築師，我家柯里就是想當建築師。這才發現，文章裡的男孩只比柯里大一歲。兒子一回到家，我一分鐘也不敢浪費，立刻叫他上車，載他到藥局裡挑保險套。」

貝莉要柯里選三種保險套，回家再一起套到黃瓜上。「我叫他要親自試一試。」

後來貝莉一再確認兒子都把話聽進去了。「我不用對他長篇大論，他就知道我非常擔心了。我並沒對他說『不准』或『你最好聽我的話』，我了解我兒子——對他說教他一定不會聽，但他明白這件事的嚴重性。」

假如你一向都很開明，大概就不需要刻意去安排了。泰斯和他太太為孩子創造一種終身學習的環境。

「我實在不懂這有什麼大不了，」泰斯說，「只要在孩子成長時，把避孕知識當成生活的一部分就好了嘛。我們不會把我太太的避孕丸藏起來，平時就放在梳妝台上。孩子若問那是什麼，我太太就告訴他們。有一陣子她不能吃避孕藥，所以我們改用保險套。盒子就擺在床邊，孩子們從小都知道，要有性生活，就得避孕，除非打算要生寶寶。這本來就是天經地義的事。」

談 話 的 時 機

談話的目的是在孩子發生性行為之前，跟他們介紹避孕法，使其初次體驗時已懂得避孕（除非孩子已有健康的配偶或伴侶，或打算生孩子）。第一次性行為就懂得避孕，能為將來立下良好的模式。好的開始，比將來改正惡習容易做到。

等到你認為孩子需要知道時才說，就比較麻煩了，因為家長誤判的機率很高。許多父母都是在孩子發生性行為很久之後，才跟他們討論避孕問題。

最好的辦法就是在發育期跟孩子討論。

孩子進入青春期前，若剛好有機會，不妨談個幾句，用簡單明瞭的方式回答。如果孩子在醫藥箱裡看到你的避孕貼，跟他解釋那是做愛時用

的，因為你還不想生寶寶。孩子若想深入了解，可補充說，避孕丸能暫時阻止你排卵，因為卵子有可能受精而變成小寶寶。

孩子進入青春期後，家長就可以談得更細了。你若認為應該避孕，不妨把避孕當成性的一部分去談。若你並不支持避孕，則解釋有人會在婚前或婚後的性行為中使用避孕法，並說明你不贊成的理由。

孩子開始會男女結伴去玩，在電話上打情罵俏，或寫情書時，家長就應該提供詳細的避孕資訊和選擇了。如果孩子聽得很有興致，不妨趁機幫他挑選，分享你的心得，鼓勵他去查詢，讓孩子知道方法的效用、使用方式、有何副作用等。他可以跟醫師和朋友討論，看他喜歡哪種方法。假如他有對象，他們應該按自己的價值觀和喜好去篩選，找出最有用的避孕法。

衡量風險

人們常說，青少年不怕死，總覺得倒楣事輪不到他們，這種說法有點失之過簡。青少年雖然不會沒事去跳樓，但他們確實是比較莽撞，尤其對非立即性的後果。他們也不太了解何謂「可能性」，所以無法評估「可能」和「絕對」，或「很少」和「絕對不會」的差別。

然而每個青少年都是個別獨立的，你很清楚孩子的想法，也知道他是否做了審慎的決定。我們認為用實際的狀況來協助孩子三思後行，是很好的辦法。如果他的朋友不用保險套，但並未感染HIV，那麼「做愛若不戴保險套，就會得HIV」的說法就不成立了（當然了，HIV的病徵可能好幾年後才會顯現，所以朋友們不會知道）。如果你告訴他，跟女朋友做愛會害她懷孕，但他們已經上過床了卻平安無事，孩子也許會認為自己不孕，或上天特別眷顧他們。

要誠實，告訴孩子懷孕是一種「可能」。重點是讓他了解，他若固定有性行為，卻不使用有效的避孕法，懷孕機率會很高。即使用保險套了，還是有懷孕的可能，只是低了很多很多。

> 同理，家長應輔導青少年，思考事後的一連串後果。孩子大概只看得到一時的激情（「他會更愛我」或「那感覺一定很棒」），而不是萬一懷孕，對後半輩子衝擊。如果他們覺得不戴保險套沒關係，反正還可以吃抗生素或墮胎，請他們再想想看，萬一對方不打算墮胎呢？萬一他們沒有出現病徵，不知道自己需要吃抗生素呢？如果他們染上抗生素治不了的病呢？
>
> 即使孩子知道懷孕或性病的風險，但在貪歡之際，或因第一次而不會戴保險套時，那些風險似乎都可以拋到一旁去了。因此事前的準備——想好該如何面對誘惑、學習避孕等——才會如此重要。

熟能生巧

　　無論孩子選擇哪種避孕法，都要會用才行。也就是說，她得事先練習，免得除了在診所試裝子宮隔膜的那一次外，看到男友七手八腳地脫褲子時，又裝不進去了。如果兒子從沒戴過保險套，初夜那晚，他就會懂得怎麼戴了嗎？

　　希望孩子正確使用避孕，就得教他怎麼做。難道你會沒教他開車，就把車借給他開嗎？

　　萬一你也不太會用保險套，或從沒學過，不妨陪孩子買一盒，一起研究怎麼用。叫孩子將兩指併攏，把保險套戴到手指上。或挑根香蕉，示範該怎麼做。兒子可以把保險套當汽球吹，看看保險套有多強韌。萬一他剛好拿到破的，趁機教他保險套並非萬無一失。

　　如果他堅稱「我當然知道保險套怎麼用」，就叫他示範給你看。讓他閉著眼睛，假裝置身黑暗的房裡，把套子戴到香蕉上。他可以從拆包裝取出來開始。（保險套的包裝有時蠻難拆的，他得拆開包裝，同時又不會撕壞套子。）確定他能正確地攤開套子，如果他裝反了，叫他把套子

扔掉重來。他應該私下用陰莖練習看看，如果他夠聰明或有點好色，應該會在自慰時戴上套子，看看會是什麼感覺。

總之就是練習、練習、再練習。

文森就不必要求十六歲的兒子練習了。「我倒垃圾時發現有個保險套，我簡直不敢相信，保險套顯然使用過了。」文森一時百感交集，「我還蠻替兒子高興的，我在他這個年紀的時候，根本不敢這樣，但一想到兒子在家裡做這檔事，又覺得怪怪的。」文森跑去問兒子，兒子說他還沒有性經驗，只是想知道戴保險套自慰是什麼感覺。「我猜那大概是功課全A的優等生探索性的方式吧。」

保險套事件後，文森和兒子也開始對談了。「一旦開始跟孩子談到自慰的事後，就沒有什麼不能談了，所以現在遇到性的問題，他都會跑來問我。」

子宮隔膜、子宮帽和子宮環也一樣，如果不知道如何安裝（好像找不到適當的水果來練習耶），醫師可以教你女兒（和你）。只要確定她聽懂醫師說的話就好了。

吃藥丸並不需要特殊的技巧，不過別忘了，按時吃藥卻是項挑戰。不妨給女兒一些訣竅，例如將吃藥跟她絕對不會忘記的生活常規綁在一起，如摘隱形眼鏡或刷牙等。

對付孩子的抗拒

當然了，即使孩子知道用什麼方法，該怎麼使用，還是會有備而不用的情形。理由千奇百怪，以下是幾種原因及對付辦法：

「她在我之前，只跟一個男生睡過。」問他女友以前交往過幾個人，還有，他是不是想當小爸爸。

「人家是畢業生代表耶，我才不擔心呢。」提醒女兒，在淋病和B肝病毒面前，人人平等。

「我不想讓爸媽知道，可是又沒有管道去就醫。」如果你已跟孩子討論過避孕的問題，就不難克服這個障礙了。告訴女兒，你會去跟醫師約診，並表示到時你會留在候診室裡。

「那晚我其實沒打算要發生性關係。」孩子若已有性行為，或正在考慮，叫他出門約會時，一定要帶避孕用品。有些孩子不想準備，因為他們不願發生性關係，或擔心別人發現他們的避孕用品後會亂想。女兒若羞於承認包包裡有保險套，別人問起時可解釋說，她一向隨身攜帶，不管有沒有做愛的打算，萬一需要時就隨手可得了。她可以表明，自己純粹是基於安全起見，而非有意冒犯或設防。她還可以把責任推到你身上：「我爸規定我約會時一定要帶。」

「我不喜歡保險套的感覺。」你家兒子不是第一個覺得保險套會降低快感的人，雖然有些人反而覺得是個優點，因為這樣不會太早射精。叫孩子試試不同廠牌，在保險套裡放一點潤滑濟也會有幫助，不過萬一感覺還是不佳，那也沒辦法了。

除非有長久固定的單一伴侶（青少年很少會這樣），否則不戴保險套做愛，便有得性病的風險。對戴了保險套就很難保持勃起的男生，另一種選擇是改用女用保險套。子宮隔膜若沒裝好，也會讓人很不舒服，教女兒要重新安裝。至於荷爾蒙避孕法，女兒若受副作用困擾，應跟醫生商量調整劑量，或選擇其他廠牌。

「半途停下來戴保險套或裝子宮隔膜實在很殺風景。」對這種說法，我們有兩個答案。一，沒錯，的確很掃興，可是這跟兒子四歲時在超市狂摸小雞雞是一樣的，他得學著在快感與責任之間權衡。第二個答案則是，別把它當成干擾，而要視為做愛的一個環節。兒子的伴侶可以幫他戴上保險套，或在他戴保險套時挑逗他。

正確使用保險套

1. 檢查使用期限，過期就不要再用了。

2. 確定包裝沒有損毀。把保險套放在乾燥陰涼處，避免直接日曬。是的，你在約會前，可以在車前的小櫃子擺幾個保險套，不過事後要記得補。你也可以在皮夾裡放一個，但過一陣子後，乳膠彈性會變差。如果不放心，就丟掉別用。

3. 使用前才打開包裝，小心別將保險套撕壞。

4. 將保險套直接套到勃起的陰莖上拉直，戴上之前先別拉開。別為了檢查破洞而在裡頭灌空氣或水，這樣反而更容易破。在保險套裡加幾滴潤滑液能增加快感，但別加太多。潤滑液過多的話，保險套容易滑掉。在陰莖靠近女生的外陰、肛門或嘴巴之前就應戴上，如果包皮未割，在戴保險套前，先將包皮拉到後面。

5. 如果保險套前端有儲液袋，戴上前先將裡面的空氣擠掉。若是沒有儲液袋，可擠壓保險套頂端，捏出能容裝精液的空間。其實保險套夠強韌，就算不這樣做也沒關係，但你又何必冒那個險？

6. 拉開保險套時，橡圈應該朝外，背向陰莖的皮膚，然後沿陰莖捲至底部。若是戴反了，就換一個新的，因為保險套可能已經接觸到精液、細菌或病毒了。

7. 使用乳膠製保險套（latex）時，只能使用水溶性潤滑劑，因為油性潤滑劑會將乳膠融解掉。若是聚乙安酯（polyurethane）製保險套，便可使用油性潤滑劑。

8. 萬一保險套在還沒射精前便破掉或滑開了，換掉就好。

9. 性交完抽離陰莖時，用手固定保險套底部，以免套子掉下來。如果抽離時還處於勃起狀態，通常保險套不太會掉。

10. 保險套絕不可重複使用，把套子丟到安全處，別讓小孩子找到。

「聽說避孕對身體不好。」有關避孕的謠言從來就沒斷過：什麼諾普蘭的針棒在身體裡亂跑、子宮隔膜跑進子宮裡等等的。孩子聽到「朋友的朋友」發生這種事，難免會有疑慮，家長必須拿出實際資訊讓孩子相信，傳言並非事實。不過這些傳聞其來有自，將藥物植入體內，本來就很可怕，尤其你還不確定效果如何。如果你不敢跟醫生或家人談，而自己偷偷使用，感覺當然更恐怖。

「避孕是男生的責任。」

「太難弄到手了，而且又好貴。」

咱們來花點時間討論以上兩件事。

誰 的 責 任 ？

青少年常認為應由男生負責帶保險套，其他事由女生負責。我們來改變這個想法——從此之後，應該由兩個人一起負責。

「我朋友覺得，我教女兒跟男友出門時隨身帶保險套很奇怪。她說：『那是男生的工作耶。』我說：『我的職責是確保女兒懂得照顧自己，會懷孕的人是她，她得盡力保護自己。我絕不許她到時哭哭啼啼的。』」

其實，他們兩個人都應該隨身攜帶保險套。（而且兩人都該帶一個以上，因為保險套會破。）或者他們要討論好，除非兩人都能乖乖避孕，也懂得正確使用方法，否則絕不能上床。

可惜事情沒那麼簡單，也許你女兒想用保險套，對方卻拒絕合作。告訴她，抗拒是可以預期的，萬一遇到了，她應該試驗一下。可能她的男友不知如何戴保險套，或有人告訴他真正的男子漢才不用保險套。她可以一起陪男友解決問題。

孩子若擔心對方會拒絕戴保險套，你可以陪孩子一起做角色扮演，當孩子的約會對象。

故意問她：「什嘛？你不信任我嗎？我又沒病。」她可以回答說：「我現在當然沒辦法信任你，也許你沒病，但你怎麼知道我沒有？萬一你被我傳染，又傳染給下一位女友呢？萬一你從上任女友那兒染到病，而傳給我呢？」

當他表示：「我那個太大了，保險套戴不下。」她可以說，「聽起來對我好像也太大了，如果你能戴得進保險套，你的大小才適合我。」或者她可以溫柔點說：「那我們去買特大號吧。」

萬一對方女生說：「別擔心，我現在是安全期，若是有個萬一，我會去墮胎的。」兒子不妨回答：「安全期又沒那麼準，而且萬一你改變心意不墮胎了呢？我不想冒險。」或說：「也許你無所謂，但我對墮胎很介意。我知道那是你的選擇，但我不希望你墮胎，所以我們最好小心點。」

當他說：「我從沒跟男生做過愛。」兒子可以說：「我也沒有，可是冒險並不值得，戴保險套會比較安全。」

當她說：「可是我愛你啊。」他可以說：「如果你愛我，就不會逼我做我不想做的事。」

當他說：「我明天就要去前線了，可能再也回不來了。」她可以說：「我不跟那種專背二次大戰電影台詞的男生上床。」

　　沒錯，女生無法逼男生用保險套，很多女生擔心為了保險套的事拒絕對方，會被甩掉，但他們不想因此分手。女生在愛情關係中，常會忍受許多事──男生也會，但不見得是在避孕方面──可是這種妥協對女生的健康與未來，風險真的很大。至少她可以私下吃避孕丸或使用其他由女生主導的方法來避孕。男生若不合作，女生真的得好好思索，什麼才

是對自己最有利的。家長可以跟她討論，她對兩性關係最重視的是什麼。

第八及第十章談到虐待及男女關係的爭鬥，第七章也談過如何應付女兒那位討厭的男友。不過，讓孩子堅強起來的第一步，是給他們需要的資訊，讓他們決定何者對自己最有利。教孩子如何善待他人，及如何照顧自己。你若覺得孩子的風險很高——愛與依賴可使一個人盲目——就得出面干涉了。

誰 去 買 ？

> 我當然會給我兒子保險套囉，我不希望他害人家女生懷孕，我才不在乎是我給的還是他自己買的，反正他沒有不用的藉口。
> ——柯林特，兒子十六歲

該談實際問題了。誰去買避孕用品？孩子若無法取得避孕用品，當然就不會用了，而青少年要取得避孕用品並不是那麼容易。

有些避孕用品需要處方，也就是說，得去看醫師。女兒有辦法自行就醫嗎？她若不敢告訴你呢？學校裡有校醫嗎？你有沒有簽同意書，讓她在校就醫？最好事先跟孩子溝通如何取得避孕用品，免得到時孩子拿一堆理由來搪塞。

盡可能參與就醫的過程，讓自己和孩子安心。你可以跟醫師約診，或直接把醫師的電話給孩子。開車送她過去，或把車借給她開。幫她到藥房拿藥，或提醒她去拿藥。要給她支持與需要的隱私，最重要的是，要把事情確實完成。

保險套不需要處方箋，但那並不表示保險套很容易取得。孩子也許因尷尬而不敢買。就算店員只是在發呆，兒子也會覺得店員在刷保險套的條碼時有偷笑。他最怕對方會把他買的東西念出來：「家庭計畫保險套一打裝一盒！」

校園保險套與醫護室

有些高中校內備有免費保險套。

有的高中認為這種做法會助長性風氣，讓學生認為校方鼓勵性行為。然而少數調查學校保險套計畫的研究發現，計畫本身並不會助長性行為，但會提高部分有性行為學生使用保險套的機率。這些計畫增強了孩子對HIV、性病和懷孕的警戒，使他們對性更加謹慎。

某些學校更進一步在校內（或學校附近）提供各種健康診治，包括提供避孕法、性病及懷孕檢測。校內的醫護室使青少年更易獲得照顧，不會有花費、管道取得及隱私方面的問題。不過學生要使用節育健康服務，幾乎一定先取得家長的同意。

學校人員也能幫上許多忙。學校護士、諮詢人員和心理輔導人員，可為家長和孩子提供建議。和藹可親的老護士，也許會在疫苗卡和OK繃旁邊擺上一疊當地家庭計畫診所的宣傳單。學校圖書館員也能幫孩子找到有用的書籍或優良網站。最受歡迎的老師和教練可以成為孩子的諮詢對象，學校行政人員亦然。

某些學校還提供相關的課外活動，由學生組織起來，教導其他學生預防性病，因為孩子比較願意接受同儕的觀念。研究指出，這些課程的效果很不錯，對負責教學的學生好處尤其多。因此，叫孩子去當小老師也不錯。

有些藥房把保險套放在櫃台後，孩子得開口問才行。這種做法雖有利於防盜——這種人們羞於購買的小物品很容易失竊——卻也令青少年和害羞的成人卻步。大部分藥劑師都很兢兢業業，以專業態度提供避孕資詢和使用建議。不過你家女兒也有可能遇到對她長篇說教的藥劑師，說她年紀還太小，不該有性行為等等。

這讓我們想到一個重要的問題：家長該不該親自給孩子保險套？

你可能擔心孩子會誤以為自己可以亂搞。放心吧，就我們所知，學校

的保險套計畫，並未提高青少年性交的比率。

另外還有分際的問題。你想涉入孩子的私生活多深？並不是每個人都想介入孩子的性生活。

如果這些問題解決了，接下來會面對一件事實──總得有人掏錢去買吧。是該由你、孩子，或雙方各出一半？如果其他費用都是你在打點，也許這只是其中的一項。如果兒子有工作，能支付自己的花費，這種錢也許應該由他來付。或者，你並不贊成孩子有性關係，但為了確保他的安全，還是願意幫他出；或者你覺得他應該負起責任，自己付錢。

露西亞就很願意幫女兒買保險套，「有什麼不好意思的？我直接問她需要什麼，然後就去買啦。這跟幫她買衛生棉和潤髮乳一樣嘛。如果她要去店裡，也會幫我買需要的東西。」露西亞又說：「我樂見她有性行為嗎？才沒有。但我很高興她有用保險套的習慣。」

保 護 措 施

性，真的可以在更安全的狀況下進行，避開性病感染及意外懷孕的問題。現在讀者應該已經知道如何幫孩子處理這些事了，因此我們要再提出一點，防止性病的蔓延固然必要，但是性應該不僅止於此。孩子應當杜絕意外懷孕的風險，然而這不表示性就沒有其他風險了，因為性並不只是安不安全的問題而已。

注意安全保護，是性行為的務實面做法──在這方面，小心的計畫與預防是非常有益且重要的。但就性的整體而論，保護措施只是青少年探索的一部分而已。

即使所有病菌都杜絕了，精子也妥善地跟卵子隔開了，但無論是第一次約會或是在新婚之夜，孩子對性的探索，必然會手忙腳亂，不甚完美，且難以預料。但願孩子的下一次、下下一次，以及以後的許多次，都會如此探索下去，也希望性的樂趣就在其間。

第十章

終於要上場了

管教性活躍的孩子，
從初體驗開始

終於發生了。當你讀著等了一天才拿到的當季銷售報告時，他們正在做。你翻著資料，想到雞肉好像還放在冷凍庫裡，你想叫女兒把雞肉拿出來解凍，可是她去練網球了。你打算趁回家途中順便買點東西，但得先把報告讀完。

其實，女兒沒去練網球……

你知道青少年第一次性經驗發生於夏季的比率，高過其他季節嗎？你知道女生自認深愛著第一位性伴侶的比例高過男生嗎？

最近你女兒似乎很迷網球社的一位男生，上星期她才提到那男生有多麼風趣，還教她哲學等等。暑假結束時他要回大學，女兒似乎相當難過。你在等印表機列印時，想起女兒提到他時的甜蜜表情，你懷疑他們可能已經發生關係了。

你懷疑得對。

此時此刻，他們正在他房裡做第一次。

你知道大部分女生，第一次都是跟大自己一至三歲的男生做的嗎？而男生的第一次比較常跟同年紀或年紀較小的人做。

你知道女兒已經計畫這件事一個月了嗎？

你需要知道嗎？你想知道嗎？

你在辦公室處理重要工作，她也在男友家進行大事，雖然你並不知道發生什麼事，但你有十七年的時間，把想教的都告訴她了，也聽過她所

有的想法。女兒就要升高三了，你已經很習慣彼此不再像以前那樣黏在一起。

你應該知道嗎？你有權知道嗎？

很迷惑吧？因為這對你們來說，都是第一遭。

初 體 驗

「珍西十五歲，已經跟男友交往一年了。」莉茲解釋說，「我懷疑他們已經有親密關係了，有天我去他家接她，一看到她我就懂了。我問她：『你今天跟克利斯做愛了是嗎？』她窘死了，回問我：『你怎麼會知道？』」

莉茲怎麼會知道？

「我也說不上來，就憑她看我的那個樣子，大概是因為她躲避我的眼神吧，反正我就是知道。」

有什麼感覺？

「我嚇壞了。」

如果女兒在發生第一次性關係後兩小時問你「你怎麼會知道？」，你會有什麼感覺？

也許你覺得還好，或許替孩子高興，或者你理論上支持孩子，但真的發生後，卻令你膽顫心驚。

也許你徹底反對婚前或成年之前有性行為，因此對女兒的行為感到痛心疾首。

或者，你已經有過這種經驗了，也知道自己會有什麼感受。

康蒂十六歲時，有天半夜三點回到家，發現母親怒氣沖沖地等著她。康蒂承認自己有性經驗，並表示此事與母親無關。狂怒的母親一把將47公斤重的康蒂抱起來，一時間不知該怎麼辦，只好把她丟到沙發上。那是她唯一能夠想到的做法。

有些家長對孩子藐視他們的價值觀又驚又怒，憤而將孩子逐出家門，孩子的下場可能非常淒慘。有些家長則乾脆自己離家出走——不是實質上的，而是他們陷入一種傷後的冷戰，將所有複雜的情緒化為無言。

馬丁談到女兒海若時，至少還講得出話。

「海若跟學校男生約會時才十五、六歲，結果是一位太太告訴我，海若跟那傢伙有性關係。一開始我很氣——真想把帽子拉下來遮住耳朵，假裝什麼也沒聽見。」

那到底是什麼感覺？

「身為父親，我覺得失去了天真無邪的女兒，因為突然摻進了成人的性慾。看著女兒逐漸變成小女人，我很不想去面對這個事實，我希望她能更成熟，卻又不希望她像大人一樣，結果突然她就做出那樣的選擇了。仔細想想，我早知道這是無可避免的，可是就是感到悵然若失。」

對馬丁來說，還不只如此。

「海若向來有肥胖的問題，因此桃花也較少。我擔心她因為胖，而沒有戀愛的機會，包括性在內。聽到那件事後，心中雖然百感交集，卻也覺得鬆了口氣——聽起來好像很矛盾——至少她了解雲雨之樂，也與人有過親密分享了。唉，那是一種非常複雜的感覺。」

孩 子 的 感 受

也許你永遠無法知道孩子真正的感受，只能猜測而已。

有一份要求男女生評價他們第一次性經驗的調查，大多數男生都表示「很愉快」、「還不錯」或「超讚的」。大部分女生則表示「普通」、「令人失望」或「災難一場」。讓孩子事先知道此事，有助延緩性關係的發生——尤其是女生。大多數研究中，男生多半認為第一次性經驗不錯，女生則大多感到失望。

這大概跟兩人都還在摸索有關吧，男生比女生容易有高潮，女生往往

為了愛，才決定發生關係，男生則是因為勃起了就做──而且第一次常是為了滿足性慾，並非為了愛。（調查中，男女雙方勾選的理由還包括：已經做好準備、因同儕大多已有經驗、喝醉了……等等）。女生受到伴侶催逼的情形較多，男生則是受到同儕的言語譏諷，因此事後女生常覺得自己失去了什麼，男生卻是感覺有所收穫。我們的語言也表達了這個觀點：女生失去貞操，男生則是有搞頭。

因此若是兩情相悅的第一次性經驗，男女雙方通常很愉快，也不太有罪惡感──這點最好也告訴孩子。

先定好計畫也有幫助。有計畫地發生第一次經驗的女生，事後較不後悔。雙方若能事先計畫，也會較懂得避孕。雖然第一次性經驗通常都不是計畫好的，大部分青少年還是會使用某些保護措施。1995年的一份研究指出，70%的青少年第一次性交時都有使用保險套。

十六歲的卡洛談戀愛了，他幾乎籌備了一年，才跟女友共享初夜。他說：「第一次並沒那麼容易，大家把第一次說得好像很簡單，而且一定會很棒，但其實前幾次都蠻困難的。」

是生理上的困難，還是心理的？

「生理的。」

心 理 的 困 難

當然了，某些孩子有了第一次經驗後，終於了解性是怎麼回事了。女兒也許覺得早知如此，當初何必等那麼久。即使她發現自己並不那麼喜歡對方，卻明白了自己對性的喜愛──而且是真的很能享受。馬兒已經出閘了，如果她真的很愛對方，此時也許已奔出五千里外了。

或者，事情進展並不順利。

「我怕的不是懷孕或性病，雖然我知道那很重要，但我擔心她在感情上是否能夠承受。」納森談到十七歲的女兒說：「我可以教她怎麼用保

險套，但我不懂如何教她處理自己的情緒。萬一她跟男生上床而愛上對方，後來被甩了，她受得了嗎？」

那麼納森十五歲的兒子呢？

「我比較不擔心他。我不知道這樣算不算性別歧視，但我覺得兒子若有性行為，感情上不會那麼容易受傷，應該會比較偏向純生理吧。即使在車後座或學校器材室裡，他都能一樣做得開心。可是凱蒂應該會幻想有張鋪了玫瑰花瓣的床，男生在她耳邊低語『我愛你』吧？兒子跟女兒就是不一樣。」

有兩點納森大概說對了——凱蒂也許夢想有玫瑰花瓣。納森的想法代表一般大眾對女性的態度，這種態度往往會扭曲女生的第一次性經驗。我們說過，女生的第一次經驗常比男生的失望，女生也確實會用更浪漫的方式去討論性，部分原因得自外界的觀念——有性經驗的女生是壞女孩，因此若要有性關係，最好是出於愛，而非慾念。男生的第一次經驗較好，可能是因為他們不必背負這些莫名的包袱，可以隨地享受打炮的樂趣吧。

說不定兩性的初體驗，實際上並沒有研究顯示的那麼歧異，只是男生覺得表面上最好要說得棒一點，女生則覺得還是別太張揚才好。

無論如何，第一次性經驗會令有些人飄在雲端，有些人偷偷躲在雲下。從小認為性是齷齪、根本不該做的孩子，心情會更差。同志青少年勞倫斯就備受罪惡感的折磨，因為他的家人認為同性戀很下流。

「我回家洗澡洗超久，覺得自己好髒。晚餐我媽煮了我最愛吃的肉捲，我記得我在電視機前吃著，覺得自己像個罪犯。」

勞倫斯及許多青少年雖然從未讓父母知道自己發生了什麼事，但一想到父母的反應，祕密初體驗的歡喜便完全走味。

即使知道父母會替他們高興，孩子的情緒依然複雜。初體驗可能真的很糟，因為對象不對、時間不對、地點不對，或因為受到逼迫。

還有正如卡洛所指，孩子的第一次經驗，生理上可能做得不順暢。

女生在插入時會造成疼痛（請參照下方關於處女膜的討論）。如果非常痛，也許她就不敢再試了。男生在學習性交時，可能遇到陽痿、早洩，或無法高潮的問題，如果對方能體諒，也許就沒那麼糟糕，但萬一受到伴侶嘲笑，他會覺得差辱。

長得回來？

我們常聽人說，如果六個月沒做愛，就會恢復處女身。總是有朋友的朋友的表妹什麼的，說處女膜又復原了。我們可以斬釘截鐵地告訴你，不可能！任你吹得天花亂墜也不可能。為什麼？

我們的社會太過強調貞操，一旦失去後，往後要做什麼選擇，好像就都無所謂了。如果女兒認為貞操就是一切，那麼當她失去童貞時，又會如何？她會覺得以後沒有必要再節慾嗎？還是不用再保護自己了？

就算不是處女，女生還是可以說不，或等到婚後，或感覺對了才做。孩子或許還不明白，無論是否有過性經驗，任何人都可以禁慾。

無論你做什麼，都不可能抹滅孩子的第一次經驗，那是孩子此生的重要時刻與儀式。但你可以協助孩子理解，那並不是唯一重要的事，以後每次遇到機會，她都可以有十足的理由，決定要或不要。

處女膜（Hymen）

處女膜雖小，而且沒什麼生理功能，卻在性觀念中扮演相當吃重的角色。Hymen一字源自希臘婚姻之神，明明只是一小片環於陰道口邊緣的組織，卻有人偏要在上面大做文章。

失去童貞的說法有「弄破處女膜」，或較含蓄的「落紅」。其實陰莖通常只是將處女膜撐開，而不是真的將它弄破，雖然有時會造成小小的撕裂。處女膜也許在性交之前就已經撐開了，也有些女生天生處女膜就比

較鬆。

除非在罕見的狀況下，否則使用衛生棉條或做骨盆腔檢查，並不會將處女膜弄破。因此，性交也未必一定會將處女膜撕裂。

假如女兒的處女膜尚未撐開，第一次性交時會因陰莖將之撐開，而感到疼痛，也可能會流點血。並不是所有女性都會如此，但可能性很高，這個可以事先警告女兒。如果她打算去初體驗了，可在事前幾週，先用手指將處女膜撐開，以手指插入陰道內四處移動，撐鬆陰道口。（有時處女膜太緊，無法用手指撐鬆，或致使陰莖無法插入時，可找醫生幫忙。）她也可以要求伴侶輕輕地慢慢插入──因此一定要跟自己了解且信任的對象做。

第一次做愛後可能會有疼痛的狀況。也有可能是其他原因造成的，例如女生的陰道潤滑分泌不足。男生若是太猴急，前戲草率，女生便會來不及潤濕。可以告訴女兒到藥妝店買潤滑劑，或教男友享受緩慢而充滿誘惑的做愛過程。如果還是很痛，便應該去看醫生。

美 國 青 少 年 在 做 什 麼

我們說過，青少年已經在做愛做的事了，知道其他孩子的行為，你大概比較能預期自己的孩子也會有性生活吧。以下是略述。

第八章談過，近期青少年的性交人數有下降的趨勢，但有經驗的孩子，做愛頻率卻不輸以往。

1999年，半數高中生表示有過陰道性交的經驗，少於十分之一的高中學生十三歲前便已開始，到了九年級時，幾乎40%的孩子已有經驗了。高三生幾乎三分之二的人有過經驗。因此，如果你的孩子在高中畢業前便有性經驗，是屬於多數的一群。若孩子讀國中時便有經驗，則算是少數裡的一個。

有些青少年試過一次後，會有很長一段時間不再嘗試。對孩子來說，

性並沒有那麼隨手可得。就算是，有些孩子在滿足好奇心後，便會決定等以後「碰對人」或年紀大些再說。

然而，大多數孩子有過一次經驗後，很快便接二連三地為之。有過性經驗的高中生裡，四分之三的人在過去三個月有性行為，也許不是每晚或甚至每週有，但性行為算十分平常。就我們所知，他們嘗到甜頭後，便不打算放棄了。

許多人做愛的對象還不止一位，有性經驗的高中生，三分之一跟四個或更多對象有過性行為。這跟他們的年級無關——但卻證明一旦開始有性行為，就很難停止。

青少年的性行為並非全為了性交，其中還涉及許多其他因素。例如，一份1995年的全國性調查發現，半數十五至十九歲的未婚男性曾接受女性打手槍，半數接受過女性口交，約40%有舔陰經驗，過半數男生做過陰道性交，十個裡約有一個曾與女性做過肛交。整體而言，約三分之二的人曾做過至少其中一項性活動。

全國性調查很少研究同志之間的性行為，這份針對男生所做的調查算是特例。該調查發現，5.5%的男生與其他男性有過性接觸，但研究並未表明有多少人自認是同性戀、雙性戀或異性戀。據調查，男同志回憶過去時，許多人高中時期從不曾與其他男性有過性行為，一來因為尚未出櫃（對自己或他人），二來不知從何尋覓喜歡的伴侶。

至於藥物濫用的問題，四分之一的高中生在最後一次性交時，有喝酒或嗑藥的情形，真不知他們是否做了保護措施。

第九章談過，過去三個月，高中生最後一次性交時，57%的人有用保險套，17%的人使用避孕丸。九〇年代，保險套的使用率有提高現象，但口服避孕藥的使用則相對降低——從健康觀點來看，真是令人喜憂參半。青少年的這種避孕習慣，造成每年約三百萬人感染性病，HIV感染人數增加四分之一，以及一百萬起懷孕的案例（其中四分之三是意外懷孕，三分之一的人決定墮胎）。

孩子有殘疾或慢性疾病

孩子即使有殘疾或慢性疾病，但畢竟還是青少年——他們對性也會好奇，想探索，夢想著談戀愛。

針對這個主題所做的少數研究發現，患有慢性疾病的青少年，與其他青少年從事的性活動並無太大差異。前者有著典型的青春期發育，尤其疾病不會妨礙他們的社交關係時，差別更小。

但家長可能因為孩子生病的關係，而抱持不同的想法。某些殘障孩子的家長，從沒考慮過性的問題，有些甚至沒注意到孩子的性慾正在萌發，有些則是蓄意忽略。

「我好像從沒跟她談過性的問題，」史賓賽談到輕度智障的二十歲女兒說，「她看來如此天真，我根本不擔心她會懷孕，因為她從來不會單獨一個人。我猜學校裡可能還是會有些事吧，但她從不會離開教室。現在我比較擔心了，她自己住在公寓裡，在一間頗具規模的法律事務所當送件員。我們從沒想過她能獨立生活，因此我非常開心，可是我很擔心有人會對她不懷好意。或許，只要不是被迫的，都是好事吧。我不知道她懂多少。」

鮑伯的兒子讀高三，他小時候從三樓窗戶摔下來，右腿截肢了。「我把跟大兒子談的一切都跟他談了，我跟他說，他想做什麼，都可以做得到。有一次我問他，擔不擔心女生會介意他的腳——那是在我知道他是同志之前問的——他說會。我們討論了一下，如有些女孩可能因為好奇，而對他感興趣，有的可能因害怕而避開他之類的。那是好幾年前的事了，過去幾個月，他都跟一名同校的男生約會。我不太擔心他的腿，因為他似乎一點也不在意。」

但並非所有人的問題都這麼直接，尤其是患有嚴重疾病或殘疾的孩子。也許他們無法自行探索身體，如果沒有給他們足夠的隱私，不管他們是獨處或跟友人在一起，都無法從事與性或戀愛相關的事。也許他們因為與其他孩子隔絕，而苦無社交機會。或許他們無法到店裡買保險套。無生育能力的孩子雖然無需擔心懷孕的問題，但還是有可能得性病。

無論家長多麼想置之不理，希望殘疾的孩子生活能更單純，但別忘了，總有一天孩子的性慾會浮現——因為性慾能帶給人滿足。詢問孩子的醫師和老師，如果孩子的疾病有支援團體或父母聊天室，不妨問問大家的看法，然後再跟孩子談談。

你得教她四項課程，讓她學習關於身體、性、青春期、避孕及其他所有事項。是的，她很可能跟其他女生一樣會受到傷害，甚至更糟，但她也可以被愛、被疼、被需要，而且能夠去愛。

搭上線（hooking up）

凱蒂：搭上線？應該是接吻的意思吧。

蘿倫：應該是吧⋯⋯因為⋯⋯我也不知道是什麼意思。通常你會覺得是那種不帶太多感情的關係。像我就不會去問伊莎貝拉「有沒有跟你男友搭上線？」

伊莎貝拉：我覺得那對每個人的意義都不一樣。

──十五歲的凱蒂、蘿倫和伊莎貝拉，三個最要好的朋友對「搭上線」的定義。

如果兒子告訴你，他跟一兩個女生搭上線了，你一定會覺得，青少年的話怎麼這麼曖昧不明，搭上線到底是什麼意思？

像「搭上線」這種模稜兩可的說法，最主要的目的，就是讓人搞不清楚。對今天的青少年來說，搭上線大概等同於你們那年代的「上床」。沒有人真的知道你們做了什麼，卻十足引人遐想。

年紀較小的青少年講搭上線，可能只想到親吻或約會，大一點的孩子可能指的是性（或者是，我希望朋友以為我們做過愛了，但其實我們並沒有）。搭上線對各年紀的青少年來說，也可以是指口交。

不過我們跟孩子提到搭上線時，有個定義倒是不斷出現，那就是「一時興起的」。

「沒什麼了不起啦，不過就是搭上而已，那又不代表什麼。」高一生辛蒂解釋道。你希望更深入交往嗎？「才不要咧，幹嘛？又不是那回事。」

無論孩子想的是親吻或性交，青少年認為搭上線是一夜情式的——雖然有可能在大白天的體育館後、爸媽出門時在自家客廳裡，或在派對上發生的。有點像是小鬼的打快炮，沒有承諾、責任，不需要送玫瑰或在第二天打電話。事實上，搭上線跟其他青少年的常用語一樣，不管代表什麼意思，反正不是「約會」就對了。

老少配

> 我跟我媽一起搭遊輪，結果遇到一個叫培力的男生，他真的很棒。培力三十三歲，跟他在一起感覺很好，因為他很能陪我聊，對我的話也很感興趣——不像那些同年紀的男生，每個都幼稚得要死。培力很細心，我想多體驗一些，所以我讓他知道我已經準備好了。
>
> ——十六歲的辛蒂

青少年與年紀稍長的人交往，未必不好。有些經驗回憶起來，是相當美好浪漫的，而且有的人關係也維持得十分長久幸福。但大家一想到老少配，就不免有些擔心，我們猜你大概也一樣。

基本上，我們談的是較為常見的小女人配老男人，在一份全國性調查中，十五至十九歲女生，四名中有一名表示最近的性伴侶大她們四歲以上。而二十名男生中，只有一個男生談過姊弟戀。

看這種書好嗎

假如有一天你到兒子床下找棉被，結果挖出一本翻爛的色情雜誌，你大概得好好想了想了。十幾歲的小鬼讀這東西對嗎？會不會有傷害？你該不該反對？

會有一堆專家排隊等著幫你回答這些問題，有些專家會說，色情內容讓青少年對性愛變得隨便，甚至冷漠——並對女人產生沙文主義心態，將女人物化，對女人的外貌與行為產生不切實際的幻想。其他專家則說，就目前所知，觀看色情內容對任何年紀的孩子並沒有負面影響。

可惜目前的研究尚無法解決這項爭議，因此你只好自己決定。

以下幾點，也許能幫你一些。

首先，你兒子並非不正常，大部分青少年在上高中前，都看過色情雜誌或影片（更別說是網站）。

色情內容能滿足某種需求。對於太過壓抑或孤僻，不敢與他人一起看A片A書的青少年，能開啟一扇滿足性經驗的大門。雖然色情內容會勾起人的慾念，但有些孩子表示，這也是一種守貞的工具——當自我克制太難熬，連洗冷水澡也澆不熄慾火時，A片A書是可以信賴的好伙伴。

還有，色情內容與跟「肉搏戰」不同，它可以帶來快感，卻沒有性病或懷孕等問題，也不會害別人傷心。如果你沒跟孩子討論過性的問題，色情內容能提供可遇不可求的實際教學。

不過，兒子的色情雜誌不該是兩性互動的唯一來源，跟孩子分享你對色情雜誌的看法，給它適當的定位。告訴兒子，你知道他看過色情雜誌（不用拆穿他，說你在床下發現到什麼），並問他覺得裡頭對男女和性的描述，有多少真實性。把你覺得沒寫出來，或遭到扭曲的地方告訴他（例如，大部分女人的胸部都沒那麼海，或大部分男人的老二也沒那麼大）。

孩子看色情刊物若有好處，應該就是像這樣的討論了，讓孩子用道德推理去思索性的問題，並將你的看法告訴他。

不過呢，色情也就罷了，有些卻誇張得過分。一方面，你會看到光溜溜的男女扭成各種姿勢；另一方面，則看到女人受盡男人的百般羞辱與貶

抑。不知男人是否因此得到宣洩,而不會找女人麻煩,還是某些男人因此大受鼓舞。總之有些內容,實在連那些不反對A片或A書的家長也看不下去。

有些家長覺得色情刊物是一種剝削性的產業,不希望孩子購買。

家長若想將色情刊物的影響減至最低,不妨讓孩子接觸跟性歡愉相關的資訊。一本優良的性愛指南不但能讓青少年獲得快感,還提供健康的性行為及男女關係所需的資訊。指南中有各種性愛姿勢,還提供了色情刊物中讀不到的責任與避孕觀念,而且書的生產過程中,不會有人受到剝削(除非把低薪的編輯助理算進去)。莎莉・洛克(Sari Locker)所著的《The Complete Idiot's Guide to Amazing Sex》便是一本非常適合青少年的新手參考指南。

年紀稍長也許較具魅力,因為他們有錢有車有地位。相較於年紀相仿的男生,女生也許較喜歡跟熟男互動,也比較難拒絕他們的追求攻勢,因為老男人比較懂得吸引、寵愛年輕女孩。

為什麼要擔心?因為年輕女生太嫩了,無法掌控狀況,也許性關係比她希望的來得早。研究發現,基於這種互動關係,跟年紀大六歲以上的男伴在一起的少女,比跟同齡男生交往者,更容易懷孕。

崔西十五歲時,曾跟一名二十二歲的男生約會。「我好興奮。他留了一臉鬍子,我覺得帥呆了。他邀我出去,令我受寵若驚,他本來可以邀請別的女生的。他有自己的車子,而且還帶我上餐廳。我還是處女,自以為表現得很成熟了,其實我根本不知道自己在幹嘛。」那男的送她回家。「我們在門廊上親吻道晚安,結果我滿腦子只想著萬一老爸開門看到,會有什麼後果,想到這裡,就覺得自己實在不該跟這傢伙出去。」

萬一她十四歲的女兒跟老男人約會,她會有什麼感覺?「不太好吧,不過現在情形不同了,因為我們會一起討論,而且我會請她的約會對象進來喝杯茶。」如何跟孩子討論這類情形,細節請參照第七章。

回家做

幾天前大夥在聊小孩放學後都做些什麼，有沒有跟別人亂搞，其中一位媽媽說了：「我並不介意他們做，只要別在我家就行了。」我聽得都傻眼了！我的意思是，如果他們要做，我還寧願他們是在我家做。
——雪莉，兩名女兒十五及十四歲

如果他們要做愛，我絕不會輕易讓他們在這裡搞，老實講好了，我根本不想知道。
——瓊恩談到十七歲的兒子和他女友時表示

假如親子能夠自在地討論孩子的性生活，家長也許很快就會面臨一個令人不安的問題：「我們可以在家裡做嗎？」孩子若想有性經驗，當然得找個地方做，家裡似乎比在外頭隨便找個地方車震好吧。不過，有些家長似乎還沒準備好把兒子的新女友當媳婦看。

你該怎麼辦？

嗯，這件事會這麼難辦，通常是因為你對孩子的性行為，接納得有點勉強。明知道（或想像）兩人在一起會做愛，還要邀他們到家中共度一夜，對你來說，也許太沉重了。

也許你不想涉入兒子的性生活太多，因為想像容易，面對難。

而且，家裡還有他妹妹在啊。

恩佳的兒子安德烈讀高三時，將女友一起從寄宿學校帶回家過春假。「那年他十八歲，已經不算小孩了，大家認為該讓他們睡同一個房間，他們也的確是。」

恩佳很注意十五歲的女兒蘇珊娜的反應。

「有一天蘇珊娜打電話到我辦公室說：『安德烈斯和克勞蒂一起沖澡，好恐怖哦！』」

「蘇珊娜是個非常直率的孩子，」恩佳表示，「因此若說恐怖，就真的是很恐怖。我覺得她對這整件事好奇過頭了，於是我們要求安德烈斯收斂一點。我還告訴他，大家在一起看電視時，兩人不該消失三個小時，我的意思是，我跟他們老爸就不會幹這種事。」

「我對性挺開明的，」恩佳解釋，「我認為孩子應該有性經驗，可是他們如果嚇到蘇珊娜，就表示兩人太過火了。」

孩子不在家中做，也會設法到別處去，可是去哪裡？他會不會跑到公共廁所去做，而惹上麻煩？在女友車子裡會不會很難戴保險套，或根本忘記帶了？他會不會因此不用保險套？雖然我們沒有這方面的研究資料，但我們認為，青少年若在安全的環境下做愛，比較有可能避孕，因為至少會比較有時間準備，也沒辦法用殺風景來做藉口了。

而且，說不定為了做愛做的事，他會乖乖把房間收拾乾淨哩。

有些家長認為，鼓勵孩子把性生活帶回家，是監督的好辦法，所以不用等孩子要求，就會主動表示了。

「如果告訴孩子，要做愛就應該到自己房裡做，孩子就沒什麼好頂撞的了。」女兒十六歲的桑蒂說，「我寧可她在家裡做，這樣至少我知道她人在哪兒，男的也不會欺負她。如果她不願意，對方也不敢霸王硬上弓。我的接納使我們之間不再有祕密。」

桑蒂的決定，一來基於安全考量，二來為了維護家人的坦誠互信。「我不希望她在背地裡暗搞，那很容易，可是這樣下去，會破壞親子的關係。」

如果讓孩子在家中做，也許會發現，你對他們的幫助比預期還多。

以阿蕾達為例，她女兒西西莉十七歲。她和男友都覺得第一次性經驗若能在自己房中進行，可能會比較舒服。西西莉和男友選了一天，取得阿蕾達同意（那晚她會在家），然後將計畫付諸實行。

翌日早晨，阿蕾達的房門傳來輕輕的敲門聲。「西西莉走進來，爬到我床上說：『媽咪，保險套破了。』」

唉，我們祖父那一代，真的不是這樣教小孩的。

親 情 安 慰

現在的問題是，孩子的性生活在將熟未熟之際，家長究竟該涉入多深？

也許你會在她沮喪時介入幫忙，但這個年紀的青少年卻未必領情——而你又無法袖手旁觀。

沒有什麼比看著孩子受苦更令人心痛的了，我們常聽到「如果可以，我真想把她放到一個大泡泡裡包起來，永遠不讓她去約會」。女兒剛開始約會時，滿臉幸福洋溢，讓你也跟著開心。可是三個星期後，他們分手了，看到她食不知味，傷心欲絕地望著手裡的吐司時，一名憂心如焚的父親說：「不知道怎麼辦才好，我不知道如何幫她，誰先提分手的已經無所謂了，反正結果都一樣糟。」

「她被男朋友甩了，白馬王子突然間變成了大混蛋！我一開始就料準他會這樣。」佩葉談起女兒的前男友，我們相信她的說法。「我努力想讓她看清那男生的真面目，便問她：『他以前約過會嗎？』、『以前那些關係是怎麼回事？』、『你們倆都談些什麼？』結果都沒用，現在我只能收拾爛攤子了。」

其實有些預防工作是家長可以做的。我們在第七章談過，選擇約會對象的人雖不是你，但你可以修正孩子的期許，以減緩衝擊。如果女兒每次開始約會時，都把對方當真命天子，兩人走不下去時，自然會失望無比。你可以輔導滿心期待的女兒，讓她把約會視為了解對方的機會，也讓她知道，大部分男生都不會是她的真命天子。有些孩子聽得進去，有些必須等事過境遷後，才有辦法恢復理性。

孩子若聽不進去，爸媽也不用太焦慮，不必說太多，只要默默支持孩子，給她一個溫暖的擁抱和親吻，讓女兒知道你是多麼愛她就行了。傷

心時有爸媽疼，幫助真的很大。

話又說回來，有些孩子並不想躲回家庭的避風港，分手反而促使他們努力長大，成為堅強的大人。稱讚他們，別期望孩子會趴在你肩上痛哭——至少目前還不會。不妨帶孩子出去走走，找個下午一起購物或出遊，都能讓你更貼近這些堅強沉默的孩子。

越談越細……

也許你會涉入得很深，也許你對兒子的性生活細節避而不談，卻能與他坦然地討論愛。

「我們把焦點擺在兩性關係上。」奇南談到十七歲的兒子說，「我把自己的經驗跟他講，聊自己當年怎會看上他老媽，或如何讓他老媽煞到我。我不介意他損我，但對我來說，最重要的是看到他跟真正能給他幸福的女人安定下來。我不確定他是否了解其間的差異，但我們還在努力中。」

也許你的孩子也願意跟你談他和女友的事。可是你們可曾討論過做愛、快感，以及技巧呢？萬一女兒跟葛蕾絲的孩子一樣跑來問你：「媽，我一直在試，可是威斯特說我沒做對。口交到底要怎麼做啊？」

你有辦法接話嗎？

技巧傳授

我學了好幾年才懂得如何讓女人舒服，我們怎麼會浪費那麼多時間啊？為何沒人教我們？我哥呢？我爸呢？我們為什麼不去教孩子這些事？
——艾德，兒子布萊利十歲

你會教孩子投球、揮棒、接球，但你應該教他們怎麼做愛嗎？該撫摸

哪裡？該如何取悅伴侶？如果你不教，誰教？現在的孩子，似乎從謠傳、幻想、色情刊物、性愛指南、朋友、較有經驗的伴侶、親身試驗和各種虛張聲勢中去學習。他們的學習成效如何呢？嗯……以前你的學習成效又如何了？

聽聽瑪莉怎麼看，她的女兒珊席十五歲了。「我覺得我的觀點跟人家不一樣。幾年前，我比女兒現在的歲數才大幾歲而已，就教過我媽媽什麼是高潮了。」真的嗎？怎麼會這樣？「我們母女倆在聊天嘛，聊著聊著，突然發現原來我媽聽不懂我在說什麼。我瞪著她，問她對性有什麼感覺，她只說得出和我爸感覺很親近。」

於是瑪莉大膽地更進一步，「我教她怎麼用自慰達到高潮，這樣她才了解高潮的感覺。我媽根本不知道自己錯失了什麼。這招挺管用的——後來她真的教會我爸幫她達到高潮了耶。」

瑪莉決定不讓女兒重蹈覆轍，「我絕不讓珊席跟她祖母一樣，因此對她傾囊相授，女人需要性的快感，如果男生無意幫她，就把他甩了吧。」

艾德也對兒子布萊利發過類似的願，「我打算教兒子實用技巧，我不希望他從一知半解的朋友那邊道聽塗說，這是生活中很重要的一環，我希望他能從我嘴裡聽到。」

查爾斯打算好好教他十四歲的兒子。「我先跟他講自己的經驗，當年我對做愛有多外行，差點在畢業舞會當晚，在女生面前糗死。往事重提實在有點不好意思，那時我不知道該怎麼插入，只好拚命往她身上擠，結果什麼事也沒發生，後來她只好說算了。我把這事告訴兒子，結果他說：『好耶，現在我不會覺得自己是全世界最驢的人了，因為第一名已經給你拿去了。』後來兒子就不怕問我問題了，而且他還提出不少好問題哩。」

如果瑪莉、艾德和查爾斯的孩子樂於從爸媽口中學習性愛技巧，必能受益無窮，親子的討論也可以盡量詳細。

不過，並非所有人都認為孩子有了性生活後，就適合跟他們深談這些私事，哈利的父母就是抱持這種態度。

「我已經都跟他們說了，」十六歲的哈利表示，「我在父母面前非常自在──尤其是跟我媽。她總是問我有沒有什麼事需要跟她談，我覺得跟她討論性很好啊。」

你們都討論什麼？

「就是不能當個自私的情人啊。我覺得很好，因為我媽對這種事很開明。我打算要做的時候，有事先告訴她，她很高興，可是接著又說她不想知道太多細節。自從我開始有性生活後，我們就沒再討論過了。」

哈利和母親並非特例，因為有他們這種情形，我們才會在第二章鼓勵家長，趁子女與人發生性關係之前，先教他們何謂床第之樂，因為孩子一旦有了性伴侶，你或孩子都可能覺得那涉及個人隱私了──你不也覺得孩子不必知道你的性生活嗎？

可是艾德和瑪莉那一輩子不曾有高潮的母親又怎麼說呢？

參考一下性教育權威，史包克醫生（Dr. Benjamin Spock）的看法吧。

小兒科醫師史包克在經典鉅著《育兒寶典》（Baby and Child Care）中，描述父子間的傳球遊戲。他不贊成父親過於強調兒子的傳接技巧，「受父親讚賞，比接受父親的指導，更能讓孩子受益。」

想想看，男孩想把棒球打好，得知道許多技巧，像如何滑回本壘等等。他父母親都能教他，小聯盟的教練也行。

但有誰比父母更適合教孩子要保護脆弱的自己。冒險盜壘無妨，因為很刺激，就算被觸殺了，也不必感到丟臉。好的教導能夠提供許多想法，而且不必錙銖必較，便能輕鬆教會。

家長若能教孩子一些基本概念，孩子有機會打球時，就可以自己去嘗試，進而掌握訣竅了。

當然了，瑪莉的媽媽若能從上一代那邊學到高潮，她應該就能及早體會高潮的滋味。母親若能告訴她，探索自己的身體很有趣，性滿足是生

活的一部分，女人應該跟男人一樣了解性是什麼，鼓勵她去探索，說不定她會自行發現。

看 你 自 己

跟性活躍的青少年討論性愛技巧，有人會覺得尷尬，有時是孩子不自在，也有親子雙方都覺得很自然的，總之，請跟著自己的直覺走吧。記得尊重彼此的界線，能教多少算多少，但請別漏掉跟孩子身體相關及快感等基本常識。

伊娃和兒子找到一種兩人都能接受的溝通方式。「我沒有一步步教他，反正他會自己慢慢摸索出來，我不想剝奪那種樂趣。我教他的是，有待發掘的事物還非常多。還有，性慾並不侷限於生殖器，遇到對的人時，其他身體部位也能勾動慾火。我叫他要勇敢，多嘗試，把握機會，才能體驗男女之歡。」

無論你教孩子什麼，他還是得從經驗中學習。你可以細說哪裡會有快感，如何取悅伴侶，甚至可以試什麼技巧。可以給他較泛泛的建議，如鼓勵他去探索自己喜歡什麼，並去嘗試，或告訴他真正的做愛並不像電影演的那麼誇張。要孩子體貼關心伴侶，問對方想要什麼，讓彼此開心愉快。

同時請別忘記，並非每個人都在尋找同樣的性關係。溫柔繾綣也許無法激起孩子的熱情，也許他只是想找個跟他共度春宵的人而已。等哪天孩子找到真命天女時，說不定會自問：「我爸媽以前怎麼沒跟我說過會這樣？」

但話又說回來，孩子可能因為自己尋獲幸福，而感到無限的滿足。

大 功 告 成

雖然懷胎十月，生她養她，陪著她講了近二十年的話，我還是必須承認，我真的不太了解女兒。她亭亭玉立，自成一格，而且有某些層面全然不在我的經驗範圍內。

——珍・斯邁利（Jane Smiley），〈Mothers Should〉，紐約時代雜誌

恭喜你，你做到了。

那段你女兒趁換尿片空檔，滿臉潮紅地搓揉自己的時期已經過去了。你也熬過被孩子撞見的尷尬期了——當時燈雖然關著，你也將她速速趕回床上，但事後卻足足兩個星期不敢做愛。你還熬了「媽咪，我的小雞雞在哪裡？」、「爸比的種子怎麼會跑進那裡？」和「為什麼我不能再和爸比洗澡？」的階段了。

你從「我為什麼不能娶你？」一路過關斬將，闖過「你的奶奶為什麼那麼小？」、發育期、衛生棉條、暗戀、分手、保險套、黃瓜、節食，而且你從來不敢拿她男友亂開玩笑。她知道你一直在給她建議、在擔心她、安慰她、哄她，甚至逼她、勸她，偶爾還會干涉她。

結果呢？

結果你這個中年職業婦女，拿著快完成的銷售報告、一袋吉士堡和薯條，趕著回家想陪女兒吃晚飯。而你女兒，一小時前才與男友做完愛回家，她聽你的話用保險套了，她再也不是小孩子，她已經長大了。

往後再推幾年，她剛從大學畢業，搬進公寓，雖然請你幫忙打點了，但公寓是她自己找的。過去兩年她在學校裡交了個男友，可是兩人最近分手了。她解釋過原因，但你還是不太明白。她似乎沒有很難過，還找到第一份工作了，最近似乎也越來越成熟了，她變得更果敢、更強勢、更像她自己了。

現在呢？你在她的生活裡扮演什麼樣的角色？

當然了，她還是需要很多協助。

信不信由你，在建立成熟的浪漫關係與性生活上，女兒需要的協助比其他方面少，但家長還是有提醒與保護的空間。小倆口發生問題時，可以給她安慰；關係順利時，可以提供她愛的建議。

然而你的地位畢竟是變了，而且還會繼續改變下去。

孩子還小時，你居於主導；青少年時，你還是負擔極大的責任，即使她已開始替你分擔了。可是等孩子進入成年期後，對你的需要就不再像從前了。你會覺得彼此越來越像平輩，但你們永遠不可能是同輩。事實上，你可能覺得彼此的差異越來越大，因為現在的差異不單是代溝的問題，而是成人之間的歧異了。就像珍・斯邁利對二十歲女兒的形容——她是不同於你的人。女兒的性發育進行至此，愈發突顯了這項事實。

自從孩子出生後，性一直是她生命中的重大表徵，她將藉此創造出超乎你想像的一生。

是的，她從一個整天只會睡覺、吃飯、哭泣，全心依賴你的小生命，一路走了過來。她再也不屬於你了。

唉，好吧，你的確幫她打點新公寓了，也許你在幫她掛窗簾時，她會跟你聊到跟男友分手的事，你也會安慰她幾句。也許幾個月後，她又會帶新男友到你面前，甚至問你對他的看法。

說不定在不久的將來，她會生下自己的孩子。到時，如果她真的有了孩子，你們兩個就真的很有得聊了。

Everything you
NEVER wanted
your kids
to know
about
SEX

Part3
性愛的風險

小孩不要問

第 十 一 章

性病的防治

愛 滋 和 其 他 性 病

看到女兒進門，你知道不太對勁。她避開你的眼神，虛應了幾聲，然後就溜上樓了。你覺得最好去看看，你敲了門，卻沒回應。

「我可以進來嗎？」

「隨便。」

她翻著雜誌。

「你在看什麼？」你問，不知該如何讓她開口。

她哭了。

她男朋友告訴她說，他有淋病。

你（a）不知道他們有性關係；（b）無法相信她竟然沒使用保險套；（c）雖然你不知該生誰的氣，但聽了就是很火大；（d）忘了別人是怎麼處理淋病的；（e）以上皆是。

你坐到床上抱住哭泣的女兒，唯一能想到的話是……

「他媽的！」

我們也很痛恨性病。

萬一你經驗過，對本章和〈附錄二〉的內容，便不會陌生了。

若是沒有，請繼續往下讀。你不必知道所有性病的細節和治療，但最好搞懂性病的傳染、預防，及應該就醫的症狀。

真的要擔心孩子會不會染病嗎？還是性病的討論都過於誇大，以收嚇阻之效？

以上兩個答案均為「是」。

一方面，由於大家很少公開討論性病，因此風險意識都不夠高。性病在美國青少年之間是流行病，卻很少討論。加上還有一度造成恐慌的HIV如今也有了新的治療方式，青少年，有時甚至連家長也都不那麼擔心了。我們似乎從一個極端擺盪到另一個極端，也許是因為人的情緒無法緊繃太久吧。

如果對HIV和性病所知有限，便很難做出明確的判斷。由於這涉及子女的健康，甚至性命，因此最好能夠釐清。

咱們來試試看吧。

孩 子 可 能 染 上 性 病 嗎 ？

若是在我們以前住的地方，我一定會考慮到這問題，只是我沒料到，連在這裡也得擔心這種事。

——凱桑達，十六歲的兒子患了皰疹

性病在青少年間十分常見，據政府估計，每年每四名有性行為的青少年中，就有一名罹患性病。有三分之二的性病患者年齡不到二十五歲。

以下僅是其中兩項統計。1998年，十五至十九歲的美國青少年中，有二十萬披衣菌（chlamydia）感染的病例報告，由於許多人沒去就診，更別說是呈報了，因此染病人數應該更多。人類乳突病毒（HPV）感染人數的資料並不多，但據估計，每年約有五百五十萬的新病例（包含成人）。可怕的是，十五至四十九歲的人當中，據信有75%的人曾受過感染，其中15%的人感染過一次。

這項數據相當驚人，而且有些性病可能十分嚴重。也許你會問，全國性的統計與我兒子何干？我兒子需要擔心染病嗎？

沒錯，某些族群的感染率比其他族群高，性病也有性別歧視的——簡

言之，女性較男性容易感染。生理的差異是主要原因，這點我們稍後再做解釋，女性較易被染病的男子傳染，反之則感染率較低。女性也較易出現症狀，卻較難以確診，因此往往未能及時對症下藥，而造成更嚴重的併發症。特定性病的流行也會因地區而不同，不同人種之間也會有差異。

不過孩子的最大風險還是得看他從事何種性行為、性活動的頻率、伴侶是否受感染，以及他採取何種降低風險的措施而定。

性病的傳播

性病是由各種不同的有機體造成的，包括病毒、細菌和蟲體，它們唯一的共通點，就是藉由性接觸來傳染。

提醒讀者，我們在第八章談過，性接觸不只是陰道性交而已，因此處女也有可能感染。口交不像陰道性交和肛交那麼容易染病，但還是可能染上披衣菌、淋病、皰疹和HIV等病。接吻也可能傳染（如皰疹），光憑撫觸也有可能（HPV、陰蝨和疥瘡）。

沒錯，青少年即使沒有任何性接觸，也可能染上其中某些性病。B肝和HIV可由共用針頭傳染，但馬桶座和門把並不會傳染性病（一般感冒又另當別論），兩人之間得有親密的接觸才行（通常透過體液，但有些性病是透過皮膚接觸傳染）。

性病的大門為所有人而開，患者若得了會造成酸痛（如皰疹或梅毒）或搔癢（如滴蟲）的性病，較易感染其他像HIV等需要找到途徑進入人體內的性病。

為什麼青少年有這麼多性病案例？

原因有幾個。第一，也是最重要的，青少年性交時，未必會使用保險

套。加上關係維繫不久，常在病徵出現之前，就又換新的對象了。伴侶多、接二連三或劈腿好幾個人，都會使感染和擴散機會大增。

許多青少年喝酒又嗑藥，糊里糊塗地讓自己掉入危險群。

而且青少年在生理上本來就比較容易染病，女生的子宮頸內部表面還在發育，細胞不像成年人的那麼健全，因此較易感染細菌和病毒。

大部分得病的青少年都沒什麼症狀，因此不懂得就醫。當他們有症狀時，往往也忽略不理，希望能不藥而癒，除非到了緊要關頭才會去看醫生。如果他們能找到信賴的醫師，或能幫忙保密的診所，較有可能去就診。而時間拖得越久，性病對他們的傷害越大，傳染給別人的機會也越高。

有多嚴重？

不同的疾病，對孩子的健康影響差異也很大。例如陰蝨雖然擾人，倒是沒什麼危險。然而許多性病確實不容小覷，披衣菌性病和淋病可轉變成骨盆腔炎（PID），不僅疼痛無比，還會留下疤痕，造成婦女不孕、子宮外孕或流產等問題。性病很少造成男生的不孕，但會帶來劇痛。

許多性病（如梅毒）會傷害發育中的胎兒，導致畸形或早產。

病毒性的性病，後果往往最為嚴重。皰疹的致命率雖然比某些病毒低，但會產生終生反覆發作的疼痛膿包，不過新的藥物已經能將症狀控制下來了。

雖然大部分人的B肝都能治癒，但數年後很可能引發併發症致死，或罹患肝癌。乳突病毒通常症狀較輕，但有可能造成子宮頸癌。

而且還有HIV。對男性而言，HIV的致死率高過其他的性病，女性則是子宮頸癌（通常由乳突病毒引起）。

HIV恐慌

HIV究竟有多可怕？這問題很難回答，因為孩子染上HIV的風險其實很低，但後果卻不堪設想。

風險的計算並沒有神奇的公式。大多數青少年即使做愛時不做防範，也不一定會感染HIV；可是有些人就是會得，而且你很難知道會是哪些倒楣鬼。

假若孩子與同性性交，風險會高一些。女生若跟共用針頭施打毒品的男生有性關係，風險也會比較高。如果住在HIV高比率的社群中，性行為活躍的孩子就會有風險。例如，紐約這種HIV橫行的城市裡，青少年的染病機率就提高。不過當然了，那並不表示小鎮青少年就沒有得病的風險。

HIV跟披衣菌、淋病和許多其他疾病的預防方式相似，孩子如果害怕HIV（或其他性病）而變得更謹慎，自然能減少許多疾病的蔓延。從公共健康觀點而言，無論人們降低風險的動機何在，只要肯減少風險就是好事。

然而過度強調HIV的可怕也會有個缺點，我們擔心HIV成了預防風險的唯一理由。孩子若看到周遭沒有任何朋友得病（罹患HIV的青少年通常很久之後才會診斷出來），危機意識會跟著變低。建議家長最好教育孩子各種降低風險的理由，包括其他性病及意外懷孕的問題，而不僅是用HIV來嚇唬他們而已。

家長能做什麼

我們在第二章（監督、親近的關係、民主權威型教導及溝通）、第八章（禁慾與低風險的親密行為），及第九章（教孩子使用保險套）談過，家長在性病預防的最前線上，能為孩子做什麼。剩下的辦法就是確

定孩子的B肝疫苗有繼續追加（現在大多數嬰兒都有接種了）。

家長不但應防範孩子染患性病；萬一得了，也該預防負面的後果。

金恩十七歲的兒子卡爾突然跑來想跟他談談，態度又異常緊張。卡爾說他的生殖器長了紅疹，可是應該沒什麼大礙。金恩不懂兒子幹嘛這麼鄭重其事。「他講得好嚴肅，我心想，不過是發癢而已，為什麼這麼緊張？接著他告訴我了。」卡爾以為自己得了皰疹，他從電話簿查到一間公共診所，搭了公車去就醫，醫師跟他保證那不是皰疹，還拿照片給他看（看起來很不一樣），然後幫他開了一些藥膏。

「我不知該如何反應，我很高興他能自己設法求助，卻又覺難過，兒子遇到這些事，我竟然都沒幫上忙。他為什麼不一開始就來找我呢？」金恩告訴兒子，下次有煩惱，一定要來找他。

卡爾為何不立刻去找父親？「我不知道，大概是覺得丟臉吧。我知道我爸不會生氣，可是更糟的是他會露出失望的表情。」

預防孩子病情惡化最好的辦法，就是立刻就醫。家長要做的應該是設法讓孩子乖乖就醫。以下有幾項建議：

第一，孩子不敢告訴你，所以才會延誤就醫，因此請試著建立管道，讓孩子能在你不知情的狀況下去看醫生。重點是確保即使沒有你，孩子也能見到醫護人員或找到診所，而且還可以自己付帳。

其次，孩子若得到性病，顯然會是第一個注意到病狀的人（也就是說，如果運氣不錯，有出現症狀的話）。給孩子一些症狀的基本資訊，讓他知道如何因應，例如生殖器會疼痛，或有奇怪的分泌物、異常腫塊、骨盆疼痛、陰道不正常出血，或（假若她做了肛交）肛門有病徵等。孩子也許會注意到有紅疹或內褲上沾有分泌物。

第三點，讓孩子知道，他若發現他的性伴侶——無論過去或現在的伴侶——患有性病，一定要去找醫師檢查。

最後，由於大部分感染性病的青少年從未出現過任何病狀，最好讓孩子養成定期篩檢的習慣。

十種就醫的理由

1. 沒有病徵，但曾跟某位染上性病的人有過性關係。

2. 沒有病徵，但性行為曾經十分活躍，而且差不多該做年度或雙年度的性病篩檢了。

3. 生殖器或四周有疼痛或發癢現象。

4. 解尿時有刺痛或疼痛感，或比平時頻尿。

5. 陰道或陰莖有分泌物——可能是白色或黃色，可能很稀或濃稠。

6. 生殖器腫脹。

7. 生殖器或四周有紅疹——腫塊、膿包、疣、劇痛、紅塊。若是做過口交或肛交，嘴巴或肛門附近也會有類似症狀。雖未罹患感冒，但喉嚨會痛。

8. 異常陰道出血（包括做愛時出血）。

9. 陰莖出血。

10. 骨盆腔疼痛。

性 病 篩 檢

性活躍的青少年應定期做性病篩檢——至少每年一次，然而像披衣菌這類極為流行，卻沒有什麼症狀的性病（女生有85%的人沒有症狀），不妨每半年檢查一次。

你們可以和醫生討論定期篩檢的事，問醫生保險是否有給付，若是沒有，費用是多少。當地的公立診所也許能提供免費的篩檢或折扣。

骨盆腔檢查是女生檢查各種性病的良機。檢查時所做的抹片，可檢測出子宮頸有無感染乳突病毒，事實上，定期檢查可以幫孩子測出絕大部分的性病，包括披衣菌病毒、淋病和HIV。

感染症狀

　　大部分的感染，醫生都會開藥給孩子。有些病只要一劑藥便能痊癒，有些需要一週或更長的時間。即使兒子的藥還沒吃完，症狀便消失了，還是應該繼續把藥吃完。千萬要提醒他，性病很難根治，就算症狀消失了，病菌依然活躍。如果醫生要求你們回診，確定是否治癒，孩子就應該回診。

　　治療期間應禁絕任何性接觸，孩子的伴侶也應該接受治療，否則兩人可能會相互感染。

　　若染上無法根治的性病，有幾項做法可以降低衝擊，例如服藥控制病情。孩子得學習防止散播性病，並需要找人諮詢，以應付HIV、慢性肝炎或皰疹等可怕的疾病。支援團體和網路上的資源會有幫助，若是情形嚴重，家長自己也會需要諮詢與支持。

　　孩子患病是最佳的機會教育，他得學著去預防，想清楚為何會發生這種事，以及如何防範。也許他發誓絕不再重蹈覆轍，卻又跟其他孩子一樣，時間一久就忘了。家長得偶爾提醒他小心。

　　當然了，這只是家長的一部分反應，大部分時候，你應該無條件地支持他，關心他。

保護他人

　　孩子若是得了性病，除了要照顧自己之外，也應該通知可能受他感染，與將病傳染給他的性伴侶。這些人也需要找醫師檢查。即使他的伴侶沒有症狀或呈陽性反應，醫生還是可以進行治療——因為不需要冒這種險。醫護人員會告訴孩子，該追蹤到多久之前的性伴侶。

> **前青春期少年與性病**
>
> 前青春期的孩子若染上性病，很可能是因為遭受性侵所致。像披衣菌、淋病和梅毒等性病，可能出生時便由母親傳染，但若是在出生後才感染，幾乎都是性接觸造成的。前青春期的孩子會感染的其他性病還包括乳突病毒，但未必是性接觸造成的。

　　如果孩子不敢跟性伴侶說，許多州立的公共健康系統，會通知這些可能的患者，但不會公布姓名。雖然過程不公開，但若把只跟他做過愛的女生姓名報上去，對方當然還是猜得到是誰。

　　保護別人還包括保護胎兒與新生兒。某些性病可由母親傳給未出生的胎兒，或在生產哺乳的過程中，感染給嬰兒。對於淋病和梅毒這類可以治癒的疾病，只要治療母親便可保護寶寶了。但無法治癒的HIV，母親懷孕期間可以服藥，嬰兒出生後亦要餵藥，以降低感染機率。在某些狀況下，醫師會建議做剖腹產，以免寶寶感染HIV。第十二章會討論產前的照護方法。

疾 病 就 是 疾 病

　　孩子大概覺得染上性病超丟臉的，或許你也覺得很沒面子。性病伴隨一定程度的羞恥感，也許是從前以性為恥的後遺症吧。孩子會覺得受到老天懲罰：性行為果然是骯髒的。她也許覺得自己識人不明（其實她哪看得出來），自己沒有遵守安全的性行為是活該受罪，甚至以自己的生殖器和性慾為恥。

　　或許你能駁斥這些念頭。

　　「這件事，我從沒想過要告訴她，甚至從未有過這種念頭，但剛好遇到那個狀況……」艾瑪的女兒克莉絲十六歲，「克莉絲嘲笑班上一位據

說得了皰疹的同學，語氣絲毫沒有半分同情，我不得不表示點意見。」

大約一星期後，艾瑪告訴克莉絲，說想跟她講個故事。「我很緊張，覺得好像要面臨審判和嘲弄。」艾瑪二十多歲時曾患過皰疹，她先生也知道這件事，但她從未跟其他人談過。「我等了一個星期才說，是怕她知道我那天偷聽她說話。我故意在討論保險套時帶入這個話題，希望她能懂點人情事故，更懂得體諒。」

你先別嚇到，其實在某些青少年的圈子裡，有的傳染病根本不是問題，性病甚至被拿來炫耀：好證明他有過性行為。因此家長特別應該把性病納入孩子的性教育裡。

第十二章

「爸、媽，我懷孕了」

懷孕及意外懷孕的處理

「爸、媽，我懷孕了。」

這句話引起的反應非常極端，從恐懼、憤怒、擔心、欣慰到狂喜都有。在完美的世界裡，懷孕應該是值得慶祝的，然而我們的世界並不完美，而且也不是所有人都想懷孕。尤其是青少年，懷孕時往往感到難過與懊悔不已。

這三十年來，美國每年約有一百萬芳齡不到二十歲的女孩懷孕，其中約莫半數產下活嬰，約三分之一的人墮胎，其餘則為流產或死胎。不幸的是，大約80%的懷孕少女都沒有懷孕的打算。

最近有些發展頗令人欣慰，九〇年代，青少年懷孕的百分比有下降趨勢。這是好消息，如果趨勢能夠持續下降更佳，但每年仍有許許多多的青少年在尚未做好準備，或無意為人母的狀況下懷孕。

有些人以為自己不會懷孕，有些是因為無法取得避孕工具，有些則是不知如何正確避孕，有些人出於被迫，有的則是一時意亂情迷。

有的人想懷孕，有的人不想，但知道自己懷孕時，還是開心。

雖然美國青少年的性活動情形與許多其他工業化國家相似，但懷孕率卻遠高過大多數工業化國家。造成這個差異的原因很多，但性教育的缺乏，及避孕工具取得不易，應該是最重要的兩個因素。

本章我們要討論的是，萬一女兒或兒子的女友懷孕時，家長和孩子會面臨什麼問題。

多 加 留 意

她看我的眼神怪怪的，我去浴室檢查一個月前買的衛生棉，發現連開都
沒開，也就是說，她的月經已經遲了三個星期了。
——佛蘿伊，女兒十七歲

她會比你還早知道，女兒懷孕時最明顯的線索就是月經沒來。她的胸
部也許會開始脹痛，乳頭變得異常敏感，也許她會感到疲累噁心，而且
經常想解尿。再過一些時候，懷孕約十六至二十週時，甚至就能感覺到
胎動了。

可能她想瞞著你，但你會注意到其他蛛絲馬跡。例如翹課、感到沮
喪、無故發怒，或做些讓你感到狀況有異的事。即使她沒有懷孕，你還
是會注意到這些改變，但請別忘記把懷孕的因素納入可能。

在驗孕之前，誰都無法確定。

現代的驗孕法可測出人類絨毛膜性腺激素（human chorionic
gonadotropin, hCG），受精卵在子宮著床不到一日，便會釋出這種荷爾
蒙。妊娠荷爾蒙在懷孕最初兩個月會不斷增加，真正的驗孕叫妊娠荷爾
蒙檢測。醫師會幫你女兒驗尿或驗血。

尿液驗孕最快可驗出受精後十天的懷孕，或下次月經到期的前四天；
血液驗孕可測出更早一兩天的懷孕，但你女兒大概不會那麼早就去找醫
生，所以通常只需做尿液檢驗即可。

女兒也可以在家做驗孕，不需取得醫生處方。有些驗孕棒跟醫師用的
一樣都能測得很早，但其他家庭用驗孕棒則較晚。如果孩子能按指示使
用，檢測結果通常都很準。然而許多青少年因為焦慮而未能正確地做檢
測，例如太早做檢測，使得有些懷孕的女孩誤以為自己沒有懷孕。女兒
若是太早做而得到陰性結果，應該再做一遍。

十六歲的海倫，在家驗孕的經驗就非常典型。「我開始莫名其妙地哭

起來了，其實操作很簡單，可是我好怕會做錯。」

她弟弟想進浴室，結果聽見她在裡頭哭。

「我弟開始大喊：『媽！媽！姊姊在浴室裡哭。』接著傳來敲門聲，然後我媽就突然進來了，她看到驗孕棒，又看到我在哭，就全明白了，她抱住我，我趴在她肩上痛哭。」

海倫的母親帶她去找醫生做更精密的檢查，檢驗結果並未懷孕，母女倆都鬆了一大口氣。「看到測驗結果後，她才跟我談之前發生的事。」

不 要 拖 延

女兒越早知道自己懷孕越好，如果她想生下孩子，可立即調養身體，並戒掉煙酒和毒品。若不打算生，及早發現，墮胎方式的選擇會更多。

但女生通常不會及早驗孕，而會用盡理由拖延。也許她們並不想知道自己是否懷孕了，只要不做檢驗，就可以騙自己沒事。或者她並不了解那些是懷孕的症狀，尤其她的月經常常不規律，或認為噁心只是生病。

也許她想過可能懷孕了，卻不知該怎麼辦。或許她不信任醫生，擔心看醫生太貴——卻不知有免費驗孕或可在家驗孕。也許她害怕有人看見她在藥房或婦產科出現，而知道她懷孕了（也許就是你）。

帕蒂十五歲時以為自己懷孕了，卻不敢上藥房買驗孕棒，怕給人瞧見。她的朋友朵西自願幫忙。兩個人大概是偵探片看太多了吧。

「我們在藥房外坐了十五分鐘，確定沒有認識的人看到我們進去。朵西戴了帽子，我們還戴了太陽眼鏡。我留在門口把風，朵西把所有走道巡視過一遍，確定沒漏看任何人後，又在購物籃裡裝了洗髮精和一堆雜誌，才把驗孕包塞到那堆東西底下，排隊付帳。朵西告訴我，她跟店員講說，真希望她媽媽有懷孕，因為她真的好想要一個弟弟。」結果帕蒂並沒有懷孕。

「這次的祕密行動，稍稍抒解了我的恐懼。」

女兒長大後，預先跟她討論懷孕問題，可以避免她意外懷孕時，偷偷自己處理。

艾倫把自己年輕時的「懷孕驚魂記」跟女兒說。當年艾倫以為自己懷了孕，等了足足三個月都不敢告訴任何人，後來她的月經來了，她好怕萬一真的懷孕，會被父親趕出家門。

「這件事卸下了她的心防。如果我跟她坦承自己以前也犯過錯，她還有什麼問題不能來找我？其實我們母女倆的關係本來就很好，但我希望她能更自在地跟我談任何事──不只是懷孕的問題。我想，如果我能承認害怕懷孕，她應該沒什麼不敢跟我說了。」

虛 驚 一 場

假如女兒並不打算懷孕，那麼虛驚一場，會是她學習（或複習）避孕的絕佳機會。對兒子來說也一樣。

你大概以為，假警報的經驗，會讓女孩往後更加謹慎。不過有一項研究指出，驗孕結果為陰性的少女中，十人大約有六名在往後一年半到兩年內受孕。

家長在表達意見時，最好委婉些──因為女兒和她的男友已經夠慌了。他們應該想想為何會懷孕，以及該用什麼辦法避孕。如果他們有避孕，是否使用正確？該不該換個方法？

也許他們該防的都防了，結果還是懷了孕，那就無話可說了。然而多數意外懷孕的青少年（及成人），都是因為沒有正確避孕，或根本沒有避孕造成的。你女兒應學會正確的避孕法，或避免性交，以防再度懷孕。

> ### 子宮外孕（Ectopic Pregnancies）
>
> 大部分的自然懷孕，最後都以母子均安收場，但併發症還是會有的。子宮外孕便是一種不常見，但十分危險的併發症。在女兒就診之前，甚至還不知道自己懷孕時，可能就已經出現問題了。
>
> 受精卵在子宮以外的地方著床，即為子宮外孕，通常受精卵會附著在其中一條輸卵管裡。青少年會子宮外孕，最常見的理由是因為患過骨盆腔炎，造成輸卵管受傷。
>
> 子宮外孕很難診斷，最常見的症狀有月經異常、陰道出血及骨盆腔疼痛。假如女兒是子宮外孕，便需立即就醫。若未經治療，會導致輸卵管破裂，造成更嚴重的併發症。子宮外孕的尿液驗孕結果可能呈陰性，醫生也許得做數項驗血及超音波檢查才能查得出來。不過子宮外孕是可以治療的，大部分及時治療的婦女，日後都能再度懷孕。

假如她不想懷孕，應該會鬆一大口氣，但有時事情並沒有那麼單純。即使女生自認無力當媽媽，還是會有一絲絲的失落感。知道自己的身體能創造新生命，總是令人開心的。女兒也許會沮喪，但家人的關心，能讓她感受被愛。男生若有機會當父親，可能也會有同樣的情形。原本該是件喜事，結果家長反而要安慰難過的孩子——這大概是始料未及，卻也不難理解的吧。

懷孕了

知道自己懷孕時，女兒也許會感到震驚、欣喜、憤怒、不知所措、驕傲，或五味雜陳。她也許會故意忽略，希望能小事化無，或努力學習所有的懷孕須知。

有些女生認定自己不會懷孕，硬說驗孕有誤。陽性的檢驗結果幾乎都

是準確的，但可以找醫生確診。拖延驗孕的風險很大，對陽性結果遲遲不肯行動，風險也很高。除非是流產，懷孕通常不會自行終止。就大部分人來說，期待胎兒自己流掉的可能性實在不高。

女兒遲早得設法解決問題，她會怎麼決定？

懷 孕 的 下 一 步

> 我高中時，我爸全心投注在事業上，家裡大小事一概不管。我懷孕後，
> 他根本不理我，因為他不知道該怎麼辦，我媽也一樣。他們討論要將我
> 送到修道院之類的地方，讓我把寶寶生下來，我竟然覺得很興奮！認為
> 那樣做棒透了，而且現在還是那樣覺得。
> ——派翠西亞，三十一歲，三個孩子的母親

意外懷孕後該怎麼做，是孩子此生面臨的最大抉擇，她會需要建議與支持。

女兒的選擇包括生養寶寶（無論寶寶的父親是否參與）、請家人（女方或男方家人）代為撫養、讓人收養、送到寄養單位，或墮胎。

無論女兒之前有何看法，真的懷了孕後，對許多問題的觀點很可能會受到影響，而重新思考。

她得考慮自己的價值觀，何者對自己最有利，何者對寶寶最好。她還得考慮自己的決定對家人、男方及男方家人的影響。如果對她最有利的決定，未必對家人有益，她也應該明白家人所受的牽連。

如果她想留下寶寶，就得先回答幾個問題：她能坦然面對別人的眼光嗎？等肚子隆起時，她是否寧可住到鄉下親戚家？醫療費要如何支付？她是否有抽煙等會影響胎兒發育的習慣？她懂不懂得做優生保健？

她會撫養寶寶嗎？

你很清楚撫養小孩得付出多少時間心力和金錢，女兒必須能支應養育

孩子的生心理跟經濟負擔，了解帶小孩是一份全職的工作——寶寶需要不斷的照顧，即使她那天又疲又累。你在這方面應該是專家了——把你的父母經告訴她吧。她也應該知道能從你和家人身上獲得什麼樣的支持、男方將扮演何種角色、她和寶寶（也許還加上寶寶的爸爸）將住在哪裡、她要靠什麼養活自己和孩子，以及這種做法對她和孩子將來的生活有何影響。

如果她打算放棄寶寶，讓人收養，她覺得自己能捨得孩子嗎？以後會怎麼想？明知孩子還在，卻無法見他，會是什麼感覺？她希望另做安排，與孩子保持一定的聯繫嗎？

最後，她對墮胎有何看法？也許她想知道更多細節。會不會痛？風險何在？事後會有什麼情緒反應？說不定她的反應連自己（和你）都料想不到。也許她認為女人有墮胎的權利，卻不覺得自己忍得下心。也許她以前強烈反對墮胎，但現在面臨問題，又決定去做了。她的道德觀和個人需求間的衝突，也許非常強烈，使她陷入兩難。

決定權的歸屬，各州規定不同。除了法規外，還有許多可能的參與者。除了寶寶的父母和祖父母，其他家人和朋友也能提供一些幫助。女兒的醫生可以教她各種保健方式，宗教諮詢能協助她用宗教的價值觀去考慮決定，學校輔導老師或「計畫生育」（Planned Parenthood）等機構也能提供協助。

「計畫生育」機構的宗旨是提供不具批判的照護及支持，不管當事人做了何種選擇。有些不願執行墮胎手術的醫生，會提供淺顯易懂的諮詢，輔導你女兒做出最有利的決定。某些團體也許會積極地反墮胎，如果你和女兒贊成他們的看法，便不成問題，但她若有任何疑慮，最好去找一位能包容各種選擇的醫生。

讓女兒跟其他有過同樣經驗，做過不同決定的青少年談一談，或跟年輕時做過類似決定的成人聊聊也不錯，而且她還有你的支持。

家 長 的 角 色

> 我要自己冷靜——這件事她比我更難面對。我決定等她自己來找我，
> 我拚命忍耐，卻連十分鐘都等不了。於是我端了一盤餅乾到她房間，坐
> 到她身邊床上，抱住她。她知道我曉得了，我只說：「我愛你。」然後
> 兩人便這麼坐著。
>
> ——佛蘿伊，女兒十七歲

你也身有同感嗎？

翠西認為女兒凱莉被占便宜了。「我打電話給男方的母親伊莉莎白，我認識她很多年了——不是很熟，但我們見面時都會打招呼。我一開始還很冷靜，不久就開始對她狂吼，罵她兒子欺負我女兒。真沒想到我會幹這種事，萬一伊莉莎白還不曉得呢？」

後來翠西才知道，原來當時凱莉謊稱自己戴了子宮隔膜，「她根本連子宮隔膜都沒有！我對伊莉莎白真是抱歉透了，但對方非常體諒。我氣炸了，如果能把罪怪到別人頭上，我會比較好過點，可是我沒那個運氣。」

你心中情緒翻騰，不管女兒做什麼決定，都會影響到你。問題是，做決定的人是她，即使你很了解她的價值觀和想法，還是無法預測她會怎麼處理。

或許你很清楚她該怎麼做，而很想告訴她，甚至命令她。也許你不想等她決定，不希望她做出錯誤的決定，但是強迫的手段很可能導致負面的後果。

最好讓女兒自己將問題想透後，自行決斷。即使最後她的決定如你所願，但思考本身有助她接受即將面臨的狀況。若是由你或別人來幫她選擇，事後往往會換來女兒長年的抗拒與悔恨。或許她能認同你的決定，卻永遠無法原諒你剝奪她的自主權。女兒還是會需要你的建議，甚至許

可——視你們居住的地方而定。

有些持不同看法的家長，會試圖阻止女兒墮胎。雖然某些州可以採法律途徑阻止，但未取得父母同意的青少年若是訴請墮胎，法庭很少會否絕。阻止小媽媽墮胎，可能為女孩、寶寶，以及親子關係造成嚴重的負面後果。

「我從不信墮胎那一套，雖然我不會去示威抗議，但我認為那是錯的。」瑪格莉特表示，她女兒十七歲時懷了孕。「她說想墮胎，我不知道該怎麼辦，她看得出我的慌亂——這比她懷孕還糟。」

瑪格莉特跑去跟自己的母親求救，母親叫她陪女兒一起去墮胎。「她說我應該跟女兒站在一邊，我必須接受這是女兒的決定，不是我的。我媽一向也反對墮胎，但她很堅持，說我若在女兒最需要我的時候棄她不顧，我會永遠無法原諒自己。現在事情過去了，我可以告訴你一件事——幸好我當時沒丟下她一個人。」

別害我當祖母

或者你對女兒的懷孕持相反態度——你根本不希望她把孩子生下來。

「就我來看，選擇只有一個。」莉莎解釋道，「她還那麼年輕，怎能生孩子？她的前途還一片大好，難不成要生下來送給人收養？還是我應該把她送到我姊姊家住，好捱過這個學期？我知道這麼做很怪，但說真的——我沒得選擇。我們社區的高一生沒有人在生孩子，我一開始就知道她非墮胎不可，而且我們得盡可能低調。」

莉莎的女兒並不同意，她想知道自己能有什麼選擇，也想跟別人談一談，包括男方在內。「我大學時讀過心理學，知道自己不能一意孤行。」莉莎發現說，「如果我逼她墮胎，她會故意違抗，把孩子生下來。我讓她知道我的態度，同時告訴她，那是她的決定。她跟婦科諮詢人員相談，也跟朋友談過了——我實在不知道他們有什麼生活經驗能給

她建議——但她反正還是想跟朋友談一談。」約莫一週後，莉莎的女兒決定墮胎了。「那個星期我真是過得水深火熱啊。」莉莎說。

如果你的處境一樣，那麼，你比那些想阻止孩子墮胎的家長，更沒有權利了。因為沒有家長能合法地逼迫孩子墮胎，或把寶寶給人收養。

我們所能想到最好的，也是唯一合理的辦法，就是把你的意見和理由告訴孩子，並說明你能提供何種支援。例如，你可以講清楚，如果她要養孩子，你不會幫她照顧。女兒在決定時，會需要知道這項資訊。

隱 形 的 男 方

我們很容易忘掉這件事對父親的影響，如果懷孕的是兒子的女友，他的處境會變得很棘手。

也許他跟女方的情緒反應相同，會興奮、害怕、困惑。然而懷胎或墮胎的人畢竟是女生，兒子也許跟她一樣關心寶寶，但在寶寶出生前，他並沒有法律上的決定權。他無法逼女方墮胎或阻止她拿掉寶寶。

他無法逼她去做優生保健或戒煙。除了勸說之外，他沒有任何權利。可是如果女方將孩子生下，他就得承擔一切的法律權利與責任了，那也許不是他能負擔得起的。

如果兒子能持續表示關心支持，對女方應能發揮更多影響力——如果她想找人討論決定時，能找到他的話。

少女懷孕，爸爸年紀二十多歲的情形蠻常見的。別以為年紀較大的男人會比年紀輕的更負責，老男人聽到女方懷孕後，說不定溜得比誰都快。不過二十歲出頭的男人，還是可能愛你女兒，想當孩子父親的。這種情形雖不多見，但確實有。

成 為 小 媽 媽

我受過良好的教育，出身於中上階層家庭，很有安全感，也很沉穩，大
概是因為這樣，才有辦法做得到吧。
—唐娜，四十歲，有兩名孩子，第一位生於十六歲

我們來看看女生有哪些選擇。先從留下寶寶說起。

你大概已經猜到，少女生子，對小媽媽和孩子的未來都十分堪虞。女
兒也許無法讀完高中或大學，新的夢想和目標大多圍繞著母親這個角色
在轉，原有的計畫也許就打消念頭，或不再重要了。小媽媽的孩子，在
學校的表現可能較差，而且長大後也可能較早懷孕。不過小媽媽若能繼
續與父母同住，寶寶日後的狀況通常會比較好。

也就是說，小媽媽所受的衝擊，沒有外界想像的嚴重。有小孩跟沒小
孩的少女，前者在教育、收入和家庭生活的表現當然較差，問題是，如
果她們沒生下孩子，日子又會如何？平均看來，似乎不會有太大差異。

這個議題很難研究，因為會當小媽媽的女生，跟不會當小媽媽的女生
原本就不同，你很難找到一群性質相同的女生，去比較生過寶寶跟沒
生的差別。我們可以從她們的家庭背景、財力、種族和宗教上去比對，
卻無法比較其內在動機、責任感或個性。譬如想當律師的女生，也許性
行為較少，也懂得用保險套或會去墮胎，因為她知道寶寶會破壞她的計
畫。

四十歲的唐娜經營女裝店，先生是老師，有兩名女兒，一個二十四，
一個二十二歲。「有時聽到別人武斷地認為，年輕女孩生寶寶一定就不
好時，我會很不高興。四十歲的我，能擁有兩名已經成年的女兒，真的
很棒。」

唐娜高中畢業前便生下兩個孩子了。這件事對她有什麼影響？

「我過得很好呀，想做什麼就做什麼，而且兩個女兒都很優秀，我從

不後悔生下她們。」

如果你看到唐娜說這番話，便會明白兩件事。一，她是一位非常爽朗的女性。二，她說的全是真心話。我們猜想，那無窮的精力和自信，是她能熬過種種挑戰的原因，那些挑戰，是許多住在市郊，生活富裕的十七歲高中生無法想像的。

「我高二那年十月生下珍妮，隔年九月便復學了。我一個星期上兩個晚上的課，我運氣很好，學校有夜間部。高三時，我又懷了南南。畢業時我手裡抱著南南，珍妮坐在一旁。翌年秋季我開始上大學了，孩子還在襁褓時，我夜間送報，需要時便停車餵母奶，花了八年時間才拿到學士學位，可是接著我又繼續攻讀商學碩士。」

這說明了一點。生孩子對女人的個別影響，跟研究指出的一般衝擊，可能有天壤之別。有些女生若沒當小媽媽，真的會去完成自己的夢想與生涯目標。反過來說，假如你的女兒決定生下孩子，並不表示她無法追求夢想。有的人就是有辦法咬牙圓夢，你女兒不會是第一個回去讀完高中，上大學進修，找到好工作，並撫養自己孩子的小媽媽。

有關新生兒的健康與發育的研究相當有限，而且都不怎麼精確，有時結果還彼此矛盾。小媽媽對寶寶的健康，負面影響極微，尤其優生保健若做得不錯的話。但問題不在生理上，真正影響的是母親的收入、教育與提供的環境。

十幾歲的小媽媽收入通常不多，且往往書沒讀完，優生保健又沒做好，這些因素都對寶寶不利。

如果女兒能獲得你的支持，撫養孩子便輕鬆多了。得到父母參與和支持的小媽媽，比較有可能復學，而有所成就。當然了，並不是所有的小媽媽，都能像唐娜那麼快樂。

即使女兒沒有唐娜那麼堅強，請記住唐娜回想往事時所說的：「假如能夠得到支持——我便得到過許多——假如人們能對你抱持正面的態度，事情會變得非常美好。」

送養

選擇把孩子送人領養的青少年並不多，然而對不想墮胎，卻無力撫養孩子的小媽媽，卻是一個重要的選擇。許多人很想領養孩子，給孩子一個充滿愛的家庭。

各州設有領養法規，這裡談的是一般狀況。領養的類型有幾種，封閉式收養（closed adoption），不公布原生父母及養父母姓名，日後若原生父母出現與孩子健康相關的遺傳疾病，可透過收養單位提供這項資訊。孩子滿十八歲後，若孩子與其中一名親生父母簽署團圓登記，便可交換彼此的名字。

開放式領養（open adoption），親生與養父母彼此認識，無論是因為交換姓名或私下見過面。原生父母通常可以從候選者名單中挑選孩子的養父母。有些原生父母會透過信件或偶爾的探訪，積極介入孩子的生活，但所有撫養權都歸屬於養父母。

一般可以透過公立或私人機構來安排收養，他們會篩選養父母的人

選。有些機構也許會支付你女兒的懷胎費用（有些養父母也會），並提供地方讓她在懷孕期間居住。也可以私下透過律師安排領養，若有人付錢給你女兒，要她放棄寶寶，這是違法的。私人的領養可能沒有這麼多支援服務，女兒可請醫生或諮詢單位幫她推薦，這些機構能協助女兒下決定，並為放棄孩子的撫養權做準備。

父母兩人均須同意讓孩子領養，除非無法找到本人或本人不適任。如果父母親並未結婚，男方得等父子關係成立後，才能主張父權。原生父母只有在孩子生下後，才能做最後同意，讓孩子接受領養。領養程序的完成時間視各州而定。無論寶寶出生前雙方達成何種協議，原生父母事後都有權改變心意。如果其中一名父母想放棄孩子，另一位卻不想，便得由法官判決。領養需經法官認可，通常是在孩子跟領養家庭同住一段時間後認定。有時領養定案後的一小段時限內，原生父母還是可以訴請要回孩子。但一般來說，領養應視為永久性的撫養權轉移。

寄 養 照 顧

小媽媽可以將寶寶送到認證的寄養家庭撫養。原生父母應在一定時間後將孩子接回──也許等高中畢業後。各州會提供醫療給付和日常費用，由州政府暫時負起法律責任，但遇有重大醫療或教育問題時，原生父母還是可以出面決定。孩子可寄養在親戚或朋友家中，但某些州政府對親戚的補助很有限。當寄養家庭負擔不來時，孩子會被安置到公共機構裡。

通常寄養孩子，需要原生父母雙方的同意，但法官可以廢止父親的權利。如果原生父母未能定期探訪孩子、為孩子的將來打算，領養機構可能會終止他們的權利，將孩子送人領養。

另一個方式是請家人代為照顧孩子，直到小媽媽完成學業或找到工作，能夠負起養育的責任為止。照顧者若能與女兒與小孩同住，孩子將

來回媽媽身邊後，會適應得較好。

若能與照顧者簽訂法律契約也不錯。除此之外，父母雙方通常都有權利將孩子從非正式的情況下帶走，除非他們因為罔顧孩子，而失去撫養權。

墮 胎

墮胎是所有懷孕少女，最常見的第二種決定。墮胎會引發衝突、挫折和愛恨交錯的情緒。

女兒若考慮墮胎，會需要一點時間去下決定，但她無法考慮太久。懷孕的時間拖得越長，墮胎的選擇便越少（例如，通常懷孕九週後，就不會使用藥物墮胎了），費用也更貴，手術墮胎的風險較高，法律的限制也越嚴。

墮胎在美國是最常見的手術，雖然青少年在懷孕當週墮胎時，引發的併發症較成人少，但實際上，青少年墮胎往往拖得較晚，因此併發症反而更多。

青少年拖延墮胎的理由有幾個，她們發現懷孕及就醫的時間都晚。某些州規定，女兒需獲得家長同意和告知才能墮胎——有時父母雙方都得贊成才行。（在其他州，女生無需告知父母，便可自行決定。）雖然法官可免除父母的同意，但你女兒若不敢告訴你，或找不到你（或她的男伴），可能會延誤墮胎的時間，使得費用節節升高。

懷孕初期的墮胎術大約要幾百美元，隨著懷孕時間拉長，價格也相對提高。有時保險會給付，或者有些診所會有折價。一定要找合法墮胎的診所。

墮胎手術

墮胎手術（又稱月經規則術）分兩種類型：手術墮胎與藥物墮胎，女兒應與醫師討論後再決定方法。懷孕時間越長，選擇的方法越少。

手術墮胎法

擴張刮除術（dilation and curettage）：多年來，擴張刮除術（D&C，又稱吸引刮除術〔suction curettage〕）一直是美國最普遍的墮胎方式，95%的墮胎都採用這種方法。

手術前得先做子宮頸擴張，方法有幾種。將昆布條（laminaria，以海藻製成）塞到子宮頸口，在六小時內慢慢將頸口撐開（有時可能更久），會有點痛，或不會痛。滲透性擴張器的作用也很像，但那是人工合成品，價格較貴，且效果較快。機械式擴張器也能將子宮頸撐開，可以與昆布條或滲透性擴張器合併使用。

等子宮頸撐開後，再將一條連接抽吸器或注射器的細管子穿過子宮頸口，將子宮裡的胎兒及胎盤吸取出來（可使用局部麻醉），過程約十分鐘，墮胎期間或事後也許會發生痙攣（跟經痛很像，或更痛）的現象。醫生會開抗生素，防止感染。

子宮擴張吸取術（dilation and evacuation）：又稱為D&E，懷孕中期最常使用這種墮胎術，尤其懷孕十三至十七週時。D&E和D&C相似，只是子宮頸需擴得更開，以確保能移除更大的妊娠產物，而且往往得使用鉗子才能移除乾淨。移除的過程約十至二十分鐘。

手術通常只需做局部麻醉，不過醫生也許會建議做全身麻醉，或由患者提出要求。

藥物墮胎法

近幾年美國開始採用一些藥物墮胎法，預計將來這種趨勢會逐漸取代手術墮胎。藥物墮胎通常是在最後一次月經後的七至九週中施用，感覺上很像是流產，會有大量痙攣，也許伴隨噁心和嘔吐等現象。也可能造成腹痛腹瀉。最初的幾小時內陰道會有大量出血，之後約有一個月或更長

的時間，有不規則的微量出血，包括血塊或組織。如果藥物墮胎做得不夠徹底，可以手術來完成。

通常藥物墮胎十分安全，但有嚴重貧血或特定狀況者不得使用。若有子宮環，得先移除。

Methotrexate（簡稱MTX或滅殺除癌）：這是一種注射式的墮胎藥，與Misoprostol（一種前腺素劑）合用，能使子宮收縮而造成流產。這種方法得看診三次，第一次用Methotrexate，七天之後再用Misoprostol（藥丸或栓劑），隔兩週後，再做最後的墮胎完成確認。懷孕初期，Methotrexate的成功率有90%，墮胎約可在八天內完成。

Mifepristone（美服培酮）：又稱RU-486，會阻斷孕酮的分泌，使子宮內膜無以為繼。當子宮內膜剝落時，懷孕便終止了。Mifepristone 的成功率高達95%，做成口服藥丸，跟Methotrexate相似，也是分三次給藥（包括使用Misoprostol）。通常可在八日內完成墮胎。

墮 胎 之 後

大部分婦女墮胎後並無長期的情緒問題。情緒問題較會出現在為了健康因素，或生活突遭變故，而不得不墮胎的婦女身上，或婦女本身早已經有心理問題。簡言之，婦女墮完胎後出現的情緒問題，比生產完的婦女少（但這並不是墮胎的好理由）。

總之，女性可能出現各種反應。術後也許會鬆一大口氣，同時又感到難過沮喪與罪惡。也許她會為失去寶寶而傷心，請支持她、協助她，或找人諮詢。

在生理方面，墮胎的併發症比生產及許多其他手術都少，但不是沒有，因此孩子一定得跟醫師討論，才能判斷。術後女兒若有感染現象，如發燒、發冷、陰道分泌物有惡臭、腹痛、痙攣、下背痛或持續大量出血等，請務必就醫。

懷孕初期墮胎的婦女，較不會有併發症或不易懷孕的問題。我們對較晚墮胎的影響不是很清楚，但應該不至於造成不孕。

　　墮胎後十天，女生就有可能再懷孕了。因此若持續有性行為，就需避孕。女生的月經週期應該六週左右就會恢復了。

　　看到女兒墮胎，或許你也會難過──難過失去寶寶、失去女兒的純真，或失去對孩子的主宰，尤其當你反對她的決定時。如果為了保護孩子的隱私，而無法跟親友討論，不妨考慮找個心理醫師或宗教諮詢談談。切莫輕忽此事對你的衝擊，不管你贊不贊成，道德觀念上容不容許，這樣的經驗都會帶來影響。

共 同 目 標

　　墮胎的選擇雖然很多，但大家應該都有一致的目標：希望「爸、媽，我懷孕了」這句話，能代表好消息。我們很想告訴你，如何才能百分之百避免意外懷孕的災難，可惜很難做到。但你已經知道如何降低風險了，也知道萬一出事該怎麼做了。恭喜你，因為孩子遇到這種麻煩時，會需要像你這樣有知識、肯付出的家長陪在身邊。

小孩不要問

認識避孕法

　以下是各種避孕法的最新資訊，包括其優點與副作用。第九章有一份各避孕法的成功率圖表（見277頁)。

　由於研究日益更新，更精確的避孕資訊及新的避孕方法將陸續出現，請向孩子的醫師詢問最新狀況，請醫師建議何者最適合孩子的健康情況與需求。

禁 慾

　禁慾其實不能算避孕法，但若能持之以恆，效果當然沒話講。這種方法經濟實惠，不需要處方或就醫，相當方便。第八章已有論述，在此再重溫幾項要點。

　如果孩子為了避孕而禁慾，只要避免陰道性交就行了。事實上，精子若落在陰道口附近而游入陰道時，偶爾也會有「處女懷孕」的情形。處女懷孕雖然罕見，但不是沒有，因此男伴在射精時，應避開陰戶四周。

　為防止性病而禁慾，要做的事就更多了。〈附錄二〉將討論生殖器疣（genital warts，俗稱菜花）、陰蝨和疥瘡等，僅憑接觸或裸睡便能感染的疾病。HIV需透過陰道或肛交等體液交換的性行為才會傳染。防範性病時，青少年需要思考一連串的風險問題。

　因宗教目的或個人觀點而實施禁慾，在程度上會有歧異，得看孩子信仰何種宗教或道德觀。但一般而言，宗教禁慾通常會排除所有形式的性交，連任何會造成射精的性活動，也一律禁止。

由於禁慾的定義莫衷一是，第八章談過，家長跟孩子討論時，最好將定義講清楚。否則，即使孩子想遵守，也搞不清楚底線在哪。

有種禁慾法叫非插入式性交（outercourse），包括各種形式的互相手淫。許多倡導公共健康的人士提倡以相互手淫來享受性的親密與快感，以預防相關的健康風險（標語是『在我外面，不是裡面』〔On me, not in me.〕，聽起來雖然生硬，卻蠻能切中要點）。

對某些青少年而言，嚴禁任何親密行為的效用並不大。孩子若是不小心犯錯，便覺得自己搞砸了，結果乾脆徹底放棄，進而發生性關係。反而是經過權衡的行為──讓孩子從事某種形態，但非所有形態的親密行為──孩子反而更能掌握。但這種方法對某些類型的孩子並不管用，他們要嘛就都做，要嘛就都不做，因此對他們來說，不做才是保持禁慾的最佳辦法。

優點：禁慾靠的不是約會時記得帶什麼、每天乖乖吃藥，或定期打針，而是靠意志力和大聲說不的能力。禁慾是預防懷孕和性病（得看哪種性病）最有效的辦法。

缺點：如果青少年只學到禁慾，卻沒學會避孕，到時萬一禁不了，恐怕就不懂如何避孕或預防性病了。

男 用 保 險 套

保險套阻止精子進入陰道，避免受孕，某些保險套也能防止各種性病的傳染。男用及女用保險套確實是唯一能夠減少性病感染的避孕法。

男用保險套大多是乳膠製（包括97%的美國市售保險套），雖然對性病的防止效用還沒有確切的事證，但針對保險套使用者及醫療研究的結果顯示，保險套確實能預防某些疾病（尤其是愛滋）。科學家從這些研究推斷，保險套應該也能防止其他的疾病，因此建議大家使用保險套來防範。我們不能保證保險套能杜絕所有的性病（理由之一，保險套會破），卻能減低感染或傳染性病的風險，但無法消滅性病。還有，保險套只能防範涉及陰莖的性病傳染，但許多性病可經由其

他途徑傳染，例如陰道與口腔或肌膚的接觸。

添加潤滑劑的乳膠較不容易破裂，用於陰道性交及肛交時也較為舒服（未加潤滑劑的保險套較適合口交）。乳膠製保險套要搭配水性潤滑劑，因為油會使乳膠分解。應該避免使用含有凡士林、嬰兒油、沙拉油、按摩油、椰子油、冷霜，及各種潤膚霜等油性成分的潤滑劑。如果女生正在接受陰道黴菌感染治療，那麼她塞在陰道裡的藥劑，很有可能是油性的，因此在完成療程之前，不能靠乳膠製保險套來避孕（可改用我們下面建議的聚乙胺脂保險套，才不會被油脂損壞）。許多有效的潤滑劑都是水性的，如K-Y軟膏及專為使用乳膠保險套所設計的產品。要不，也可以試試使用蛋白。

有些嫌乳膠保險套會減少快感的男性，比較喜歡用羊腸保險套（lambskin，又稱自然胞膜保險套〔natural membrane condoms〕），這是用小羊腸製成的（取自羊的盲腸部位，因此每隻羊只能做出一個保險套）。雖然精子無法穿透羊腸保險套，但微小的病毒卻可以。因此羊腸保險套避孕有用，卻無法防止愛滋、皰疹或B肝的傳染。這種保險套只適合不須擔心性病，長期與單一伴侶有性關係者，因此我們不建議青少年使用。至於快感打折的問題，在乳膠保險套裡滴幾滴潤滑劑，使用起來就會更愉快了。

另一種保險套是聚乙胺脂（Polyurethane）保險套，又稱PU保險套，它比乳膠保險套更薄更強韌，而且可以使用油性潤滑劑。PU保險套對性病的防範效果應該很不錯。

有些保險套會添加殺精劑，目前還不能證明保險套上的殺精劑對避孕有用，因為套子上的劑量不多，而且萬一保險套破掉或滑落，精子也許不會接觸到藥劑。陰道用殺精劑的避孕效果好多了，然而美國的主要殺精劑nonoxynol-9不但無法預防愛滋和其他性病，反而可能增加感染的機會。我們會在下面做更詳盡的討論。

優點：除了女性保險套外，男用保險套是唯一證實能預防性病傳染的避孕法，切記要讓有性行為的孩子使用。保險套攜帶方便，更不需醫師處方。

缺點：首先，保險套不像其他避孕法，每次你都得決定要不要戴。許多以保

險套避孕的青少年，不見得每次性交都會用。還有，有些男生在他們開始性交後才戴上套子，以為自己只有在射精時才需要。其實男生射精前分泌的部分精液，不但可以讓女生受孕，而且在男生戴上保險套前，兩人也都可能染上性病。

第二，保險套有可能破掉，但這種可能性通常小於2%，而且大部分都不是製造過程的瑕疵，就我們所知，保險套的品管非常嚴格，大部分保險套破裂和滑落，都是因為使用不當所致。

萬一保險套破了呢？如果你兒子尚未射精，應該先抽出（請記住，保險套裡可能有些分泌，會使他的伴侶受孕），然後立即脫掉保險套，還沒換上新的保險套前，不應繼續性交。如果他已經射精了，他和同伴應以肥皂和水來清洗陰莖、陰道、肛門或嘴，以減少罹患性病的可能。女生可以考慮用緊急避孕法，我們會在之後討論。在這種狀況下接觸到愛滋的男女，應立即就醫，服用能防範感染的藥物。

最後，這種情況雖然罕見，但有些人對乳膠過敏，他們可以改用PU保險套，如果他們不擔心患性病的話，還可用羊腸保險套。過敏可能引起發炎、發癢、紅疹，嚴重一點，還會導致呼吸困難和休克——跟藥物及食物過敏很像。如果你的孩子在吹氣球時有任何上述症狀，也許就是對乳膠過敏了，得找醫生看一下。生殖器的微癢，也可能是潤滑劑造成的，那就試試不一樣的潤滑劑吧。

女 用 保 險 套

女用保險套含有一個塑膠袋子——有點像透明的塑膠襪——袋子開口和尾端都有一個薄環，可在性交前八小時置入。女生利用尾端的薄環將保險套塞入陰道內固定，遮住子宮頸口，就像塞入子宮隔膜一樣。開口的薄環留在陰道口外，抵住陰戶。保險套內層已添加潤滑劑，另外還提供給保險套外層用的潤滑劑。

目前我們建議用過一次即丟，也許將來的研究，會發現清洗過後重複使用還是很安全吧。還有，男用與女用保險套不應一起使用，因為有可能黏在一起而脫落。

迄今為止，女用保險套在避孕法中還不算普及，美國食物藥品管理局到1993年才批准上市。

優點：早期的研究並未檢視女用保險套對性病的防範效用，但應該是有用的──有可能比男用保險套更有效，因為較不會破裂外漏，而且貼在陰戶上的塑膠，又多了一層保護，防止陰莖根部與陰戶接觸。

有些婦女喜歡女用保險套，因為有主控的感覺。她們可以自己裝置，並確認套子沒有損壞。有些人也喜歡套子的感覺，而且女用保險套不像其他女用避孕法，它兼具了避孕與防止性病的雙重功能。如果男生不喜歡戴男用保險套，或因此無法勃起，改由女方使用女用保險套，男生的表現也許會更佳。

缺點：許多女性一開始都用不上手，甚至需要練習好幾次才能正確使用。在使用前，一定要先試用，同時確保有足夠的潤滑劑，否則套子可能會脫落。

也有些婦女抱怨，做愛時，女用保險套會發出像氣球漏氣的尖聲，大概是因為性交時，空氣被擠出保險套的緣故吧。這種突來的聲音，真的非常掃興。還有些人不喜歡薄環露在陰道外的樣子，有些人則覺得裡面的薄環不舒服。（編注：台灣「衛生福利疾病管制署」網站有教圖解男女「如何使用保險套」）

口腔護膜

這些12×12公分（有些更大）的方形乳膠膜（跟乳膠保險套的材質一樣），在舔陰和吻肛時，可讓舌頭與陰道或肛門之間多一道屏障。（避孕效果並不特別強，因為它不是用來避孕的，但可預防性病感染）。把保險套割開橫攤成方塊狀，或用保鮮膜，也可以當成替代品。

優點：在舔陰和吻肛時，預防感染性病。

缺點：減低雙方的快感。

它的保護效果尚未做過精確的研究，而且有些醫師擔心口水或其他體液，會從護膜邊緣的隙縫滲進去。

口 服 避 孕 藥

大部分口服避孕藥（oral contraceptives，簡稱OCs）都包含雌激素、黃體酮這兩種荷爾蒙，可抑制排卵（防止釋出卵子），增厚子宮頸黏膜，以阻止精子穿過，並干擾受精卵在子宮內著床，統稱為混合型口服避孕藥（combined OCs）。另一種青少年較少使用的口服避孕藥，成分只有雌激素，稱為迷你丸（mini-pill，又稱單一荷爾蒙口服避孕藥）。我們將針對前者做討論，但後者也會稍微提一點。

避孕丸通常為一包裝，裡面包含女生在28天的月經週期內，需要服用的所有藥丸。每顆藥丸都有連續編號，標明週期的哪一天該吃哪顆藥。每個週期只需吃21顆。因此避孕丸有兩種包裝：21日包，停用一週後，再開始服用新的一包；另外是28日包裝的，包括七顆不含荷爾蒙的備忘藥丸，這七顆只是提醒用的。使用28日包時，每天固定吃一顆就對了，不必特別去記何時得開新的藥吃。

口服避孕藥必須天天服用，對青少年或任何年紀的婦女來說，都是一項挑戰。如果把服藥跟生活習慣綁在一起──如刷牙後吃藥──會最好記。如果女兒月經沒來，但藥都有乖乖吃，懷孕的可能其實很低。假如她連續兩次月經沒來，最好去驗孕。

孩子應該跟醫師討論口服避孕藥的優缺點，以及自己能否做到按時服藥。大多數女生不太有副作用，但醫生若能事先告知，孩子才能做出更好的選擇，而且因為有了心理準備，服用後較能持續。

優點：現在的避孕丸副作用比十年前少很多了。如果女兒不想讓男友知道，或說不出口，避孕丸是一種她能完全掌握的避孕法。

避孕丸還有一些附加的健康優點，如減低罹患子宮內膜癌、卵巢癌、良性胸部疾病、卵巢囊、纖維瘤、子宮外孕、骨盆腔發炎（PID）和貧血的機率，也可以減少經血、經痛和經間痛（排卵時造成的疼痛）。對青少年而言，最常見的附加優點是減少粉刺。有時醫師會以避孕丸治療避孕之外的特殊病症。許多女生應該很樂於知道，吃避孕丸並不會減低日後懷孕的能力。

經期不準的女生吃了避孕丸後，經期會穩定下來，但若是停藥，可能又會故態復萌。避孕丸也能讓女生在高中畢業或度假等特殊期間，避開月經，只要多吃幾天「活性」荷爾蒙藥丸，或不須吃藥時亦照常服用，月經就會遲來了。

缺點：無法預防性病，所以還是得用保險套。避孕丸對大多數使用者都非常安全，但還是有潛在副作用，像是頭痛、停經、滲血、大量出血、乳房脹痛、褐黃斑（cloasma，臉色變暗沉）及性慾減低。有些女生會感到噁心，通常經過幾次月經後就會沒事了。口服避孕藥可能會加重憂鬱狀況，但更可能改善憂鬱。你女兒也許聽過避孕藥會讓人變胖，但因此變瘦的人也不少，我們並不清楚避孕藥對體重的影響。

避孕藥可能會提高深靜脈血栓（血塊）及其他心血管疾病，但通常只有超過五十歲，或有其他因素或相關疾病的婦女才會出現這種情形。抽煙又吃避孕藥，會大幅提高這類風險。

避孕藥可能會稍微提高罹患子宮頸癌和肝癌的風險，但研究人員尚在調查中。除了原有的疑慮，最新的研究顯示，罹患乳癌的風險是零。吃避孕藥的婦女比較可能得到一種叫肝細胞瘤的良性肝腫瘤，但也很罕見。

女兒若有下列症狀，就應該就醫：包括嚴重腹痛、胸痛或腿痛、嚴重頭痛、呼吸困難、視線模糊或不清、說話困難、憂鬱。若有其他症狀，也要告知醫師。

不同的藥方會造成不同的副作用，有些副作用會依使用者的健康習慣和病史而異。有特定健康問題的女生最好別吃避孕藥，尤其是有凝血問題、嚴重高血壓，及其他肝臟、心臟疾病或癌症患者。有些病症的患者還是可以服用避孕藥，但患者應更勤於與醫生討論。避孕藥可能會和其他藥物相互影響（包括某些標準抗生素），因此，若是找其他醫師看診，應告知自己有服用避孕丸。

緊急避孕

第九章大致談過緊急避孕的問題，細節如下。

普利文緊急避孕盒（Preven Emergency Contraceptive Kit，簡稱EC）包括四粒雌激素－黃體酮藥丸。女生在性交後七十二小時內服用兩粒，隔十二小後再服用兩粒。如果她處於月經週期的受孕期（為期約六天），受孕機率會從原有的8%降為2%。

使用EC的女性，約半數會出現噁心症狀，五分之一的人會嘔吐（症狀不應超過一天以上）。如果你女兒在服藥後一小時內嘔吐，請重新服用。她可以在吃第一劑藥前的一小時，先吃抗吐劑。其他較少見的副作用包括疲累、頭痛和異常出血。

避孕盒裡還包含一份家用驗孕盒，讓女兒確定自己是否受孕（不過這種藥並不會破壞既有的懷孕狀況）。她的下一次月經可能在幾天後或更早到來。如果月經在服藥後三週還沒來，應該再做一次驗孕。

Plan B是另一種EC，成分只有雌激素藥丸，不添加黃體酮，女生在七十二小時內吃第一粒，隔十二小時後再吃一粒。Plan B 比Preven更有效，可將受孕期間的懷孕率從原本的8%減到1%，也比較不會有噁心嘔吐的現象。

一般口服避孕藥若大量服用，也可當成緊急避孕丸使用，而且許多已獲得美國食品藥物管理局的批准。服用情形跟Preven和 Plan B一樣，第一劑應於七十二小時內服用，隔十二小時後再吃第二劑。獲得批准的藥包括Alesse或Levlite（一劑有五粒粉紅色藥丸）；Aviane（一劑有五粒橘色藥丸）；Levlen或Nordette（一劑含四粒淡橘色藥丸）；Lo/Ovral，Levora或Low-Ogestrel（一劑有四粒白色藥丸）；Ovral 或Ogestrel（一劑含四粒黃色藥丸）；Triphasil或Tri-Levlen（一劑有四粒黃色藥丸）；以及 Trivora（一劑有四粒粉紅色藥丸）。醫生可給孩子建議，其他藥物可能會影響EC的劑量，因此令嬡若有服用其他藥物，應告知醫師。

最後一個選擇是IUD子宮銅環，如果在性交後五天內裝入（也許更晚些），會阻止受精卵著床，達到緊急避孕的效果，並將受孕的機會減至1%以下。我們並不建議青少年使用子宮銅環，僅供家長參考（請參照附錄後的IUD段落）。

忘記服藥的補救

如果女兒真的會乖乖按時吃藥，就選用避孕丸即可。然而，即使最有毅力的人偶爾也會忘記，而且生活常有被打亂的時候。醫生應該告知萬一忘記吃藥時該怎麼辦。以下是一般建議：

如果忘記服用備忘藥，別擔心，把沒吃的那一粒丟掉，繼續吃該吃的就行了。備忘藥真的只是幫忙算日子用的，不含任何荷爾蒙。

如果她忘記吃荷爾蒙藥，或慢了十二個小時以上才服用，往後七天，便該採行補救辦法。

若忘記不到二十四小時，應該立刻吃掉忘記的那一粒，再照原來的時間服用第二粒。假若剛好遲二十四小時整，就應該同時服用忘記吃的那一粒，跟應該吃的一粒。如果超過二十四小時，也就是說，她連第二粒也遲了，應先吃一粒忘記吃的，然後接著按時吃，把多出來的那一粒藥丟掉。

假如她在第二個星期落掉一顆藥（即十五至二十一天期間的藥），應跟平時一樣，把剩下的荷爾蒙藥丸吃掉，但接下來，第四週的無荷爾蒙備忘藥就不用吃了，在第三週的荷爾蒙藥一吃完後，重新開一包新的藥吃。

剛開始吃避孕丸時，除非從月經來的第一天吃起，否則在最初七天，會需要用其他輔助辦法來避孕，因為藥丸無法立即發揮避孕效果。

而且停藥時，也得要備用法。許多女生會懷孕，都是因為忘記在停藥後用其他方法避孕。

迷你丸

只含黃體酮的避孕丸又稱迷你丸。大部分想吃避孕丸的青少年都會用混合式避孕丸，因為效果更強。然而有些女生因噁心、乳房脹痛、嚴重頭痛及高血壓等因素，而無法使用。

迷你丸的諸多優缺點，與混合式避孕丸相似，因為兩者都含有黃體酮。迷你丸會減少經血流量（有時少到沒什麼血）、經痛、腹痛、經期間痛和子宮內膜異位引起的疼痛。它們會減低子宮內膜癌、卵巢癌，以及骨盆腔發炎的風險。這類

藥不含雌激素，因此不會有增加血凝塊的嚴重副作用。缺點方面，迷你丸會造成憂鬱或乳房脹痛。若同時服用其他藥物，迷你丸的效果也可能大打折扣。

備忘藥跟荷爾蒙藥丸的顏色一樣，因此只需每天吃藥，不必注意自己吃的是哪種藥。

重要的是，迷你丸一定要每天同一個時間服用。混合式避孕丸可以遲個幾小時服用，但若是落掉一顆迷你丸，就必須立刻服用，然後再按平時服藥時間吃一粒。如果她超過三小時未吃，接下來的四十八小時，便應使用其他避孕法。如果她連著兩三顆沒吃，應立即從頭來過，每天吃兩粒，連吃兩天，因為迷你丸容不得延遲，只有最有恆心毅力的青少年才適合使用。

避孕針、皮下植入、避孕貼和避孕環

口服避孕丸不是唯一以荷爾蒙為基礎的避孕法，其他還有幾種這類的方法，都不需要每天服藥。其中兩種是注射針（Depo-Provera和Lunelle）；一種是皮下植入（Norplant，諾普蘭）；最後一種是避孕貼（Ortho Evra）。這些是孩子可以考慮，效果最好的避孕法，由於做愛時什麼都不必做，所以幾乎可以保證避孕。但這些方法都無法防範性病，因此應與保險套合用。

Depo-Provera

Depo-Provera每十二週避孕針注射一次，只含黃體酮成分，能阻止排卵，可能還會影響其他的生殖功能。

孩子若遲幾週沒有補打，應該不至於懷孕，不過最好還是別大意。如果她決定生孩子，大約在前一年左右便需停針，中間改換其他避孕法。有些女生在停針後九或十個月才會開始排卵，有些較早。

優點：避孕效果超高，且絕不會用錯。它可以減緩經痛、經期間痛和子宮內膜異位疼痛。同時也能減低子宮內膜癌、卵巢癌和骨盆腔炎的罹患率。

缺點：婦女對Depo-Provera最大的抱怨就是會造成月經不規則，可能會停

經，或經期變得頻繁。由於Depo的藥效可以持續三個月，因此副作用的處理並不像口服避孕藥那麼容易（只要隨時停藥就行了）。若打了Depo，得慢慢熬到副作用消失為止。

Depo-Provera可能造成憂鬱和情緒不定，還有乳房脹痛及變胖的問題，不過有時女生會把其他變胖的因素栽到Depo頭上。

長期使用Depo-Provera的婦女可能會骨質疏鬆，不過這點還在研究當中。決定前可詢問醫師最新資訊。

Lunelle（長效型避孕針）

Lunelle須每月注射，它跟混合式避孕丸一樣，內含雌激素和黃體酮兩種成分（不像Depo-Provera只含黃體酮）。它跟混合式避孕丸的避孕原理一樣，第一針通常在月經開始的五天內施打。

優點：對記不住每天服藥的女生來說，Lunelle較好用，而且效果更佳。

缺點：孩子可能會忘記要每個月看診打針。可能的副作用包括頭痛、胸痛、長粉刺和打針處發炎，以及混合式避孕丸會有各種副作用。

Norplant 諾普蘭（皮下植入）

本書付梓時，原廠商已不再生產諾普蘭了。不過許多女性仍在使用，而且另一家廠商也許會接手該項產品，因此我們在此還是做了說明。

諾普蘭含六個植入皮下的桿狀小膠囊，膠囊中含有一種叫levonorgestrel的藥物（也是黃體酮的一種），能阻止排卵和受精。植入一次，約可持續三至五年。

膠囊從手肘內側上方劃一個小切口植入（施打局部麻醉），有時看得出來有微微鼓起。五年後把膠囊移除（若不想載的話，可以更早摘除），一旦移除，便立即失效，因此若不打算懷孕，得馬上用其他方法避孕。

優點：女生都很喜歡諾普蘭的便利、長效，和不必去記吃藥時間（除了搭配保險套以防性病外）。對那些希望用荷爾蒙避孕法，又老忘記定時吃藥，或定期回診注射的人，尤其方便。諾普蘭的許多優缺點和只含黃體酮，而不含雌激素的

迷你丸、Depo-Provera很像。

缺點：孩子若出現上述副作用，就得將諾普蘭移除才能止住。有些女生不敢用諾普蘭，因為把不斷釋出「化學藥物」的小桿子植到皮下，實在比吃藥或打針都恐怖，即使藥物的作用都一樣。雖然諾普蘭可以隨時移除，但能擺上五年的東西，後果難免被無限放大。我們聽過各種謠傳，從大量掉髮、增胖好幾公斤、造成酗酒、憂鬱，到易得癌症、不孕等，通通都有。

除了這些恐懼外，幾年前某些類型的諾普蘭也遭到質疑，雖然後來證實那些產品並沒有問題，但有些人可能已經不太敢用了。

有些女生認為皮下的桿棒鼓出來太顯眼了，怕別人看見，讓別人覺得她們「很隨便」。引用一份諾普蘭研究受訪者的話，「有個男的對我說，嘿，寶貝，你有裝諾普蘭啊，要不要炒個飯哪？」

NuvaRing（避孕環）

又稱為陰道環，是一種甜甜圈狀的塑膠環，直徑約五公分，塞入陰道至子宮頸附近，它會釋出跟混合式避孕丸一樣的雌激素與黃體酮荷爾蒙。陰道環可在體內留置三個星期，到第四週月經來時再取出。第四週結束後，再塞入新的陰道環，做為下一週期使用。

女生必須自己置入。陰道環極富彈性，可摺起來塞，就算未能百分之百準確放妥，也能發揮效用。如果提早移除或陰道環脫落（這並不常見），而未在三小時內重新置入，就會需要使用其他避孕方法，等陰道環重新置入七天，體內的荷爾蒙量高到足以避孕時為止。

優點：由於陰道環能不斷釋出荷爾蒙，因此單日的劑量不像混合式避孕丸那麼高，副作用也比較輕。陰道環比某些荷爾蒙避孕法更具彈性，因為女生隨時可以自行裝置，若出現副作用或覺得不需要時，也可隨時取出。

缺點：常見的副作用包括陰道有分泌物、發炎或不舒服。還有其他混合式避孕丸常見的副作用。等到陰道環上市的時間再久些，有關其副作用的研究應該會更多。不過有些女生不喜歡在陰道裡塞東西。

Ortho Evra（避孕貼）

避孕貼的荷爾蒙也是混合式的，但經由皮膚吸收。使用者每週貼一張，連續貼三個星期，月經來的那一週不用貼。方形的避孕貼長寬約四公分，可貼在下腹、臀部、上臂、上半背或胸口，但不能貼在乳房上。避孕貼通常能黏貼在皮膚上一星期而不會脫落，即使洗澡、游泳也沒關係；萬一貼膠掉落，就換一張新的，但等每次更換時間到時，最好還是再換上新的。

最早的研究顯示，避孕貼的效率跟混合式避孕丸差不多，但體重超過九十公斤的女性，懷孕的機率高過其他婦女。

優點：效果跟口服避孕藥差不多，但不需要天天惦記著服藥。不想避孕時可以快速移除，不像注射或皮下植入須多花點時間。使用避孕貼時，即使女生生病或嘔吐，賀爾蒙還是可以被身體吸收，口服避孕藥則不一定有這種效果。

缺點：脫掉衣物時，被別人看見避孕貼可能會覺得尷尬。副作用包括乳房脹痛、頭痛、黏貼處不舒服、噁心、嘔吐、經痛及腹痛。

跟混合式避孕丸一樣，避孕貼也有可能引起深靜脈血栓及其他心血管系統的疾病，如休克或心臟病。但也可能跟混合式避孕丸一樣，這些併發症不太會出現在青少年身上。抽煙可能會提高併發症的機率。等避孕貼在市面上更普及時，跟避孕貼副作用相關的資訊會更多。

（編注：台灣食藥署提醒，任何避孕方式效果皆非100%，切勿同時使用避孕藥、避孕環、貼片，萬一藥量過高會造成累加效應，反而會傷害身體。有避孕需求者，應諮詢專科醫師。且避孕環、避孕貼片均含有女性荷爾蒙成分，須經醫師處方才能使用。）

殺精劑

殺精劑裡的成分能殺死精蟲，可製成乳霜、軟膜、泡沫、軟膏／乳膠、栓劑及藥片等各式產品。Nonoxynol-9是美國最普遍的殺精劑，但還有其他國際及本地的品牌。

乳膏和泡沫狀的殺精劑可直接形成屏障，阻止精子游到子宮頸。乳膏、泡沫和乳霜同時也有潤滑作用。像子宮隔膜和子宮帽等女用阻隔法，覆蓋子宮頸處都設有裝殺精劑的地方。

女生可利用手、裝置管、子宮隔膜和子宮帽上的凹槽，將殺精劑裝入陰道內。置入時一定要讓殺精劑接觸子宮頸。栓劑和陰道避孕軟膜通常在性交前十至十五分鐘時置入，產品才能夠溶解。除非配合子宮頸隔膜或子宮帽使用，否則殺精劑必須在性交前一小時內放入陰道。若超過一小時，就應該再補充，每多性交一次，也應再添加。

至少要等性交後六小時，才能將殺精劑移除，灌洗也是一種方法，但太早灌洗，精子可能還沒被殺死，就把藥劑沖掉了。含有殺精成分的灌洗液並沒有避孕效果，因為灌洗液在流掉之前，精子可能已經游過子宮頸了。事實上，許多醫師並不建議使用灌洗法，因為經常沖洗，較容易造成骨盆腔發炎和及子宮外孕。

以前的醫生會建議用nonoxynol-9預防愛滋和某些性病，但現在已經不這樣做了。因為新的研究發現，nonoxynol-9無法減少愛滋、淋病和披衣菌的傳染，反而可能造成陰道或肛門發炎，更容易感染愛滋或其他性病。經常使用nonoxynol-9的人（一天兩次以上）常會有發炎的問題。至於其他殺精劑對愛滋和性病的效果，就不得而知了。

由於殺精劑的研究尚在進行中，孩子若考慮要用，應該與醫生討論或上網查詢最新的資料。不過現在最好選用不需配合殺精劑的避孕法（因為美國目前的殺精劑幾乎都含有nonoxynol-9）。也就是說，選擇荷爾蒙避孕法，而非子宮隔膜或子宮帽，因為後兩者若未添加殺精劑，避孕效果會差很多。使用保險套加荷爾蒙避孕法，既能避孕又能防止性病，而且也不會有nonoxynol-9造成的發炎現象。

優點：殺精劑是一種由女生控制，無需讓對方參與或知道的避孕法。不需要處方箋便可以購得。

缺點：殺精劑失敗率很高，通常得配合保險套、子宮隔膜和子宮帽等其他方法使用。前面提過，殺精劑不但無法防範愛滋和性病，反可能提高感染的風險。

有些人覺得用殺精劑會弄得髒兮兮地，有些人會過敏，或造成陰道、陰莖發炎。有些人在導入殺精劑後做口交時，覺得味道不佳。

子宮隔膜

子宮隔膜是橡膠製品，看起來像有捲邊的盤子，也像小飛盤和猶太人戴的小圓帽的綜合體，而且帽緣裡還裝了金屬彈簧。隔膜凹面有殺精劑，女生將隔膜連同殺精劑一起塞入陰道，頂住子宮頸，使用時也應該在隔膜四周塗上殺精劑。彈簧、恥骨和陰道的肌肉，會將隔膜撐住架穩。等隔膜擺好後，應該就不會有什麼感覺了。隔膜本身能阻止精子進入子宮頸，殺精劑也能將精蟲殺死。

子宮隔膜有各種類型、形狀、彈簧裝置和大小，如果女兒決定使用子宮隔膜，醫生會幫她測量適用的尺寸和類型。有時女生的子宮頸和子宮形狀或位置特殊，會有裝置上的問題。

孩子可以在性交前六小時便將子宮隔膜裝入陰道裡，留置至少六個小時。（也就是說，她可以跟男友出門看電影前，就把子宮隔膜裝妥。）如果子宮隔膜留超過六小時以上，應用導入器補添殺精劑，但不必移除隔膜。在拿掉子宮隔膜前，有一次以上的陰道性交是OK的，但要記得在每次性交前補充殺精劑。子宮隔膜不該在體內留置二十四小時以上，或在月經期間使用，因為可能有中毒性休克症候群的危險（詳情請見第六章）。可與醫生討論降低風險的方式。

優點：這是一種由女生控制，無需男方參與的避孕法。跟其他由女性控制的避孕法不同，不會造成嚴重的副作用，也不會影響女生的荷爾蒙分泌。

偶爾才有性交，或不想吃口服避孕藥的女生，也許會覺得這是很好的選擇。子宮隔膜和子宮帽通常還蠻安全的。

缺點：大概是殺精劑的關係吧，子宮隔膜和子宮帽會增加尿道感染、細菌性陰道炎及黴菌性陰道炎的風險。我們談過，乳膠保險套造成的過敏反應，也會出現在乳膠製的子宮隔膜或子宮帽上。同理，應避免使用會損壞乳膠保險套的油性

潤滑劑，改用水性殺精劑。

　　毒性休克症候群是相當罕見的併發症——平均使用一百萬次子宮隔膜和子宮帽，會有兩起這種情形。

　　子宮隔膜在性交時可能會從子宮頸脫開，如果女兒的男友發現了，可以使用緊急避孕法。如果他們同時使用其他避孕法，如保險套，就不必擔心了。

子 宮 帽

　　子宮帽看起來像大型橡膠套環，凹處可以添加殺精劑。子宮帽套在子宮頸口，藉吸力來固定，它跟子宮隔膜一樣，也是一種阻隔法，並藉殺精劑來殺死精蟲。性交後，至少要讓子宮帽待在體內八小時。一次可以戴足四十八小時，而不必補充殺精劑，不過再久就不行了，因為怕會產生毒性休克症候群。

　　第一次用子宮帽時，應多用一種避孕法，以確定子宮帽擺定位置。美國青少年很少用子宮帽，一來不易安裝，二來較難取得。子宮帽對生過小孩的女性效果較差，因為子宮頸起了變化。

　　優缺點請參看以上討論子宮隔膜部分。

陰 莖 抽 離 法

　　拉丁文是coitus interruptus（交媾中斷），說得相當貼切。男生在射精前，將陰莖從女生的陰道中抽離出來，而同樣的方法，也可以用在肛交及口交上，以防止性病。

　　使用這種避孕法時，女方須充分信任男方，而男生也得確信自己不會辜負女方的信賴。他得負完全的責任，抓準何時即將射精，並適時將陰莖抽離。女生能做的很少，因為她通常不知道男生何時要射精。

　　即使男生總是在射精前抽離，女生還是有可能懷孕，因為陰莖的分泌物含有部分前次射精遺下的精子（雖然數量少了很多）。而且抽離法也無法防止性病。

成功的抽離法需要極大的意志力與自制力。青少年快射精時，也許會有很大的快感，即使最負責的男生也會捨不得抽離，尤其男女雙方都快達欲仙欲死的高潮時。極樂當前，意外懷孕的風險很容易便拋到九霄雲外。

　　因此，我們不鼓勵青少年靠這種方法避孕。

安 全 期 計 算 法

　　安全期憑靠的是女生排卵期間雙方不做陰道性交。卵子排出後，可存活十二至二十四個小時（大約在月經前十四天排卵），精子可以在陰道和子宮中存活五天，因此安全期的目的是避免在這六天中性交──也就是排卵前五天和排卵後的一天。

　　受孕期的計算，主要是觀察控制排卵期的荷爾蒙，對生理所造成的變化。由於荷爾蒙造成的身體變化不那麼一定，因此使用安全期避孕時，最好在排卵期前後再多加幾天──也就是說，女生每次月經週期中，有十到十四天的時間，都很有可能懷孕。計算受孕期的主要方法包括：

　　基礎體溫法（Basal Body Temperature Method）：指「休息狀態」的體溫，最佳測量時間是清晨剛醒時。通常月經週期之初，體溫較低，接近排卵期時體溫會增高；這種改變的變化不大──約0.6℃，大部分女生都不會留意。女生使用這種方法時，應假設月經一結束就有可能受孕，直到高體溫持續至少三天後才能確定。如何正確測量體溫，以及應該增高多少溫度，都是正確使用這種方法的必學技巧。體溫的變化可能因生病、壓力、旅行或缺乏睡眠而有所改變，因此不是非常可靠。

　　日期計算法（Calendar Method）：三〇年代發展出一種利用以前的月經週期長度，估算受孕期的方法。由於每次月經週期的長短不一，因此日期計算法所算出來的受孕期，比女性實際的受孕期還長。女生得記錄自己的月經週期（從經血來的第一天，到下一次經血來的前一天），才能知道過去六到十二個月間，最長與最短的週期。然後再利用這份資訊，估算可能的受孕期。

子宮頸位置觸摸法（Cervical Position and Feel Method）：受孕期開始時，子宮頸會往上提，子宮頸口會張得較開，變得較軟。等排卵後，子宮頸會往下移，闔上開口並且變硬。女生可以學著用手指去感覺這些變化。

子宮頸黏液法（Cervical Secretions Method，**或排卵法**）：受孕期一開始，子宮頸會分泌黏液，起初十分濃稠混濁，之後變得透明稀薄且滑膩，有助精子游向卵子。受孕期快結束時，黏液會乾掉而堵住子宮頸口，精子便無法游入子宮內了。女生在非受孕期間時，黏液會變得很少或根本沒有。藥物、殺精劑、潤滑劑、陰道感染、陰道中的精液，以及一般性興奮造成的潤滑，都讓人難以辨識子宮頸的分泌變化。

這些方法可以混合使用——典型的組合是子宮頸黏液法加基礎體溫法，合併稱為「徵狀體溫法」（sympto-thermal method），有時再輔以子宮頸位置觸摸法，或日期計算法。

很混淆，對吧？這個方法雖然不需吃任何藥物或用避孕工具，卻是最複雜的。若能多加訓練、專心學習，再加上決心，這種方法也很能奏效。可惜因為複雜度高，又需要意志力，加上年輕女性經期不穩，我們並不建議青少年用。

子 宮 環

子宮環（IUD）是一種塞進子宮裡的T型物件，通常不建議青少年使用，因為比較不適合未懷過孕的女性，另外還有提高骨盆腔炎的風險，尤其是植入後的最初幾個月。不過至少有一份最新調查發現，使用銅T不會增加不孕的風險（通常是因為骨盆腔炎造成的）。現在有些醫師會對特定的青少年推薦子宮環了，尤其是那些已生過孩子的。

子宮環是最有效的避孕法之一，能阻止受精卵著床。T380 IUD（ParaGard）的銅T可以在子宮內留置十年。Progestasert IUD含有黃體酮，需每年更換。Mirena IUD含有類似的荷爾蒙——荷爾蒙黃體酮——效果可長達五至七年。女生只要每個月檢查子宮環垂下來的細線，確定子宮環沒有脫落就行了。可以找醫生詢問子宮環副作用的最新資訊。

絕 育

再怎麼煩，家長也不必替孩子考慮這種辦法。

認識性病

　這裡將詳述每種重大性病的症狀、診斷與治療，並討論其防範方式。

　完全的禁慾，當然是預防所有性病傳染最有力的方法。同理，僅與單一伴侶從事性活動，且雙方都無人染病，也是防止性病的良方。其他狀況的人，也有降低感染或傳播性病機率的方法（雖無法完全排除），我們會就每種疾病一一討論。

　乳膠保險套是減少性病傳染的尖兵，雖然保險套對每種性病的防範效果尚未完全確立，但針對保險套使用者的研究，以及各種醫療研究，都發現保險套確實能預防某些疾病（尤其是愛滋）。科學家從這些研究中推斷，保險套應該也能防止其他疾病，因此建議大家用保險套杜絕這些疾病。細節請看〈附錄一〉。當然了，保險套僅能防範涉及陰莖的性病傳染，許多性病也能透過其他途徑感染，如陰道與口交。

　性病的診斷及治療不斷在改進，請向醫生請教最新的資訊。

披衣菌 （Chlamydia）

　披衣菌是細菌的一種，也是美國地區不孕及子宮外孕的罪魁禍首。

　症狀：男女雙方感染披衣菌時，通常不會有特別明顯的症狀。女性的子宮頸也許會有分泌物，性交後會有陰道出血現象，但披衣菌不會引起疼痛（至少不會馬上有），因此大部分受感染的女性並不知道自己得了性病。同時間，披衣菌會

侵入女性生殖系統，造成破壞，並傳染給她的性伴侶。

男性與女性一樣，通常不會有明顯症狀，也就是說，得病後會有很長一段時間毫無自覺。披衣菌有時會對男性造成一種叫非淋菌性尿道炎（nongonococcal urethritis，簡稱NGU）的疾病，會出現頻尿或解尿疼痛的症狀，而且尿道會分泌出像透明黏液或白色的膿狀物，在內褲上造成明顯的污斑。雖然披衣菌是NGU最常見的肇因，但其他疾病，包括皰疹和滴蟲病等，也會造成類似症狀。兒子的醫生可以幫他檢查，找出病因。

披衣菌也會感染身體其他部位，如有時會造成直腸發炎（灼熱、疼痛、發癢或出現分泌物），但有時則毫無症狀。

併發症：男性也許會有尿道狹窄的現象——排尿及精液的尿道變窄了。也可能得到副睪炎——陰囊裡，睪丸附近儲存精液的器官發炎了。症狀包括疼痛及睪丸附近腫脹，有時會伴隨發燒。這兩種併發症最後都會造成男性不育。女性可能會得骨盆腔炎，也可能造成不孕。

診斷：披衣菌可藉驗尿測知，或以棉花棒插入女性子宮頸口，或男性尿道，也可以棉花棒檢驗直腸的披衣菌。

由於披衣菌通常沒什麼症狀，因此有性行為的青少年，最好每年做披衣菌篩檢。（如果孩子有許多性伴侶，建議他更勤於篩檢——甚至每半年檢查一次。）

治療：以抗生素做標準治療，許多染上披衣菌的人有淋病，因此醫師做過檢查後，通常會連淋病一起治療。

接觸：應告知性伴侶，他們也可能受到感染，即使沒有症狀，也應接受檢查。很難說要追溯多久，許多醫師會建議從症狀出現，往回推四至六個月間的性伴侶，並予以告知（若是沒有症狀，則是診斷前的四到六個月）。假如那段期間沒有性交，則應聯絡最近期的性伴侶。在治療完成之前（也就是七天之之後，因為抗生素要七天才能生效），患者應假設自己仍具傳染力。孕婦在生產的過程中，可能會將披衣菌傳染給新生兒，造成眼睛感染或肺炎。

男女在傳播披衣菌時，都不會有任何症狀，大部分的性病也是如此。

預防：正確使用乳膠保險套，可以減低感染或傳播的機率。

統計：估計美國每年約有三至八百萬披衣菌的新病例，女性是男性的四倍，而青少年男女之間的差異又更大。

骨盆腔炎

骨盆腔炎（Pelvic Inflammatory Disease，簡稱PID）是一種非常嚴重的發炎病症，會影響女性的子宮、輸卵管、卵巢及相關部位，在性活躍的少女中十分常見。骨盆腔炎通常由披衣菌、淋病或其他類型的細菌引發，或由數種病菌同時引起。第六和十一章討論過，子宮頸組織需要時間發育，因此少女的子宮頸一開始對披衣菌及淋病的抵抗力，沒有成熟女人的子宮頸那麼強。

症狀：許多女性會有輕微的症狀，卻沒嚴重到讓她們想去看醫生的地步，因此病拖得更久，對生殖器官造成的傷害也越大。也許她們會覺得下腹有疼痛或脹痛感，也許會有發燒、發冷、異常陰道出血、陰道性交時會疼痛、陰道或子宮頸有分泌物等現象（她們大概無法辨別是哪裡的分泌物）。

併發症：骨盆腔炎會造成不孕、子宮外孕或慢性骨盆發痛。患過一次骨盆腔炎的婦女，幾乎有十分之一會不育，罹患次數越多，不孕的比例也跟著提高。骨盆腔炎和淋病被公認是二十世紀後期，造成子宮外孕激增的兩大因素。

診斷：骨盆腔炎很難診斷，因為其他症狀，如盲腸炎、子宮外孕等，也會有類似的症狀。通常醫生會做骨盆腔檢查，並做檢驗。

治療：以抗生素做標準治療。

預防：正確使用乳膠保險套可以減低感染或傳染骨盆腔炎的機率。還有，正確並及時地治療性病，也可防止骨盆腔炎。

統計：美國每年估計有一百多萬名婦女染患骨盆腔炎，而感染率又以青少年最高。

淋 病 （Gonorrhea）

淋病跟披衣菌一樣，都是由細菌引起的。

症狀：大部分男性不會有症狀，若是有，通常在三至五天內便會出現，包括解尿時刺痛、比平時頻尿、尿道可能會排出像膿的分泌物（通常稱為drip）。女性的症狀更不明顯，若有的話，通常在接觸後的第一週有排尿疼痛、異常陰道分泌、月經異常，或陰道性交時會痛。女性可能會有黏液膿性子宮頸炎（mucopurulent cervicitis），在披衣菌部分已談過。男女的肛門部位都可能感染淋病，而產生分泌物、灼熱、疼痛和搔癢等情形。喉嚨也有可能感染，感覺很像一般喉嚨痛——或根本沒有任何症狀。

併發症：男性可能會有副睪丸炎或尿道狹窄，而造成不育，這點在披衣菌章節已描述過了。然而，男性通常在併發症發生前便已經出現症狀，因此常能在造成永久傷害前先就醫治癒。相反的，女性常是在併發症已造成重度傷害後，才出現嚴重的症狀。未接受子宮頸感染治療的女性，約40%的人會得骨盆腔炎，我們稍後會討論。淋病也可能透過血液循環系統感染關節、肝臟、心臟和腦部，但這種擴散在美國十分罕見。

診斷：醫生也許會採集一些分泌物或尿液，或做喉部細菌培養，以做確診。

治療：以抗生素做標準治療。這個菌種對一般抗生素已開始產生抗藥性了，因此需要用強效抗生素。淋病一旦透過血液系統蔓延，治療起來會更困難，且通常需要住院。治療完成之前，患者應假設自己還具傳染力。四分之一以上的淋病患者會同時染有披衣菌性病，醫生會一併做檢驗與治療。

接觸：女性較易被男性傳染，反之較不易。大部分與淋病男患者發生關係的女性，都會被感染，反之，只有四分之一的男性會被淋病女患者感染。醫生建議，患者出現症狀（若有症狀的話）前，或確診前兩個月的性伴侶，都應該接受檢查治療。如果這段期間內沒有性伴侶，那麼最近的伴侶也應做檢驗治療。

女性在陰道生產過程中，可能會將淋病傳染給寶寶。因此所有寶寶一出生，醫生都會幫他們點眼藥膏，以殺死可能的病菌，不過母親若真的受到感染，寶寶

會需要做進一步治療。

預防：正確地使用乳膠保險套，可以減低感染或散播淋病的機率。

統計：估計美國每年約有六十五萬新病例。青少年中，女生的病例約為男生的兩倍。

B 肝 病 毒（Hepatitis B Virus）

各種肝炎中，B肝最常透過性行為感染。

症狀與併發症：大多數人都無症狀，若有的話，通常在感染後六週到六個月出現。有症狀者或許會有黃疸（皮膚及眼睛發黃）、暗色尿液、倦怠、沒胃口、噁心、嘔吐、頭痛、發燒、起紅疹、關節痛、腹部脹痛等情形。症狀通常在三至六個月內消失。

有些人會成為病毒帶原者，跟他們有性關係或親密接觸的人，都有可能受到傳染，包括他們的孩子、胎兒與寶寶。這些人罹患肝硬化或肝癌的機會也大為增高，兩者都是會致死的疾病。

診斷：透過驗血診斷。

治療：B肝並無特定的治療法。大部分的人會自行痊癒，不過有些方法可以使復原的過程更平順舒服。

接觸：醫生會建議患者，該通知多久以前的性伴侶和其他人。孩子若接觸到B肝帶原人士，且之前不曾接種過B肝疫苗，便應該就醫。免疫球蛋白能抑止B肝，孩子在接觸後的十四天內應接受治療，並施打預防針。家人的接觸也應做疫苗接種，如果孩子接觸到患者的血液（例如共用牙刷或刮鬍刀），就應注射免疫球蛋白。

預防：B肝疫苗需做系列追加施打，醫師會建議所有嬰兒接種，但並不是所有的新生寶寶都接種過，我們建議沒注射過的青少年接種。正確使用乳膠保險套，可降低感染或散播B肝的機率。

統計：估計美國每年約有七萬七千起新病例，約有七十五萬人受到感染。約

有一半到三分之二的B肝都是透過性行為感染的。

單純皰疹病毒（Herpes Simplex Virus，簡稱HSV）

症狀與併發症：生殖器皰疹，指的是出現在龜頭或陰道內的小水泡，這種皰疹非常痛，不僅長在生殖器上，也會出現在嘴部（稱為唇皰疹）、直腸、眼睛和皮膚上。皰疹未必得透過性行為感染，但生殖器上的皰疹通常是。造成皰疹的病毒有HSV-1和HSV-2兩種，大部分生殖器皰疹都是由HSV-2造成的，導致嘴部皰疹的HSV-1也可能會感染到生殖器。許多人並不知道自己受到感染，因為症狀非常的輕微，或是因為水泡長在陰道或直腸內看不見，而不知自己染病了。

皰疹是患者的發病部位（或即將發病的部位）和另一個人的黏膜（例如陰道壁），或破損的皮膚（如手指上的割傷）直接接觸造成傳染的。水泡本身的傳染力極強，在性關係中接觸到的人，約有三分之一到半數的人會受感染。

第一次發病時（稱為初次感染）可能非常疼痛，通常在接觸後三至七天發病。也許先是發癢或異常敏感，接著會生出直徑三公厘的疼痛水泡（跟水痘差不多大）。水泡可能破裂而潰爛，大概會持續到兩週（有時更久），但癒合後不會留疤。陰道內的感染也會造成子宮頸炎，流出與披衣菌性病相似的分泌物。患者解尿時可能會很痛。通常會出現感冒症狀，發燒、倦怠、頭痛、淋巴腫大。水泡也可能散播到其他身體部位。

許多人在復發前，會有發癢、刺痛或灼熱的感覺。復發的症狀通常不像初次發病時那麼久。

皰疹造成的生殖器潰爛（跟由梅毒和下疳造成的潰爛一樣）非常麻煩，除了造成疼痛及其他問題外，也會使患者更容易感染愛滋。

診斷：通常看見水泡便能診斷，但也可能輔以檢測水泡或驗血。

治療：病毒會繼續留在體內，患者往後一生都有可能復發。口服藥可以減緩復發率及病程，但無法根治。患者感覺快要發病時就應該開始治療，發病一天之內，絕對要就醫。如果每年復發六次以上，按日治療可以將復發情形降低70％

至80%。由於復發率會隨時間遞減，一年後醫師也許會建議孩子停止每日治療，先觀察一陣子。接受治療的患者還是具傳染力，不過這點還需做進一步研究。情況特別嚴重的患者，也許會用到靜脈給藥治療，如疾病已蔓延到內臟時。

接觸：皰疹的預防十分困難，因為人們會在不知自己得病的狀況下傳播疾病。或知道自己有病，卻不知自己有傳染力。感染HSV-2的人，無症狀者較HSV-1多，罹患生殖器皰疹不到一年的人也是。

寶寶若在產道中受到皰疹感染，會出現嚴重問題。如果女兒得過皰疹，又懷有身孕，應將此事告知醫師。

預防：正確使用乳膠保險套，能降低皰疹對覆蓋部位（也就是陰莖），或保護部位（如陰道或直腸）的感染或散播，但保險套無法對其他部位提供防護（如生殖器周圍的皮膚）。

統計：估計美國每年約有五十至一百萬起新病例，共有三千至六千萬人受到感染。

人 類 免 疫 缺 乏 病 毒 （ H I V ）

症狀與併發症：HIV病毒通常不會造成立即症狀（急性感染症候群〔Acute Retroviral Syndrome〕除外），但會慢慢削弱患者的免疫系統，造成後天免疫缺乏症候群（Acquired Immunodeficiency Syndrome, AIDS，即愛滋），而引發症狀與疾病（如肺囊蟲、弓蟲症和肺結核），最後致死。

感染最初幾週，患者也許會出現急性感染症候群，出現發燒、倦怠、淋巴結腫大及出紅疹等現象。後續的病徵包括發燒、體重減輕、腹瀉、咳嗽、呼吸短促及口瘡（附著在口腔內側的糊狀白色酵母菌）。由於免疫系統功能變差，患者可能感染各種疾病。患者從感染HIV病毒到變成愛滋的過程，可能短及數月或長達十七年，甚至更久。未接受治療的感染者，半數會在十年內變成愛滋。

盛行於美國的HIV病毒實際上叫HIV-1，類似的HIV-2病毒大多出現在非洲中部，且進程比HIV-1緩慢。

診斷：早期診斷非常重要，因為治療可延緩免疫系統惡化，防止各種感染（如肺囊蟲性肺炎）。而且診斷出HIV後，醫生才能治療其他疾病，並知道該如何照顧孕婦。

　　大部分患者在感染HIV後三個月會呈陽性反應，不過有些特殊檢驗，可以在接觸數天後，便測出有無感染。通常以驗血法檢驗HIV，不過更新的方法用唾液也可以測得出來。有些社區會提供匿名篩檢，孩子無需告知自己的姓名或個人資料。提供檢驗的醫生應在檢驗前後提供諮詢，詳細討論不同檢驗結果的含意。

　　治療：愛滋患者的治療方式很多，過去十年，愛滋患者的生活品質及壽命長度，都有了長足的進步。不過千萬別讓孩子誤會愛滋已不足懼，因為藥物不是對每個人有效，不僅副作用多，價格又貴，而且用一陣子後，可能就失效了。

　　雖然性病患者均應就醫（或做檢驗），但愛滋患者尤需如此，因為他們需要協助，好面對診斷的結果、他人的反應，需要獲得良好的醫療和照顧，並防止傳染給他人。

　　接觸：HIV病毒可透過性行為、共用針頭針筒，或其他注射器侵入體內，以及輸血感染。母親懷胎、生產或餵奶時，也可能傳染給寶寶。在性行為中，同性之間的肛交及陰道性交感染風險尤高，但異性的插入式肛交和陰道性交也會傳染。愛滋也能透過口交傳染，但較為少見。即使患者沒有症狀，還是具傳染力。生殖器感染（如本附錄所述）會增加HIV的感染或散播率。

　　接觸HIV病毒後（例如與HIV陽性反應者性交時，保險套破裂），即所謂的曝露後的預防性投藥（post-exposure prophylaxis），通常包括為期一個月的藥物治療，方式跟HIV患者相同，以減低感染的機率。若想收到最佳療效，應於接觸後七十二小時內開始治療。

　　預防：正確使用乳膠保險套，可大幅減低感染或散播HIV的機率。

　　統計：雖然青少年確認感染HIV和愛滋的比率相對的低，但一般相信，許多青少年已受到感染，等年紀大了之後才會發現。由於從感染到出現症狀之間有一段時間，所以很多成人HIV患者，可能在青少年時就得病了。估計美國每年約有兩萬人受到感染，目前約有五十萬人罹病。HIV的新患者，約有四分之一為二十二

歲或更年輕者。雖然HIV最初確診的男性患者多過女性（因流行於同志圈中），但研究發現，青少年的感染情形，性別差異並沒有那麼大。

人 類 乳 突 病 毒 （Human Papillomavirus，簡稱HPV）

人類乳突病毒有一百多種類型，大多數是無害的，會引起一般性的皮膚瘤，其中約有三十種會透過性接觸傳染，但大部分也都無害。有些會引起生殖器疣（又稱尖性濕疣，就是俗稱的菜花），有些則會造成子宮頸癌或其他癌症。

症狀與併發症：生殖器疣可能長在陰莖、陰戶或陰戶四周、尿道內、陰道內、子宮頸或肛門內及周圍。有時會出現在嘴部或喉嚨。疣可能單顆或群生，可能很小或大到頗為顯眼，有時看起來就像小小的椰菜花。病毒看起來可能像小塊的病變，比典型的疣還要扁平。有時疣會疼痛或發癢，有時女性會有陰道發炎或性交時疼痛等症狀，但大體而言，沒有太重大的問題——人們會去治療，主要是因為不喜歡菜花的長相，而且也不是所有長了疣的人都會去治療。

HPV會引人關注，是因為某些類型的HPV（不會造成疣的類型）會導至子宮頸癌或其他生殖器的癌症。90%以上的子宮頸癌都是HPV造成的，但只有不到1%的HPV會轉變成子宮頸癌。

少女的子宮頸特別容易受HPV感染，因為子宮頸的保護組織尚未發育成熟。有些證據顯示，女性首次感染HPV的年紀越輕，日後罹癌的機率越高（假設得到會變成癌症的HPV）。不過這種機率非常非常低。

疣如果不經治療，三至五年內也會消失。一般相信，大部分有性行為的青少年（有些估計達70%之多），都曾感染過HPV，而且通常幾年內便不藥而癒了，儘管有極少數的人最後變成癌症。雖然子宮頸癌在青少年中極為罕見，但可能會轉成鱗狀細胞上皮內病變（squamous intraepithelial lesions，簡稱SIL），可以由子宮抹片驗查出來。某些低度病變的SIL不用治療也會自己消失；另一種高度病變的SIL通常也會消失，但有可能會演變成癌症（在青少年中十分罕見）。子宮頸癌好發於患子宮頸HPV多年的中年婦女。HPV和癌症的關係目前

有許多研究，往後幾年可能會有新的發現。

診斷：疣可憑肉眼診斷，即使看不見，也可透過抹片檢查出SIL。如果女兒的抹片確定SIL呈陽性，可進一步做陰道鏡檢查，醫生會用特殊的顯微鏡檢查子宮頸。有種叫醋酸的化學藥劑（acetic acid，跟一般的醋非常像），可讓子宮頸感染處更顯眼，有利於切片。抹片無法測出所有罹患高度SIL病變的女患者，現在有新的檢驗，能測出某些類型的HPV感染。預計未來幾年，會出現更精確的檢驗法。

治療：疣雖然會自行消失，但還是有方法可以治療，包括在疣上面點藥、用液態氮冷凍療法、雷射手術或其他類型的手術，方法視疣的大小、位置和數量而定。去除疣並不能殺除體內的病毒，但一般認為，病毒也會自己消失。

低度病變的SIL通常不必治療，但會以抹片方式確定病已痊癒——夫妻很少會反覆彼此感染，而且對方很可能早已感染了——不過最好還是把看得見的疣除掉，並檢查有無其他性病。

因性行為而接觸HPV病毒的人，約有三分之二會受到感染。通常在接觸後三週至二十個月會長出疣，平均維持約二至三個月。許多人從未長疣，因此根本不知自己罹病。HPV感染要演變成SIL，可能要好幾個月至幾年的時間，至於演變成子宮頸癌，也許得好幾年到幾十年了。

預防：正確使用乳膠保險套，可降低陰莖、陰道或直腸感染HPV或傳播HPV的機率，但保險套無法保護其他部位（如生殖器周圍的皮膚）。女用保險套因覆蓋範圍較大，也許能提供更多保護，但這方面的研究不多。雖然我們對保險套預防HPV感染的效果，不像其他性病那麼清楚，但使用保險套應能降低子宮頸癌的風險。

統計：估計美國每年有五百五十萬起新的HPV病例，隨時有兩千萬人受到感染。

陰蝨 （Pubic Lice）

陰蝨是一種跟小孩頭蝨類似的小蟲子，只是陰蝨通常長在陰毛內（有時還會跑到眼睫毛和腋毛上）。陰蝨大多經由性接觸感染，但也可能因共用衣物或床單而得到。

症狀：造成嚴重發癢。

診斷：陰毛上可看出蝨子和細小的蝨卵。如果從毛上抓下蝨子，還能看到蝨子在蠕動，用放大鏡觀看尤其明顯。

治療：在患部塗抹藥膏或藥用洗髮精，等藥效發揮後再清洗掉。被褥及衣物上的蝨子與蝨卵也須一併清洗乾淨。可洗的材質應用熱水清洗，再用烘乾機熱烘或乾洗。無法清洗的材質則應放到身體接觸不到的地方，擺置七十二小時，如果症狀持續，應重複整個療程。

接觸：感染前一個月的性伴侶和共同生活的家人都應接受治療。

統計：估計美國每年有三百萬人受到感染。

疥瘡 （Scabies）

疥瘡是由寄居在皮膚內的疥蟲引起的。

症狀：疥瘡看來像紅色的小疹，有時呈嚇人的直線，因為奇癢無比，常會被抓破。紅疹可能出現在身體曾與患者接觸過的地方，或疥蟲散布之處。初次感染要數星期到一個月才會出現症狀，但再度感染只需二十四小時便會出現症狀了。患者在發病前已具備感染力，非性行為的接觸和共用衣物被單也會傳染。

診斷：可由檢查紅疹或刮取身體患部皮膚，用顯微鏡檢查診斷。

治療：在患部塗抹藥膏或乳霜，留置八至二十四小時。被褥與衣物應比照陰蝨的處理方式。發癢可能持續數週，若持續發癢，有些醫生會建議再做一週療程，有些醫生只在特殊狀況下才會再開藥。

接觸：患病前一個月的性伴侶和共居人士都應接受治療。

梅 毒 （Syphilis）

梅毒是由一種叫螺旋菌的有機體造成的，如今在美國已經不像以前那麼普遍了。

症狀與併發症：梅毒分幾個階段，第一期梅毒會在接觸梅毒的部位出現下疳——不會疼痛的皮膚潰爛。下疳通常在感染後三週出現，但也可能延至三個月後。下疳一般會在兩個月內自行癒合，不會留下傷疤。由於不疼，患者也許不會注意到，而在不自覺的情況下散播病菌。許多人不會出現下疳，第一期患者若未接受治療，可能在一兩個月內或更久的時間後，轉變成第二期梅毒。第二期梅毒會在手掌和腳底造成紅疹、淋巴結、掉髮，以及許多其他症狀。患者可能併發扁平濕疣（condylomata lata），這是一種濕軟的組織增生。潛伏梅毒隨時都有可能發生，指的是患者沒有症狀，但仍被感染的這段時期。

未接受治療的第二期梅毒患者，有三分之一的人會演變成有各種嚴重後果的第三期梅毒，如心臟及血管疾病、梅毒瘤等。梅毒在這三個時期中，都有可能影響中樞神經系統（例如腦部）。

診斷：可進行血液、皮膚組織或淋巴結等醫療檢驗。身體檢查對診斷也很有幫助。

治療：以抗生素做標準治療。

接觸：只有皮膚出現下疳等病變時，才會透過性行為傳染梅毒，通常僅限於感染的第一年。可是未經治療的梅毒患者，無論症狀屬於哪個病期，其性伴侶都應就醫檢查。如果孩子染上梅毒，醫生會告訴他該追溯多久之前的性伴侶，因為感染時間得視病期而定。懷孕婦女可能會將梅毒傳給胎兒，造成嚴重後果。

預防：正確使用乳膠保險套能降低覆蓋部位（陰莖），或受保護部位（如陰道或直腸）感染或散播梅毒的機率。但保險套無法保護其他部位（如生殖器周圍的皮膚）。

統計：估計美國每年有七萬起新的病例。

陰 道 炎 （Vaginitis）

陰道炎的症狀包括陰道異常分泌，或外陰搔癢發炎，有時會伴隨惡臭，或小便灼熱。造成分泌物最常見的原因是陰道細菌增生症、滴蟲及念珠菌。披衣菌或淋病造成的子宮頸分泌物，看起來可能很像陰道分泌物。

陰道細菌增生症（Bacterial Vaginosis）

症狀：陰道細菌增生症是陰道異常分泌或產生異味最常見的因素，但許多患者並無任何症狀。有幾種細菌會造成陰道細菌增生，包括厭氧菌（gardnerella），無性交經驗的女性絕少罹患此病，性伴侶眾多的婦女最為常見，但我們並不確定陰道細菌增生是否經由性行為傳染，或由性行為的某種因素所誘發。致病的細菌存活在陰道內，通常不致造成問題，除非平衡受到破壞，使得細菌增生，而打亂體內的正常狀態。導至細菌增生症的細菌，可能也是骨盆腔炎的菌種。

併發症：懷孕期間的陰道細菌增生症，可能引發早產。

診斷：醫生可檢驗分泌物、化驗陰道內的體液或用顯微鏡檢視。

治療：以抗生素做標準治療，有時抗生素會製成陰道用軟膏。

接觸：性伴侶並不需要做治療。

預防：乳膠保險套也許有助於預防陰道細菌增生症，但不是很確定。請向醫生查詢。

統計：這項疾病雖無正式統計，但似乎相當普遍。

滴蟲病（Trichomoniasis）

滴蟲病是由一種叫原蟲（protozoan）的有機體造成的。

症狀：出現的症狀通常是外陰發出惡臭、有黃綠色分泌物及發炎疼痛等現象，但也有很多婦女沒有症狀。男性患者通常沒有症狀，但有些人會有非淋菌性尿道炎（NGU，請參見披衣菌章節）。

併發症：滴蟲症在懷孕期間可能會造成早產等問題。

診斷：做陰道分泌化驗，或以顯微鏡檢視。

治療：以抗生素做標準治療，一開始未必能奏效，因此症狀若未能消除，患者應做回診，看是否需做額外治療。女性患者往往也感染其他性病，因此醫生應篩檢其他性病，提供必要的治療。

接觸：目前的性伴侶也應接受治療，在治療完成，症狀消失之前應禁慾。醫生可協助孩子決定要追朔到多久之前的性伴侶。

預防：正確使用乳膠保險套可減低感染或散播的機率。

統計：估計美國每年約有五百萬起新病例。

外陰陰道念珠菌症（Vulvovaginal Candidiasis）

外陰陰道念珠菌症是一種酵母菌造成的（又稱為真菌或黴菌）疾病，並不能算是性病（因為通常不是經由性交感染），但症狀與書中描述的性病十分相似。

症狀：念珠菌會造成陰道分泌和搔癢，以及性交時陰道灼熱疼痛。有些女性的陰道壁上會黏有乳塊狀的分泌物。

診斷：檢驗陰道分泌物，或用顯微鏡檢視。

治療：在陰道上用抗真菌藥物治療，通常是油性的藥物，因此施藥期間，不應使用保險套之類的乳膠製避孕用品。

接觸：通常性伴侶並不需要治療。

統計：據估計，四分之三的婦女一生中，都會感染念珠菌。

台灣相關資訊查詢：

勵馨基金會：
http://www.goh.org.tw

未成年懷孕求助站：（專線0800-25-7085愛我，請你幫我）
http://www.257085.org.tw

衛生福利部家庭暴力暨性侵害防治中心：（113線上諮詢）
https://www.mohw.gov.tw/cp-4557-49525-1.html

台灣同志諮詢熱線協會：
https://hotline.org.tw

國民健康局青少年網站—性福e學園：
https://young.hpa.gov.tw

台灣愛滋病學會：
http://www.aids-care.org.tw

台灣婦女網路論壇：
http://forum.yam.org.tw/women/index.htm

教育部性別平等教育全球資訊網：
http://www.gender.edu.tw

不怕小孩問：寫給父母的親子性教育指南 / 賈斯汀.里查森(Justin Richardson), 馬克.查斯特(Mark A.
Schuster)作;柯清心譯. -- 增訂一版. -- 臺北市：大辣出版：大塊文化發行, 2020.04　面 ; 15×21公分
譯自：Everything you never wanted your kids to know about sex, (but were afraid they'd ask) : the
secrets to surviving your child's sexual development from birth to the teens
ISBN 978-986-98557-3-0(平裝) 1.性教育 2.性知識 3.親子溝通　544.72　　109002922

not only passion

not only passion